«En *Sexualidad [redimida], Chrystie Cole hace lo que pocos autores se atreven a hacer: ofrecerles a las mujeres una visión bíblica para la sexualidad humana.] En este estudio profundo y lleno de gracia, Chrystie nos lleva a explorar un tema complicado que a menudo se asocia a la vergüenza, la confusión y lo secreto. De manera continua, nos guía a volver la mirada hacia los propósitos de Dios para la sexualidad de la humanidad. Nos recuerda que, "en el principio", el sexo fue creado como algo que es tanto bueno como poderoso y nos invita a vivir como fieles administradoras de este regalo en cada etapa de la vida.

Este estudio reconoce que todas estamos sexualmente quebradas en un sentido u otro y, con cuidado, guía a las mujeres para que llamen por su nombre a lo que se ha roto, para que lloren y se arrepientan cuando sea necesario y, por último, para que encuentren descanso en nuestro Dios, quien no solo quiere redimirnos, sino también restaurar la belleza en lo que respecta al sexo. *Sexualidad redimida* ofrece una visión evangélica para las mujeres y nos recuerda que, en Cristo, somos abrazadas por Aquel que es perfecto y quien redime todas las cosas. La gloria sea a Dios».

—**SHANNON BASSO, fundadora y jefa de redacción de** *BECOMING* **[Llegar a ser]**

SEXUALIDAD
REDIMIDA

Invita a Dios a enmendar un corazón fracturado

CHRYSTIE COLE

EZER

Sexualidad redimida
Invita a Dios a enmendar un corazón fracturado
© 2022 Grace Church y Chrystie Cole
Todos los derechos reservados

ISBN: 9798433914285
Número de control de la Biblioteca del Congreso: 2022906328

Todo el texto bíblico sin otra indicación ha sido tomado de la *Santa Biblia*, Nueva Traducción Viviente, © Tyndale House Foundation, 2010. Usado con permiso de Tyndale House Publishers, Inc., 351 Executive Dr., Carol Stream, IL 60188, Estados Unidos de América. Todos los derechos reservados.

El texto bíblico marcado con «NVI» fue tomado de la Santa Biblia, NUEVA VERSIÓN INTERNACIONAL® NVI® © 1999, 2015 por Biblica, Inc.® Usado con permiso de Biblica, Inc.® Reservados todos los derechos en todo el mundo.

El texto bíblico marcado con «LBLA» fue tomado de LA BIBLIA DE LAS AMERICAS © Copyright 1986, 1995, 1997 por The Lockman Foundation. Usado con permiso.

Ninguna parte de este libro puede ser reproducida en ninguna forma sin previa autorización de la editorial, excepto en el caso de citas breves.

Diseño e ilustración: Madei Click
Traducción y adaptación del diseño en español: Grupo Scribere

Grace Church
2801 Pelham Road
Greenville, SC 29615
Estados Unidos de América
www.GraceChurchSC.org

CONTENIDO

	Agradecimientos	7
	Introducción	9
01	Enfrentemos nuestras fisuras	15
02	Moldeadas por nuestras historias	33
03	El padre amoroso	57
04	La puerta de esperanza	79
05	Moldeadas de nuevo por la verdad de Dios	111
06	El poder que se nos ha confiado	133
07	Ejercer mayordomía sobre nuestra sexualidad	159
08	Mayordomía fiel en toda etapa	185
09	El hábil reparador	219
	Versículos para meditar	251
	Apéndice A: Tipos de intimidad relacional	257
	Apéndice B: Cuando el dolor entorpece la intimidad sexual	261
	Apéndice C: La pregunta de la masturbación	271
	Notas	283
	Recursos adicionales	287

AGRADECIMIENTOS

Este estudio no habría sido posible sin el compromiso, las horas de conversaciones profundas, la sabiduría, la experiencia y el conocimiento bíblico que desde el principio aportaron Bill White y Virginia Griffin. Gracias.

Gracias a Ruthie Delk por trabajar en las trincheras; por orientar, motivar y animar; por brindar una retroalimentación esencial; por ayudarme siempre a darme cuenta de lo que estoy intentando decir y por crear y escribir las «Preguntas para reflexionar» y la «Guía para el líder». Eres de inmenso valor para las mujeres de Grace Church.

A las mujeres de Grace Church, quienes con gracia y valentía escribieron y compartieron sus historias con nosotras, gracias. La disposición de ustedes para compartir sus propias fracturas les permitirá a otras mujeres hallarse entre las páginas de este libro. Ustedes les dieron el regalo de ir primero. Gracias.

Gracias a nuestro equipo de diseño y producción: a Sarah Bailey por sus pericias gramaticales y su edición habilidosa, a Bobby Raulerson por la inspiración en el diseño de la portada, a Madei Click por su creatividad y diseño interior y exterior y a Megan Burleson por dirigir nuestro caos y hacer que sigamos avanzando. Este estudio no sería lo que es sin las incontables horas que nuestro equipo de comunicaciones le dedicó a su creación, diseño y producción.

Estoy agradecida por nuestros consejeros pastorales, Bobby Raulerson, David Delk y Bill White, por su sabiduría y su visión bíblica y pastoral: aspectos importantes y necesarios para nuestro proceso de desarrollo.

A nuestros lectores de prueba: LeeAnne Cavin, Kari Buddenberg, Jenni Singletary, Kelly Childress, Nathalie Richard, Jerah York, Maggie Raulerson, Maria Weaver y Alida Gardiner. Gracias por invertir su tiempo y sus opiniones en este proyecto. Aprecio en gran manera sus comentarios, críticas y estímulos, que fueron útiles y esclarecedores.

Gracias a Grupo Scribere y a su maravilloso equipo por ofrecer siempre un excelente servicio de traducción. Estamos profundamente agradecidos por su colaboración.

Gracias también a Nathalie Richard por dirigir este proyecto y por su retroalimentación al leer la traducción. Asimismo, gracias a Mary Ezell por siempre apoyar a Ezer en español y por sus observaciones y comentarios al leer la traducción de este libro.

Y, por último, a las mujeres de Grace Church. Gracias por estar dispuestas a acompañarse unas a otras en este camino hacia la esperanza y la sanidad.

INTRODUCCIÓN

Él sana a los de corazón quebrantado y les venda las heridas.

Salmos 147:3

Mi imaginación se ha visto cautivada por el arte japonés del *kintsugi* desde que escuché de qué se trataba. El *kintsugi* es la práctica de enmendar las piezas quebradas de alfarería usando laca mezclada con polvo de oro; de esto surgen hermosas piezas de alfarería. Makoto Fujimura, un artista contemporáneo, describe el *kintsugi* como el arte de enmendar nuestros recorridos de fe. «El mundo occidental —afirma— busca la perfección. Queremos arreglar las cosas y hacer que se vean como si nunca hubieran estado quebradas. Sin embargo, la estética japonesa valora las fracturas y fisuras que quedan, e incluso, en el proceso de arreglar el objeto, llegan a acentuarlas».[1] Nunca antes había pensado que una vasija rota podía ser hermosa. No hasta que vi el modo en que el *kintsugi* lo representaba.

Mi experiencia con el sexo ha sido agridulce: una parte ha sido buena, otra parte ha estado bien y otra ha sido dolorosa. He sido testigo de lo constructivo que es el sexo cuando se administra con fidelidad; también de lo destructiva que es su naturaleza cuando se usa de forma egoísta. Con el sexo fui herida y herí a otros. He visto y experimentado el poder que tiene para amar, cuidar y restaurar; así como el poder que tiene para robar, matar y destruir.

Soy una vasija rota que necesita que la arreglen.

El sexo es uno de los regalos de Dios. Sin embargo, el pecado (el nuestro y el de los demás) ha corrompido nuestras perspectivas y experiencias al respecto. Eso significa que necesitamos que nos arreglen. Este es un libro para quienes están rotas sexualmente. ¡Y todas lo estamos! De algún modo u otro, la sexualidad de todas nosotras ha sufrido fracturas: quizás sean emocionales, físicas, relacionales o, tal vez, estén en la manera en que entendemos y aplicamos la verdad de la Palabra de Dios. Este libro es para quienes eran vírgenes cuando se casaron y para quienes no lo eran. Para quienes están felices en su soltería y para quienes se sienten profundamente solas y anhelan estar casadas. Para quienes no siempre han sido fieles a sus esposos y para quienes sí lo han sido. Para quienes nunca han visto pornografía y para quienes esa parece ser una lucha constante. Para quienes no contaron con la seguridad y el cuidado de sus padres mientras crecían y para quienes tuvieron una infancia idílica con padres amorosos y atentos. Para quienes están felizmente casadas con sus cónyuges y para quienes sienten que sus esposos las ignoran, no las ven ni las aman. Para quienes han estado casadas, pero ahora sienten el aguijón de la pérdida tras un fallecimiento o un divorcio. Para quienes aman y disfrutan del sexo como regalo de Dios y para quienes no lo hacen.

A causa de la maldición del pecado, todas somos vasijas agrietadas que necesitamos de los habilidosos arreglos del Padre. Por lo tanto, para iniciar este recorrido, me gustaría pedirte que mantengas la mente abierta y que seas curiosa sobre lo que Dios podría tener para ti. Quizás tu historia no sea una de lucha o dolor o ni siquiera de confusión en cuanto al sexo y la sexualidad. Sin embargo, es posible que Dios quiera darte una perspectiva del sexo más sólida y bíblica; o tal vez quiera que entiendas el modo en que debes hablar del sexo con otras personas de manera tal que sus fracturas y fisuras no aumenten. Quizás tu historia sea dolorosa en un nivel profundo y no estás segura de que este sea un recorrido que estés lista para iniciar, pero tal vez Dios esté guiándote con cuidado para que des el próximo paso hacia la libertad. Es posible que él quiera enmendar las heridas paternales que han definido el modo en que te ves a ti misma y te han llevado a buscar consuelo en la pornografía y la masturbación. Quizás él quiera empezar a enmendar las grietas de años de abuso. O tal vez quiera llevarte a otra fase del proceso para enmendarte a fin de que estés más equipada para amar y liderar a otros en el camino hacia la sanidad.

Donde sea que estés en el proceso y cualquiera que sea tu historia, necesitas arreglo.

Introducción 11

Y la buena noticia es que Dios está en el negocio de las reparaciones. Este recorrido es para ser reparadas. No es para que nosotras intentemos arreglarnos o limpiarnos por nuestra cuenta. Es un recorrido para llevarle las piezas rotas (el corazón, la mente, el cuerpo y el alma) al Maestro Alfarero y permitirle que nos vuelva a acomodar de un modo en verdad impresionante; de un modo que grite sobre su gloriosa artesanía y que haga que toda su creación le alabe. ¿Qué pasaría si los bordes irregulares, las cicatrices y las grietas apuntaran en dirección a Dios y lo glorificaran de una manera que no ocurriría si no existieran?

Lo que en nosotras está quebrado (ya sea por nuestras propias decisiones pecaminosas o por las heridas que otras personas nos causaron) no es fácil verlo como algo que tiene potencial para ser hermoso. Queremos arreglar, esconder o cubrir nuestras fracturas y fisuras y mostrarnos al mundo como si nunca hubiéramos estado rotas. Sin embargo, Dios, en su bondad, quiere enmendarlas y mostrarlas para que sirvan de evidencia de su gracia y amabilidad hacia nosotras (Efesios 4:27). Como afirma Fujimura, incluso las heridas de Cristo están «con él en la gloria que le sigue a la resurrección y, por lo tanto, podemos asumir que todo aquello que atravesamos (aun las fracturas que sufrimos) permanece, de algún modo, para glorificar...».[2]

Sin embargo, al igual que con todos los esfuerzos que valen la pena, arreglar es un proceso lento.

Esto es lo que Fujimura llama «arte lento». Sucede a lo largo del tiempo y debe hacerse de forma consciente, prestando atención a los detalles. Capa por capa, pieza por pieza: el artista revela su obra maestra. Es una gran obra. ¡Es una obra santa! Y es una obra en la que Dios seguirá trabajando a lo largo de tu vida, hasta que un día la imagen completa sea revelada. Y lo que Dios ha creado será tan hermoso que nos dejará sin aliento.

Acude a Dios. ¡Solo Él puede repararte!

HISTORIA DE UNA MUJER
La fractura del rechazo

Crecí con una comprensión bíblica del sexo. Incluso diría que, antes del matrimonio, tenía una percepción sana del sexo. Sin embargo, tan solo unas semanas después de casarnos comprendí, rápidamente, que nuestra intimidad sexual no era en absoluto lo que yo esperaba que fuera.

Al principio luchamos a causa del dolor físico que yo sufría. Luego descubrimos que se debía a quistes ováricos y, probablemente, a endometriosis. Lo llamativo era que, a pesar de mi dolor, aun así, yo quería tener sexo con más frecuencia que mi esposo. Llevábamos casados apenas un par de meses y los días se pasaban sin que ni siquiera mencionáramos el sexo. A veces pasaban semanas sin intento de intimidad. Sentía que estaba preparada para muchas cosas desafiantes en el matrimonio, ¡pero, sin duda, esta no era una de esas!

Me hería profundamente que mi esposo no me buscara de forma física. Mientras menos me buscaba, más anhelaba su afirmación en lo físico y lo emocional. Y luego, a veces yo quería tener sexo, pero él no. Me sentí rechazada muchas veces; y esto también generaba inseguridades en mí y causaba que cuestionara mi feminidad, pues sentía que yo era «el hombre» de la relación. Sentía que mi deseo sexual y mi anhelo de conectar con él físicamente eran molestias e inconvenientes, en lugar de ser causas de deleite y alegría. Creía que el sexo debía ser algo que fortaleciera nuestro matrimonio y nos ayudara a construir intimidad. Sin embargo, parecía que lo único que lograba era dividirnos. Fue tan difícil para nosotros que, tras un par de años de casados, pensé: *sería mejor si el sexo simplemente no existiera*.

Una sabia pareja que conocimos nos explicó que nuestra vida sexual debía ser única para nosotros y que no podíamos compararla con la de nadie más. Estas palabras fueron una lucha para mí por mucho tiempo: aunque sabía que nos habían hablado una verdad, lo único que podía hacer era compararme con todos los demás. Mis pensamientos estaban en una espiral todo el tiempo. *¿Por qué tengo tanto deseo sexual? A él debería alegrarle que su esposa esté interesada en el sexo, pero simplemente no le importa. Intento estar dispuesta físicamente para él, pero pareciera que eso no significa nada para él.*

Esta batalla duró años hasta que por fin vi aquello que Dios había intentado exponer todo ese tiempo. Vi que había empezado a creer que yo merecía tener sexo (y todas esas cosas que yo creía que el sexo me daría) porque estaba en el contexto del matrimonio. No estaba confiando en que Dios satisfaría mis necesidades. Además, había asumido que para amar bien a mi esposo debía, por supuesto, tener sexo con él de manera frecuente. En realidad, no había considerado que tener sexo podría no ser el mayor acto de amor en toda situación. De hecho, no tener sexo con él y, al mismo tiempo, valorar la persona que él es como hombre, era el mayor acto de amor y valoración que podía ofrecerle.

Llevamos cuatro años en esta lucha. El sexo sigue sin ser algo sencillo para nosotros. Ambos estaríamos de acuerdo en que, por lo general, yo quiero tener sexo con más frecuencia que él. Sin embargo, hemos aprendido a ser sensibles mutuamente y a tener conversaciones honestas. El rechazo que al principio sentí por parte de mi esposo me causó dolor en verdad y, a veces, aún duele. Sin embargo, Dios lo usó para exponer mi propio pecado y para traer una inmensa sanidad para ambos en maneras que no sabíamos que necesitábamos.

01

ENFRENTEMOS NUESTRAS FISURAS

El mal odia la belleza del sexo y, como no puede abolir su existencia, busca corromper su esencia.

Jay Stringer, *Unwanted* [Indeseado]

¿Cómo empiezas un libro sobre el sexo, un tema que es sumamente personal y que, a menudo, viene cargado de confusión, frustración, tensión, culpa, miedo y dolor? Para adentrarse en el tema del sexo no se puede ser débil, sobre todo en la iglesia. Se requiere vulnerabilidad y valentía. No será fácil completar este camino, pero valdrá la pena. Cuando le permitamos a Jesús que revele las partes fracturadas de nuestras historias sexuales, él comenzará con la sanidad, la libertad y la esperanza que solo se pueden hallar en él. Sé que esto es verdad porque lo he visto obrar de esa manera en mi vida y en la de muchas otras personas.

Mi primer contacto con el sexo fue a los nueve o diez años, cuando encontré, en el baño y a simple vista, unas revistas *Playboy* de un miembro de mi familia. Esas imágenes comenzaron a influir en el modo en que yo pensaba sobre mí como mujer, sobre el sexo y sobre los hombres. Fue esa misma edad y en la casa de ese miembro de la familia que, luego de que cayera la noche y todos se hubieran acostado, comencé a ver películas para adultos y a experimentar con la masturbación y la penetración. La cultura era mi maestra, quien me enseñaba qué era ser una mujer, qué era el sexo y cómo practicarlo. En consecuencia, mi comprensión y mi experiencia con el sexo se habían visto contaminadas por el pecado. El sexo es bueno. Sin embargo, nuestra relación con el sexo suele ser complicada. Incluso si no has sufrido ningún tipo de trauma sexual y crees con firmeza que Dios es bueno y da buenos regalos, aun así, a veces puede resultar difícil creer que el sexo sea un regalo bueno de Dios. El problema para muchas de nosotras es que nuestras historias han influenciado el modo en que vemos el sexo y lo experimentamos. Por eso, antes de seguir avanzando, quiero pedirte que te tomes un tiempo para reflexionar en tu historia. ¿Cuál es el primer recuerdo que tienes de volverte consciente de tu cuerpo y tu sexualidad? ¿Cuál fue tu primer contacto con el sexo o con contenido sexual? ¿Tus padres te hablaron del sexo cuando eras adolescente, o dejaron que lo descubras por tu cuenta? ¿De qué manera te hablaban del tema? Estas bases tempranas suelen tener un papel fundamental que influye aun en nuestra sexualidad como adultas.

He acompañado a las mujeres por muchos años; durante una década en el contexto de un ministerio formal. Lo que he descubierto es que todas estamos quebradas sexualmente y necesitamos esperanza y sanidad. En los últimos diez años, he visto a mujeres jóvenes luchando contra la pornografía, la atracción hacia el mismo sexo, las experiencias con el mismo sexo, la masturbación, el abuso, la presión para enviar fotografías en desnudo y la confusión de género, incluso en chicas que están en la escuela primaria. Las mujeres en edad universitaria con las que he trabajado han luchado contra la pornografía, la masturbación, la atracción hacia el mismo sexo, el abuso sexual, el sexo premarital y con los abortos. Las mujeres solteras a quienes he acompañado han luchado con la soledad y con el sentirse no deseadas, con la masturbación como una forma de tratar sus deseos sexuales no cumplidos, con la pornografía, con el temor de nunca tener sexo, con cuestionarse qué tan lejos es demasiado lejos y con la tentación sexual hasta bien entrada la adultez.

He hablado con mujeres casadas que fueron abusadas cuando eran más jóvenes y luchan con la intimidad con sus esposos; con mujeres a quienes les enseñaron que el sexo es sucio y no logran tener sexo con sus esposos; con mujeres ambivalentes que no están interesadas en el sexo; con mujeres a quienes el deseo físico de sus esposos las abruma y frustra y con otras que desearían que sus esposos las buscaran e iniciaran el sexo. He acompañado a mujeres que engañaron a sus esposos y a otras que fueron engañadas por sus esposos; mujeres que luchan con la pornografía y mujeres que tienen esposos que luchan con la pornografía. He aconsejado a damas que cedieron ante las fantasías sexuales de sus esposos de invitar a otras personas a su vida sexual, ya sea a través de la pornografía o en la vida real. He hablado con mujeres que se criaron en la iglesia, que tienen una mirada bíblica del sexo, que disfrutan de una vida sexual relativamente normal con sus esposos y, sin embargo, experimentan cierta tensión en su matrimonio de vez en cuando a causa de la frecuencia del sexo y cuán disponibles están ellas para sus esposos.

El punto es que todas tenemos la necesidad de que Dios enmiende cosas en nuestra vida. Algunas de ustedes comprenden eso realmente bien. Ya sea que luches con la vergüenza de haber tenido un aborto o sexo premarital, de haber sido promiscua por un tiempo o de ser adicta a la pornografía, hay esperanza y sanidad que podemos encontrar en Cristo. En cambio, es posible que otras de ustedes sientan que no tienen ningún tema por resolver en esta área. Tal vez eras virgen cuando te casaste con tu esposo y hoy tienes una vida sexual satisfactoria. Sin embargo, recuerda esto: el pecado fracturó y contaminó cada aspecto de la creación, y eso incluye el sexo. Entonces, tal vez el pecado y aquello que está roto aparezcan en forma de pensamientos negativos subyacentes, de egoísmo, orgullo o fariseísmo, de desafíos físicos, de un entendimiento o uso erróneo de la Palabra de Dios, o de muchas otras maneras. En cualquier caso, mantente abierta a lo que sea que Dios tenga para ti también.

No podemos avanzar mucho más sin hablar del tema del abuso y la agresión sexual. Según la mayoría de las investigaciones, una de cada tres mujeres y uno de cada cuatro hombres han sido abusados sexualmente a lo largo de sus vidas, sobre todo por personas que conocían y en quienes confiaban, personas que supuestamente les darían amor y protección.[1] Otras sufrieron la brutalidad de la agresión sexual, ya sea en manos de un extraño o de alguien a quien conocían. Y el abuso dentro de la iglesia es una realidad sumamente común, tanto para hombres como para mujeres. Demasiadas personas fueron abusadas por miembros respetados de la iglesia o por algún miembro del equipo pastoral y se encontraron con el silencio o la incredulidad de los demás o con que la iglesia hiciera la vista gorda a sus pedidos de ayuda. A otras se las silenció, ignoró o incentivó a perdonar a sus abusadores al hablar del tema con pastores, en grupos pequeños o con otros miembros de la iglesia.

Si el abuso sexual es, de algún modo, parte de tu historia, ¡es necesario que sepas que el abuso no fue tu culpa! Dios odia el abuso. Lo enoja y le duele tu sufrimiento. Él se encargará de que al final se haga justicia. Reconozco que tocar este tema será complicado y que es posible que despierte recuerdos dolorosos, miedos y respuestas al trauma. Quizás habrá momentos en los que necesites bajar el libro y alejarte. Si estás leyendo esto sola, tal vez sea bueno que tengas a alguien con quien puedas hablar luego de leerlo. Una consejera, una amiga de confianza o una mentora podrían ayudarte a procesarlo. Es posible que descubras que no estás lista para leer este libro y eso está bien. El recorrido hacia la sanidad y la libertad en Cristo es progresivo y lleva toda la vida. No es necesario que lo hagas todo junto.

Sin importar dónde te encuentres hoy y sea cual sea tu lucha o tu experiencia, el objetivo de este estudio es, por un lado, ayudarnos a reconocer las formas en que nuestra comprensión del sexo y experiencia en el tema están fracturadas y, por otro lado, a replantearnos lo que entendemos de la Palabra de Dios, de modo tal que eso traiga sanidad y libertad en esta área de nuestra vida.

¿CÓMO LLEGAMOS HASTA AQUÍ?

Aunque la iglesia no suele hablar mucho del sexo, la Biblia no elude el tema en absoluto: ni la parte gloriosa, ni la quebrada. Las páginas de la Escritura están llenas de historias de adulterio, promiscuidad, agresiones sexuales, incesto, manipulación y de tanto hombres como mujeres que se aprovechan de su poder sexual para subyugar o disminuir el valor de otro. Mientras que todas esas cosas están presentes dentro de las historias del pueblo de Dios, pareciera que los mensajes de la iglesia se concentran en algunas ideas clave:

«Si estás soltera, no tengas sexo».

«Si estás casada, el sexo es tu deber marital y debes practicarlo con generosidad».

«Las jóvenes buenas no lo hacen».

«Guarda tu corazón».
«Vístete con modestia para no causar que tu hermano tropiece».
«Varones, dejen de mirar pornografía».
«Los hombres desean tener sexo, pero las mujeres no».

Es posible que haya cierta verdad en esos mensajes. Sin embargo, por desgracia, son inadecuados para enseñarles a los creyentes a tener un entendimiento bíblico del sexo como regalo de Dios y para ayudarlos a administrar su sexualidad con fidelidad en nuestra cultura tan sexualizada. Cuando se habla de la pornografía y la masturbación como si solo fueran una lucha de los hombres, las mujeres que también están atravesando esas luchas se sienten más aisladas, avergonzadas y solas. Cuando el mensaje principal es que «las jóvenes buenas no lo hacen», las mujeres que llegan vírgenes al matrimonio luchan con hacer la transición de algo que está «fuera de límites» a algo que es para «hacerlo y disfrutarlo». ¿Qué sucede con la joven a quien le enseñaron, durante toda su vida, que esperar hasta el matrimonio le garantizará que su vida sexual será maravillosa y satisfactoria, pero luego descubre que, para ella, el sexo es increíblemente doloroso y difícil de disfrutar? ¿O que su esposo tiene desafíos físicos que hacen que el sexo sea complicado o insulso? ¿De qué manera influyen nuestros mensajes para que las jóvenes vean al sexo como algo sucio y pervertido de lo que deben guardarse, en lugar de un deseo bueno que Dios nos dio para que lo experimentemos en su contexto apropiado? Si la única visión que se les ofrece a las mujeres solteras es: «No tengan sexo», entonces, ¿qué van a pensar y hacer con sus deseos auténticos de tener una conexión íntima?

A causa del silencio y los mensajes inadecuados de la iglesia, generaciones de hombres y mujeres no solo están cautivas del pecado, la vergüenza y el sufrimiento, sino que, además, carecen del poder espiritual que muestra una visión más convincente que la que ofrece la cultura. Allí donde la iglesia ha permanecido en silencio y ha generado un vacío de liderazgo, la cultura ha ingresado para llenar ese vacío. Los mensajes de la cultura son fuertes, claros y frecuentes:

«El sexo es bueno».
«El sexo es para desearlo y disfrutarlo».
«El sexo no debería tener límites».

«El sexo no es tan especial como para guardarlo para el matrimonio».

«El sexo es un derecho».

«Perder la virginidad es una medalla de honor».

La cultura nos enseña que el placer sexual es tu derecho y que puedes buscarlo de cualquier manera que elijas, sin los obstáculos de ninguna regla religiosa o de antiguos sistemas de creencias. En nuestra sociedad saturada de sexo, la virginidad es una rareza: algo para perder, no para apreciar. Si crees que existe un principio regidor que involucra el sexo y la sexualidad, corres el riesgo de que te califiquen de intolerante, de persona que siembra odio o de mojigata. Nuestra sociedad ha puesto tanto énfasis en el autoconocimiento a través de la expresión sexual que, de hecho, se ha convertido en sinónimo de la propia identidad de una persona.

Sin embargo, al mismo tiempo, la sociedad trata el sexo como si no fuera algo especial. No lo ve como algo que se deba reservar, preservar o proteger. El sexo es un producto: se devaluó y se quitó del contexto que en realidad hacía que fuera especial. Puedes tener sexo donde sea, cuando sea y con quien sea que te plazca. Hay compañeros sexuales por todos lados. El sexo es entretenimiento divertido y barato. No requiere ningún compromiso. Libre de condiciones. Simplemente, no es la gran cosa.

Tanto los mensajes de la iglesia como los de la cultura influyen en lo que creemos y lo que entendemos del sexo y hacen que este sea un tema difícil de transitar con fidelidad. Sé que esto es cierto en mi propia vida. La mayor parte de mi aprendizaje del sexo ocurrió gracias a la cultura y a mis pares. El único mensaje que recuerdo escuchar por parte de la iglesia o de otros creyentes es que «el sexo es para el matrimonio». Sin embargo, yo era una joven que vivía en un mundo cada vez más sexualizado y que se enfrentaba a la avalancha de hormonas adolescentes. Ese único mensaje no tenía la sustancia suficiente como para ayudarme a resistir la tentación cuando golpeara mi puerta.

EL PECADO SEXUAL NO ES SOLO UN ASUNTO DE HOMBRES

Por muchos años, se ha visto el pecado sexual como si fuera, sobre todo, un asunto de hombres, en especial dentro de la iglesia. A los hombres se

TU SEXUALIDAD FEMENINA ABARCA TU COMPOSICIÓN GENÉTICA Y TU DISTINTIVIDAD COMO MUJER, ASÍ COMO LA MANERA EN QUE TE EXPRESAS COMO TAL. ES LO QUE IMPULSA TANTO QUIÉN ERES TÚ DE FORMA NATURAL, COMO EL MODO EN QUE FUNCIONAS EN EL MUNDO QUE TE RODEA.

los desafía a no ser infieles ni lujuriosos, a no mirar pornografía y cosas así; mientras que, a las mujeres, quienes pasaron desapercibidas por mucho tiempo, la iglesia las desafía principalmente a ser modestas. Incluso en la industria del entretenimiento, a menudo se retrata a los hombres como pervertidos o agresores sexuales: ellos son los que no pueden resistirse a la tentación, aunque esa moda está cambiando. En consecuencia, muchas mujeres tienen una teología defectuosa del sexo y la sexualidad.

Esto es problemático porque las mujeres también somos seres sexuales. No puedes negarlo ni reprimirlo, pues eso sería negar el modo en que Dios te hizo. Aunque tal vez la sexualidad se vea diferente en cada mujer, es parte del diseño que Dios te dio. Fuiste creada como mujer. Estás genéticamente codificada como mujer. Eso incluye tu sistema reproductivo, tu composición hormonal, tu anatomía e incluso tu cerebro. La neuropsiquiatra Louann Brizendine afirma en su libro *The Female Brain* [El cerebro femenino] que, aunque el 99 % del código genético femenino es igual al masculino, ese 1 % que varía entre ambos sexos influye en cada célula del cuerpo. Afecta todo: desde los nervios que registran el placer y el dolor, hasta las neuronas que transmiten la percepción, los pensamientos, los sentimientos y las emociones.[2] Eso significa que piensas, sientes, entiendes y procesas las situaciones como mujer.

Sin embargo, no debemos confundir la feminidad (ser una mujer) con la manera en que una expresa o vive su feminidad. Hay muchas formas genuinas de expresar la feminidad. Es posible que a algunas mujeres les encante cocinar, mientras que otras luchen para hervir agua. Quizás algunas disfruten de las últimas modas y otras estén al tanto de las últimas estadísticas deportivas. Algunas mujeres se deleitan en una buena obra de teatro o en el *ballet*, mientras que otras prefieren ir a cazar. El punto es que lo que haces o no, lo que te gusta o no y la manera en que te vistes o te peinas no hace que seas más o menos mujer. No importa si eres más atlética o más académica, ni si lo más probable es que diseñes un rascacielos, un vestido o una agenda semanal para tu familia: eres, de forma inherente y distintiva, femenina.

Tu sexualidad femenina abarca tu composición genética y tu distintividad como mujer, así como la manera de expresarte como tal. Es lo que impulsa tanto quién eres tú de forma natural, y cómo funcionas en el mundo que te rodea. La sexualidad femenina es poderosa. Tiene potencial para darles vida y fuerza a otras personas. También tiene poder para manipular, controlar y destruir. Por lo tanto, debemos volvernos conscientes de quiénes somos como seres sexuales y aprender a ser mayordomas de nuestra sexualidad de forma que honre a Dios y a los demás.

Además, puesto que a menudo la iglesia habla del deseo sexual como si fuera algo que solo deben controlar los hombres, muchas mujeres luchan contra sus propios deseos. A veces se preguntan si no habrá algo mal con ellas porque sí desean tener sexo. Y cuando una mujer con deseo y energía sexual se casa con un hombre que no tiene ese tipo de anhelo sexual del que tanto escuchó mientras crecía en la iglesia, eso agrava su vergüenza, su aislamiento y sus sentimientos de rechazo. Sin embargo, al contrario de lo que quizás te enseñaron (o no), las mujeres sí tienen deseos y energía sexual.

El deseo sexual fue diseñado por Dios: es bueno y justo. Él creó tu cuerpo para que puedas sentir y responder al placer. De hecho, hay aspectos del cuerpo femenino que no tienen ningún otro propósito además de generar placer. Si eres una mujer con deseos y energía sexual, no hay nada que esté *mal* contigo. Algunas mujeres tienen más, otras tienen menos y otras no tienen nada en absoluto. Y no a todos los hombres los consume el deseo sexual. El deseo no es necesariamente pecaminoso, pero es complicado.

Por último, debemos aprender cómo tratar con nuestro dolor y sufrimiento relacionados con el sexo y la sexualidad. He oído muchas veces al autor y terapeuta Jay Stringer afirmar: «Si no transformas tu dolor, lo transmitirás. Siempre debe sufrir alguien más porque tú no sabes cómo hacerlo».[3] Ejercer mayordomía en nuestra sexualidad es un asunto de discipulado para las mujeres. Esto significa que es fundamental que aprendamos cómo tratar este tema, tanto en lo individual como en lo relacional, con verdades bíblicas, sensibilidad, valentía, compasión y empatía.

Cualquiera que sea la etapa en la que estés, el desafío que estés atravesando, las heridas y el dolor que estés cargando, quiero reconocer la valentía que se requiere para leer un libro como este. Tratar con nuestro pecado, vergüenza, heridas y sufrimiento es bueno, pero lleva mucho trabajo. Es posible que procesar este estudio sea disruptivo. Hazlo despacio. Tómate descansos. Lee secciones cortas cada día, en lugar de leer todo un capítulo en un día. Tómate tu tiempo para procesarlo y abordar las partes de tu historia con las que nunca habías tratado. Mantente curiosa y dispuesta a examinar las partes que quizás sientas que ya están resueltas. Usa las preguntas para reflexionar como herramientas que te guíen en la autorreflexión, pero no te sientas atada a ellas. Deja que el Espíritu Santo te dirija mientras saque a la luz las barreras y las heridas que hay donde él desea traer libertad y sanidad.

LA ESPERANZA EN EL EVANGELIO

Como creyentes, nuestra identidad en Cristo está segura. Esto nos da el valor para confrontar tanto aquello que está quebrado como el pecado de nuestra vida. La Biblia afirma con claridad que somos personas pecadoras, santas y en sufrimiento. Por tanto, nuestra esperanza a lo largo de este estudio será mostrarte la medicina correcta del evangelio, ya sea que estés tratando con tu pecado o con tu sufrimiento.

Sin el evangelio, sin la verdad profunda y duradera de la Escritura y sin el poder del Espíritu Santo, no hay esperanza de lograr un cambio. Necesitamos tener una visión del sexo y la sexualidad redimidos. La verdad de la Escritura es que el sexo fue idea de Dios. Él lo creó, por lo que es bueno. Como forma parte de su buena creación, él está obrando aun hoy para redimirlo y restaurarlo. Está ocupado sanando las heridas y el dolor que sufriste a causa de otra persona. Él desea liberarte del cautiverio del pecado sexual. Anhela revelarte su bondad y fidelidad mientras atraviesas la etapa de la soltería. Se deleita cuando te complaces en su buen regalo: el sexo con tu esposo. Anhela traer descanso, paz y claridad a tu confusión sobre tu identidad sexual. Quiere ayudarte para que veas el sexo con tu esposo como un regalo y no como un deber. Dios está listo para traer su verdad a esta área de nuestra vida.

La esperanza y el ánimo que nos da el evangelio para el sufrimiento es el siguiente: Dios se hizo carne para que pudiera identificarse contigo en tu sufrimiento. Aquel que creó el mundo se sometió al rompimiento del mundo. Conoció de primera mano el trauma, el abuso, la traición, el rechazo, el abandono, el duelo, la pérdida, el dolor. Tu sufrimiento no le es indiferente ni ajeno a Dios: él está contigo y se lamenta junto a ti. Prometió que llegará un día en el que todo sufrimiento cesará. Un día en el que no habrá más lágrimas, no más tristeza, no más dolor. Un día en que todo lo que está roto será hecho nuevo. Y moraremos junto a él para siempre.

Sin embargo, lo que ahora sufrimos no es nada comparado con la gloria que él nos revelará más adelante. Pues toda la creación espera con anhelo el día futuro en que Dios revelará quiénes son verdaderamente sus hijos. Contra su propia voluntad, toda la creación quedó sujeta a la maldición de Dios. Sin embargo, con gran esperanza, la creación espera el día en que será liberada de la muerte y la descomposición, y se unirá a la gloria de los hijos de Dios. Pues sabemos que, hasta el día de hoy, toda la creación gime de angustia como si tuviera dolores de parto; y los creyentes también gemimos—aunque tenemos al Espíritu Santo en nosotros como una muestra anticipada de la gloria futura—porque anhelamos que nuestro cuerpo sea liberado del pecado y el sufrimiento. Nosotros también deseamos con una esperanza ferviente que llegue el día en que Dios nos dé todos nuestros derechos como sus hijos adoptivos, incluido el nuevo cuerpo que nos prometió. Recibimos esa esperanza cuando fuimos salvos.

Romanos 8:18-24a

Y la esperanza y el ánimo que el evangelio nos da para la lucha con el pecado es el siguiente: sin importar quién eres, qué has hecho, con qué luchas o si tiendes al fariseísmo o a la autoindulgencia, Dios aprovisionó para tu pecado mediante Jesús, quien, aunque es por completo Dios, se humilló al hacerse carne y convertirse en humano por completo. Se enfrentó a toda tentación común al ser humano y, sin embargo, no pecó. Como también era totalmente humano, pudo ofrecerse como sacrificio perfecto, vivo y santo por nosotros. En la cruz, Jesús cargó con todos nuestros pecados. Es por eso que cuando lo miramos con fe y arrepentimiento, Dios nos da el lugar de justicia de Jesús. Luego, Dios levantó a Jesús de entre los muertos como prueba de que él venció el pecado y la muerte. Después, Dios envió a su Espíritu Santo para que more en nosotros y entre nosotros, como prueba de que hemos sido adoptados y somos parte de la familia de Dios. Su Espíritu está obrando en nosotros aun hoy, conformándonos a la imagen y semejanza de Cristo. Él continuará con su buena obra en nosotros hasta que Jesús regrese y nos lleve con él a su nuevo reino, donde el pecado, la muerte y el sufrimiento habrán sido conquistados de una vez por todas.

¿Qué podemos decir acerca de cosas tan maravillosas como estas? Si Dios está a favor de nosotros, ¿quién podrá ponerse en nuestra contra? Si Dios no se guardó ni a su propio Hijo, sino que lo entregó por todos nosotros, ¿no nos dará también todo lo demás? ¿Quién se atreve a acusarnos a nosotros, a quienes Dios ha elegido para sí? Nadie, porque Dios mismo nos puso en la relación correcta con él. Entonces, ¿quién nos condenará? Nadie, porque Cristo Jesús murió por nosotros y resucitó por nosotros, y está sentado en el lugar de honor, a la derecha de Dios, e intercede por nosotros.

¿Acaso hay algo que pueda separarnos del amor de Cristo? ¿Será que él ya no nos ama si tenemos problemas o aflicciones, si somos perseguidos o pasamos hambre o estamos en la miseria o en peligro o bajo amenaza de muerte? (Como dicen las Escrituras: «Por tu causa nos matan cada día; nos tratan como a ovejas en el matadero»). Claro que no, a pesar de todas estas cosas, nuestra victoria es absoluta por medio de Cristo, quien nos amó.

Y estoy convencido de que nada podrá jamás separarnos del amor de Dios. Ni la muerte ni la vida, ni ángeles ni demonios, ni nuestros temores de hoy ni nuestras preocupaciones de mañana. Ni siquiera los poderes del infierno pueden separarnos del amor de Dios. Ningún poder en las alturas ni en las profundidades, de hecho, nada en toda la creación podrá jamás separarnos del amor de Dios, que está revelado en Cristo Jesús nuestro Señor.

Romanos 8:31-39

Tenemos un Salvador que se identifica con nosotros en nuestra humanidad y que nos ha aprovisionado tanto para nuestro pecado como para nuestro sufrimiento. Este es el cimiento de nuestra esperanza. No hay vida que Dios no pueda redimir. No hay dolor que no pueda sanar. No hay alma que no pueda consolar. El Señor puede hacer obras milagrosas en nuestra vida. Aunque quizás aún luches con el pecado, la tentación, el sufrimiento y el dolor, hay esperanza: podemos recibir una enorme sanidad, podemos ser liberados y nuestra vida puede cambiar. Un día, él te llevará por fin y totalmente a su gozo eterno, perfecto y completo.

Preguntas para reflexionar

1. Los mensajes sobre el sexo que nos dieron la iglesia y la cultura dejaron su marca en nosotras. ¿De qué manera te impactaron? ¿Cuáles hicieron el mayor daño en el modo en que ves el sexo y la sexualidad?

2. Cada etapa tiene sus desafíos propios en lo que respecta al sexo y la sexualidad. ¿Con qué estás luchando hoy? ¿Cómo te gustaría ver a Dios enmendando esas cosas?

3. ¿Puedes identificar algún vacío en el modo en que comprendes e interpretas el enfoque bíblico sobre el sexo y la sexualidad? ¿Puedes identificar las áreas en las que necesitas más claridad? ¿Qué preguntas tienes sobre la manera de manejar tu sexualidad en la etapa de vida que estás transitando hoy en particular?

4. ¿Cuál es tu mayor temor o preocupación al comenzar con este estudio?

HISTORIA DE UNA MUJER
La fractura del aborto

Crecí en un hogar afectuoso. Sin embargo, a causa de la cultura sumamente conservadora, mi mirada del sexo estaba distorsionada. Se me había inculcado que el sexo era malo. Por eso, con mi primer novio, ponía el freno cada vez que estábamos cerca de tener sexo. Las cosas cambiaron a mediados de mis 20 cuando terminé con mi novio de la universidad. Me provocaban tantos celos sus interacciones con otras mujeres que decidí atraerlo sexualmente. Nos reuníamos en secreto, teníamos sexo y luego volvíamos a nuestro estilo de vida «cristiano». Estaba siendo egoísta, manipuladora y engañosa.

Al final, el sexo y el engaño me pasaron factura: quedé embarazada. En nuestro mundo, los cristianos «ideales» no vivían de esa manera, por lo que no había forma de que le confesara a alguien lo que habíamos hecho. Por mi fracaso moral, no tardé en sentir la vergüenza alimentada por el orgullo. Estaba dispuesta a hacer lo que fuera necesario para esconder mi pecado de otras personas.

Fui a la clínica abortiva por primera vez por mi cuenta. Aunque mi novio me apoyaba, nunca me acompañó a ninguna cita. Vi a mi bebé de seis semanas en el ultrasonido. Sin embargo, apagué rápidamente todas las emociones que podrían haber estado ahí. El médico me dio dos opciones: quedarme con el bebé o sacar otra cita para volver a ese lugar y recibir la píldora que terminaría con el embarazo. Elegimos terminar con el embarazo.

Terminé casándome con ese novio. Desde el comienzo, luchamos en nuestro matrimonio. Pasé de querer tener sexo antes de casarnos a no querer tener sexo cuando ya estábamos casados. Si bien quería sentirme amada y cuidada, no quería hacer el trabajo de buscar a mi esposo de la manera en que él lo necesitaba. Al mirar atrás, veo que la vergüenza y el trauma del aborto en verdad me estaban afectando el cerebro y el cuerpo. Sin embargo, no tenía idea de qué hacer con esas cosas, así que seguí escondiéndolas, tanto en mi matrimonio como con otras relaciones. Para mí era mejor dar la impresión de que lo tenía todo bajo control como maestra, amiga, hija y esposa, antes que dejar que alguien conociera cómo era yo en verdad en el interior. ¿Cómo podría amarme alguien luego de saber lo que había hecho? Durante los próximos años, di a luz a dos niños hermosos y sanos. No obstante, había otro hijo que yo mantenía oculto incluso de mi propio corazón y mi mente.

Unos años después de casarnos, mi esposo me engañó y tocamos fondo. Abandonamos el ambiente tóxico de la iglesia a la que asistíamos y empezamos a ir a una iglesia sana. Comenzamos con el proceso increíblemente complicado de sanar, en lo personal y también como pareja. Aun durante los años de consejería profesional, ni una vez mencioné que había abortado.

Sin embargo, Dios no había terminado conmigo. Una vez asistí a una conferencia de mujeres en mi iglesia y escuché a una mujer que había abortado compartir la historia de cómo su vida había cambiado. ¿Cómo? Yo creía que la gente no hablaba del aborto en público. No obstante, al escuchar de la valentía y la libertad en la historia de esa mujer, pensé que por fin había llegado el momento de compartir la mía.

Dos días después, entré a mi oficina y le conté de mi aborto a una amiga cercana. No tenía idea de cuánto me había afectado este secreto que había guardado tanto tiempo. Sentí una tristeza abrumadora, no podía respirar y lloré sin parar, pero por fin sentí el alivio en mi corazón de ser conocida plenamente. Y así comenzó el proceso de sanar, que incluyó consejería, una mentora y una comunidad bíblica.

Mientras procesaba el tema del aborto con quien me aconsejaba, sentí la urgencia de volver a la clínica abortiva para adueñarme por completo de mi experiencia y obtener una copia de mi ficha. Quería saber la fecha con desesperación. No podía recordar qué edad tenía ni qué época del año era. Los recuerdos que tenía de esa época de mi vida estaban bloqueados. Quería un cierre, y pensé que si iba a la clínica y conocía la fecha tendría lo que necesitaba.

Dios permitió que pasara cierto tiempo hasta que fui a la clínica. Durante ese tiempo, seguí luchando con guardarme lo que había hecho. Era como si creyera que ese pecado era demasiado grande como para que Dios se encargara. Luché por semanas y no podía dejarlo ir. No podía recibir su perdón. Sin embargo, en medio de la lucha, tuve una conversación sincera con una amiga, quien me preguntó, con amabilidad, si mi orgullo me estaba impidiendo dejar que Dios me perdonara. Aún recuerdo en qué lugar de la entrada de mi casa estaba parada cuando, literalmente, sentí que me quitaban un peso de los hombros. Esa era la verdad que necesitaba oír, la pieza que faltaba. Corté la llamada y sentí que se levantó el sufrimiento que había sentido por tanto tiempo al haber cargado con el peso de este pecado por mi cuenta. ¿Quién soy yo para creer que sé más que Dios? El peso de no dejar que Dios me perdonara hacía mucho más daño que el pecado mismo.

Si bien todavía quería ir a la clínica, mi motivación había cambiado: ya no era por un peso lleno de vergüenza, sino por genuina curiosidad. Fui y logré entrar de nuevo a ese lugar. Pero esta vez, era diferente. Estaba yendo a la clínica como una persona que es conocida plenamente y no en secreto.

La verdad es que no estaba preparada para las emociones conflictivas que sentí ese día: desde el caos de quienes protestaban enojados y a los gritos, hasta la sala de espera llena de gente en la que sonaba el teléfono sin parar. Estaba sentada en la sala de espera cuando me sucedió algo inesperado. Se me llenaron los ojos de lágrimas mientras miré a todas esas mujeres y pensé en sus historias. ¿Por qué estaban allí? ¿Era esa su primera vez? ¿Estaban asustadas? ¿Las estaban obligando a hacer eso? ¿Sentían esa misma vergüenza y culpa que yo había sentido hace más de diez años? ¿Qué pensaban de las personas de afuera del edificio, quienes estaban intentando que ellas no abortaran? ¿Y qué pasaba con el recepcionista o los enfermeros? Tenía el corazón lleno de empatía y compasión, tanto para mí misma como para las otras mujeres.

Luego de esperar unos diez minutos, me dijeron que tendría que volver durante la tarde para buscar mi ficha. Uf. Esa no era la respuesta que esperaba. Ese día, más tarde, me comunicaron que habían descartado mi ficha. Aunque nunca obtuve la respuesta que buscaba, jamás olvidaré ese día. Fue un paso importante para que me adueñara de mi historia. Fue un día en el que, aunque debería haber sentido vergüenza, sentí paz. Fue un día que abrió un espacio para la sanidad, la redención y para que entendiera esta verdad: que Jesús vino de una familia llena de vergüenza. Desde David, un hombre conforme al corazón de Dios, que fue culpable de un asesinato y de adulterio, hasta la madre de Jesús, María, a quien se culpó por haber tenido un hijo fuera del matrimonio. Sin embargo, esa es la misma vergüenza con la que Jesús cargó. Dios nunca dejó de amarme a mí ni a mi hijo no nacido.

Dios sigue buscándome y está obrando para sanar mi corazón. Algunos días son más duros que otros. Mi bebé sería un adolescente hoy, y aunque siento tristeza porque nunca pudo sentir mi amor ni conocer el amor de mi esposo e hijos, hoy está sintiendo el amor de mi Salvador. Y yo también.

02

MOLDEADAS POR NUESTRAS HISTORIAS

Dios se hizo a sí mismo vulnerable en la carne para que las personas rotas pudieran sanarse.

Lore Ferguson Wilbert, *Handle With Care*
[Tratar con cuidado]

Para tratar con nuestro sufrimiento, pecado, confusión y con nuestras partes quebradas, se necesita mucha valentía y sabiduría. Sin embargo, si vamos a buscar libertad, sanidad y esperanza, debemos comenzar por reconocer las maneras en que nuestras experiencias moldearon aquello que creemos. Los seres humanos somos criaturas complicadas y las experiencias humanas son igual de complejas. Nos quedamos cortos si solo miramos nuestro pecado y sufrimiento. Esa no es la historia completa. Necesitamos tomarnos el trabajo de observar cómo nuestras experiencias, nuestra familia de origen, nuestra crianza, las circunstancias de la vida y mucho más moldean no solo la forma en que pensamos, sino también el modo en que vivimos.

Cuando Adán y Eva pecaron contra Dios, todo lo que Dios había creado quedó infectado con el pecado. El pecado está en la raíz de todo aquello que está roto en el mundo. Veremos tres formas en que el pecado ha impactado el área del sexo: *los daños que nos hicieron* (abuso, agresión sexual, traición), *los daños que nos hicimos nosotras* (pecado, promiscuidad, pornografía, adulterio) y *los daños del mundo* (representación cultural del sexo, desafíos físicos que se asocian con el sexo, discapacidades, dolor crónico). Estas tres categorías de daños se fusionan a lo largo del tiempo y moldean nuestra perspectiva fracturada del sexo en el mundo. La forma en que vemos y experimentamos el sexo abarca una combinación compleja de los daños que nos hicieron, los daños que nos hicimos y los daños del mundo a nuestro alrededor.

LLAMAR A NUESTRAS FRACTURAS POR SUS NOMBRES

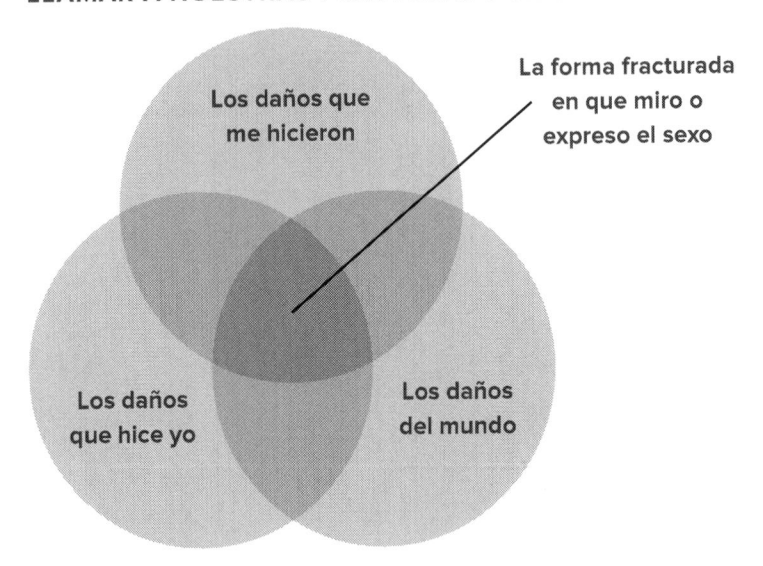

Diagrama de Venn con tres círculos: "Los daños que me hicieron", "Los daños que hice yo", "Los daños del mundo". Una línea señala al diagrama: "La forma fracturada en que miro o expreso el sexo".

LOS DAÑOS DEL MUNDO

No hay ningún aspecto de la creación que no haya sido impactado por la maldición del pecado. Nuestro corazón está atravesado por el pecado, el cual, además, le abrió paso a la muerte, las enfermedades y la decadencia. A causa de la maldición del pecado, sufrimos un quebranto físico: nuestro cuerpo no funciona del modo en que fue creado por Dios. Como consecuencia, muchos hombres y mujeres cargan con discapacidades, dolor crónico, enfermedades mentales, desequilibrios hormonales y otros desafíos físicos, intelectuales y emocionales, lo cual le añade capas de complejidad a un tema que ya es sensible y difícil.

Por ejemplo, es posible que una mujer con dolor pélvico crónico tenga una perspectiva sólida y bíblica del sexo y el deseo genuino de conectar con su esposo en la intimidad. Sin embargo, el dolor que siente altera y limita en gran manera la forma en que ella puede darse sexualmente a él. De la misma manera, hay mujeres para quienes el sexo es desafiante por la forma y el funcionamiento específicos de sus cuerpos. Quizás, ellas necesiten de ciertos pasos adicionales antes de poder darse a sus esposos con comodidad. Muchas mujeres sufren de enfermedades tales como la endometriosis, la cual les genera un inmenso dolor físico tanto en la vida diaria como en la intimidad sexual. También es posible que, en lugar de tener una enfermedad o dolor físicos, una mujer sienta que su cuerpo femenino no le corresponde y esté luchando con la confusión de la identidad de género.

También sufrimos fracturas relacionales que impactan sobre la manera en que vemos y expresamos el sexo. Los conflictos conyugales de cada día, la soltería no deseada, el tener que pasar largos periodos de separación, los deseos desparejos y la tensión que generan las circunstancias cotidianas pueden minar la intimidad y la unidad. Muchas veces, la raíz de estos tipos de heridas no está necesariamente en nuestro pecado personal o en el pecado de los demás, sino que son el fruto de vivir en un mundo quebrado.

LOS DAÑOS QUE ME HICIERON

Toda la humanidad está infectada por el pecado. Esto quiere decir que, aunque yo peco contra otros, también los otros pecan contra mí. Aunque es posible que el pecado sexual sea personal, no es privado. Tiene ramificaciones que se expanden a lo largo y a lo ancho. Si has sufrido abuso sexual, conoces la destrucción que causa el pecado sexual. Conoces demasiado bien el dolor, la vergüenza y el miedo que pueden desatarse cuando alguien se desvía del diseño de Dios para el sexo. La Escritura habla con claridad del daño colateral que genera el pecado sexual. Está llena de historias de hombres y mujeres que dejan que sus deseos los alejen del diseño de Dios. A menudo, las consecuencias son nefastas e impactan sobre múltiples generaciones.

Cuando meditamos en los daños que otras personas nos hicieron, es fácil pensar en cosas como el abuso, el adulterio o la lucha de un esposo contra la pornografía. Sin embargo, si solo pensamos en esas cosas, nos quedamos cortas. Por ejemplo, si uno de tus padres engañó al otro y creciste como hija de divorcio a causa de la infidelidad de uno de ellos, entonces, el pecado sexual de otra persona habrá tenido un impacto sobre tu vida. No obstante, las ramificaciones de la decisión de tus padres no se acaban allí. Tu propio matrimonio sufrirá también el impacto. A causa de la herida que sufriste cuando tu padre, una persona que creía en la Biblia, amaba a Jesús e iba a la iglesia, tuvo una amante, ahora luchas con la ansiedad y el temor de que tu propio esposo no pueda serte fiel, lo que genera una tensión permanente en tu matrimonio. Esto no quiere decir que no debas capturar tus pensamientos, creer lo mejor de tu esposo y confiarle a Jesús tu matrimonio. Sin embargo, si desestimas o niegas el impacto que el pecado sexual de tus padres tuvo sobre ti, a la larga, no estarás ayudándote a ti misma ni a tu matrimonio. De hecho, es posible que las consecuencias sean las opuestas. En su libro *Healing the Wounded Heart* [Sanar el corazón herido], Dan Allender afirma: «El daño sexual, como todos los daños, no se desvanece porque lo minimicemos o intentemos olvidarlo. Más bien, sobrevive entre las grietas de nuestro corazón y, lento pero seguro, nos separa de nosotros mismos, de otros y de Dios».[1]

Cuando reflexiones sobre las distintas maneras en que el pecado de otros te ha herido a ti, mira más allá de los pecados evidentes e incluye a los más sutiles. Piensa en categorías de daño que incluyan: escuchar abiertamente bromas pornográficas en tu hogar, recibir burlas por la manera en que luces, escuchar comentarios positivos o negativos sobre tu cuerpo, estar en constante exposición a contenidos sexuales en los medios, ser ignorada o rechazada o estar enredada en una relación que no es sana con uno de tus padres, de manera tal que pasas a ser un cónyuge sustituto para uno de ellos. Hay muchos otros ejemplos que podríamos incluir. El punto es el siguiente: aunque quizás al principio no pensaste que esas cosas fueran daños sexuales contra ti, son expresiones fracturadas de la sexualidad y pueden impactar no solo sobre el modo en que te ves a ti misma y en que, como mujer, te mueves por el mundo que te rodea, sino también las decisiones que tomas sobre el sexo.

LOS DAÑOS QUE ME HICE YO

Por último, también necesitamos comprender con más matices nuestro propio pecado y el modo en que ha impactado sobre nuestra vida. Apartadas de Cristo, somos, por naturaleza, pecaminosas (Efesios 2:3).

Moldeadas por nuestras historias

El pecado lo impregna todo: nuestras relaciones, nuestros motivos, nuestras acciones, nuestros procesos de pensamientos y nuestras emociones. Como afirmó el profeta Jeremías: «El corazón humano es lo más engañoso que hay, y extremadamente perverso. ¿Quién realmente sabe qué tan malo es?» (Jeremías 17:9). Y como si no bastara con esa acusación, en la Escritura leemos que todo lo que no procede de fe, es pecado (Romanos 14:23, LBLA).

Entonces, ¿qué significa esto para nosotras? Significa que debemos asumir que no somos inmunes al pecado sexual. Significa que debemos pedirle a Dios que examine nuestro corazón y señale cualquier cosa que le ofenda (Salmos 139:23-24). Algunas de nosotras somos sumamente conscientes del pecado sexual en nuestras vidas, ya sea que se trate de una lucha constante contra la masturbación, la pornografía, las relaciones con el mismo sexo, amoríos emocionales o físicos o sexo premarital. Sabemos que no estamos actuando de acuerdo a la voluntad de Dios.

Sin embargo, no siempre es fácil reconocer el pecado y el daño de nuestro propio corazón. Como la atención suele estar puesta en los pecados externos como el adulterio, el sexo premarital, la homosexualidad y la pornografía, a veces es fácil pensar que no tienes pecado sexual en tu vida. Aunque es cierto que, en comparación, quizás estemos bastante bien bajo esos estándares, la Escritura no nos deja ir tan fácil. Jesús expande nuestra definición de pecado al afirmar que quien mire a una mujer para codiciarla ya cometió adulterio con ella *en su corazón* (Mateo 5:28, LBLA). Y el apóstol Pablo se regocija en que quienes antes eran esclavos del pecado se hayan hecho obedientes *de corazón* (Romanos 6:17).

Con demasiada frecuencia, cuando miramos el pecado sexual, nos enfocamos en las acciones externas y pasamos por alto el corazón, que está en la raíz de todo. Se utiliza el término «corazón» en el Antiguo y Nuevo Testamento para hacer referencia al hombre interior: tu mente, tu carácter, tus intenciones y tu voluntad. El corazón es el centro de motivos de nuestra vida. En Proverbios 4:23 se nos advierte que *sobre todas las cosas* debemos cuidar nuestro corazón, porque este determina el rumbo de nuestra vida. Es como una rueda: cada radio está conectado con el eje central. Entonces, si quieres comprender la consecuencia del pecado sexual y del daño en tu vida, comienza por examinar tu corazón.

Este enfoque hacia afuera no es extraño en la iglesia moderna. También era prevalente en la iglesia primitiva. A los fariseos, la élite religiosa del tiempo de Jesús, los obsesionaba el comportamiento externo y la adhesión a tradiciones y rituales. Se aferraban a su propia rectitud mediante la obediencia exterior y, sin embargo, estaban ciegos a la corrupción de su propio corazón. En Marcos 7, Jesús les llama la atención a los fariseos por su hipocresía:

> Cierto día, algunos fariseos y maestros de la ley religiosa llegaron desde Jerusalén para ver a Jesús. Notaron que algunos de sus discípulos no seguían el ritual judío de lavarse las manos antes de comer. (Los judíos, sobre todo los fariseos, no comen si antes no han derramado agua sobre el hueco de sus manos, como exigen sus tradiciones antiguas. Tampoco comen nada del mercado sin antes sumergir sus manos en agua. Esa es solo una de las tantas tradiciones a las que se han aferrado, tal como el lavado ceremonial de vasos, jarras y vasijas de metal).
>
> Entonces los fariseos y maestros de la ley religiosa le preguntaron:
>
> —¿Por qué tus discípulos no siguen nuestra antigua tradición? Ellos comen sin antes realizar la ceremonia de lavarse las manos.
>
> Jesús contestó:
>
> —¡Hipócritas! Isaías tenía razón cuando profetizó acerca de ustedes, porque escribió:
>
> > "Este pueblo me honra con sus labios,
> >   pero su corazón está lejos de mí.
> > Su adoración es una farsa
> >   porque enseñan ideas humanas como si fueran mandatos de Dios".
>
> Pues ustedes pasan por alto la ley de Dios y la reemplazan con su propia tradición.
>
> Marcos 7:1-8

Moldeadas por nuestras historias 39

En este pasaje, Jesús y sus discípulos no cumplen con la ceremonia del lavado de manos que los fariseos habían prescrito. Esta es una de las muchas instancias en las que los fariseos cuestionan a Jesús y sus discípulos por no adherirse a las tradiciones judías (Mateo 12:1-13; Mateo 9:14-17). Sin embargo, Jesús no se deja acorralar por tradiciones vacías y creadas por el ser humano. En cambio, les muestra el pecado que yacía por debajo de todos sus rituales y obras con las que buscaban parecer personas rectas:

> Luego Jesús llamó a la multitud para que se acercara y oyera. «Escuchen, todos ustedes, y traten de entender. Lo que entra en el cuerpo no es lo que los contamina; ustedes se contaminan por lo que sale de su corazón».
>
> Luego Jesús entró en una casa para alejarse de la multitud, y sus discípulos le preguntaron qué quiso decir con la parábola que acababa de emplear. «¿Ustedes tampoco entienden? —preguntó—. ¿No se dan cuenta de que la comida que introducen en su cuerpo no puede contaminarlos? La comida no entra en su corazón, solo pasa a través del estómago y luego termina en la cloaca». (Al decir eso, declaró que toda clase de comida es aceptable a los ojos de Dios).
>
> Y entonces agregó: «Es lo que sale de su interior lo que los contamina. Pues de adentro, del corazón de la persona, salen los malos pensamientos, la inmoralidad sexual, el robo, el asesinato, el adulterio, la avaricia, la perversidad, el engaño, los deseos sensuales, la envidia, la calumnia, el orgullo y la necedad. Todas esas vilezas provienen de adentro; esas son las que los contaminan».
>
> Marcos 7:14-23

Los fariseos intentan desacreditar a Jesús y sus discípulos por no guardar los ritos externos, lo que haría que estuvieran «contaminados». Ellos acataban de manera estricta las leyes de Moisés, las cuales habían sido dadas por Dios, y las tradiciones y rituales judíos. En el exterior, los fariseos eran la élite religiosa y sus pares los consideraban hombres

SOMOS CRIATURAS INTEGRADAS POR VARIAS ÁREAS: FÍSICA, MENTAL, ESPIRITUAL, RELACIONAL Y SEXUAL. Y LA MALDICIÓN DEL PECADO PENETRA EN TODAS Y CADA UNA DE ELLAS.

rectos. Sin embargo, Jesús da vuelta a la situación al decirles que no es lo que introduces en el cuerpo aquello que te contamina, sino lo que sale de tu interior. Jesús les muestra a los fariseos que sus acciones externas no bastan para hacerlos santos. Esto no quiere decir que la obediencia externa no sea importante. Por el contrario, como seguidoras de Cristo, hemos sido llamadas a obedecerlo y debemos buscar la rectitud. Sin embargo, sí se trata de un llamado de atención para nosotras, así como lo fue para los fariseos. Quizás estemos haciendo todas las cosas «correctas» por todos los motivos incorrectos o con la actitud y creencias erróneas. Y eso es un pecado.

El fruto de seguir a Jesús durante varios años es que mi vida es distinta a como solía ser. Muchos de esos pecados más visibles se desvanecieron. Ya no miro pornografía ni me masturbo ni tengo sexo premarital. Y como entiendo el valor que tiene el sexo en el matrimonio, busco estar disponible y tener sexo con regularidad. Si me juzgaras por las apariencias externas, parecería que todo está bien. Sin embargo, eso no quiere decir que esté libre de pecado o de grietas, hendiduras y fracturas que necesitan ser enmendadas. Mi esposo no solo desea conectarse conmigo en lo físico, sino también sentirse conectado en lo relacional. Necesita que yo invierta mi tiempo y energía en él. Y la verdad es que, para una persona introvertida como yo, eso me cuesta mucho más. Conlleva más cosas de mí que tan solo el acto físico. Y lo diré sin tapujos: a veces preferiría simplemente tener sexo, tacharlo de mi lista e ir a lo que sigue, sintiéndome bien por haber hecho lo «correcto». No obstante, ¿es de verdad esa la manera de amar bien a mi esposo? ¿Es eso todo lo que Dios en realidad desea para mí? No, no lo es. No basta con solo hacer lo correcto. Estoy llamada a ser obediente de corazón. Dios desea enmendarme por completo e instaurar en mí la devoción plena y no solo el cumplimiento moral.

Entonces, al reflexionar sobre nuestro propio pecado personal y sobre las formas en que hemos pecado contra Dios y contra otros, es necesario que miremos no solo nuestras acciones externas, sino también nuestros motivos y procesos de pensamiento internos. Una comprensión bíblica del pecado abarca todas las maneras en que nos hemos desviado del diseño de Dios, ya sea con nuestras acciones o con nuestras actitudes y motivos.

EN RESUMEN

Somos criaturas integradas por varias áreas: física, mental, espiritual, relacional y sexual. La maldición del pecado penetra en todas y cada una de ellas. El cuadro a continuación busca resumir de manera visual algunas de las formas en que el daño sexual podría manifestarse en nuestra vida. Ya que somos criaturas integradas, es difícil separar las cosas en categorías definidas. Muchas de estas cosas entrarían en varias categorías. Sin embargo, el cuadro puede ayudarnos a entender las ramificaciones de la caída y el inmenso impacto que tiene sobre nuestra sexualidad.

ENTENDAMOS NUESTRAS FRACTURAS

DAÑO FÍSICO	dolor, limitaciones físicas (tuyas o de tu cónyuge), diferencias fisiológicas, desafíos anatómicos, enfermedades crónicas, infertilidad, disforia de género, cambios hormonales
DAÑO MENTAL/ EMOCIONAL	depresión, trauma, TEPT, ansiedad, vergüenza, culpa, apatía, inseguridad, desesperación, depresión posparto, memorias fracturadas, disociación, duelo, insensibilidad, incapacidad de regular emociones, lujuria, cortes, narcisismo, mentalidad de víctima, humillación corporal
DAÑO RELACIONAL	soltería no deseada, tensión/conflictos diarios que minan la unidad, pérdida de un cónyuge, largos periodos de separación, expectativas y deseos no alcanzados, situaciones estresantes que minan la unidad, compromisos rotos, promiscuidad, dificultad para mantener relaciones, deseo de control, tener exigencias desmesuradas, insatisfacción constante, manipulación, entremetimiento
DAÑO ESPIRITUAL	sentirnos abandonadas por Dios (no está observando, no está en control, está alejado), sentirnos incapaces de ser amadas, sentirnos lastimadas, incompetentes, enojadas, distantes, temerosas, incapaces de tener esperanza, convertir una convicción personal en un estándar para los demás, orgullo espiritual, arrogancia, legalismo, libertinaje, comprensión superficial de la Escritura, abuso espiritual

Moldeadas por nuestras historias

LOS DAÑOS QUE HICE YO	aborto, tener un amante, adicción a la pornografía, masturbación, pretender ser una «joven buena», tratar el sexo como un deber/una tarea, negarse al sexo, manipulación, jugar con el poder, usar el sexo como arma, acosar a otras personas, toques inapropiados, despreciar la sexualidad masculina, despreciar la sexualidad propia, tratar al cónyuge con desdén, resentimiento, arrogancia, idolatrar la virginidad/pureza propia, afirmar ser «técnicamente» virgen, usar la gracia como una licencia para pecar
LOS DAÑOS QUE ME HICIERON	aborto, abuso, agresión, adulterio, traición, tener un esposo adicto al sexo/pornografía, violencia doméstica, abuso emocional/psicológico/espiritual, exposición temprana a contenidos sexuales, hipersexualización infantil, muestras de cariño inapropiadas de un familiar, engaño pederasta, abuso clerical, coerción, infidelidad/divorcio de los padres, acoso sexual, tener un cónyuge que se niega o a quien no le interesa tener sexo, haber sido usada como un cónyuge sustituto por uno de los padres, cultura de la pureza, recibir burlas por las características físicas, cosificación de nuestra belleza, ser utilizada y desechada por hombres, necesidades genuinas no satisfechas en la infancia

Como puedes ver, en el cuadro no están representados todos los tipos de pecado y daño. Sin embargo, puede ayudarnos a pensar con más amplitud en el impacto de la caída y en la manera en que quizás esas cosas tiñan o moldeen el modo en que ves y experimentas el sexo.

Así es como yo viví algunas de estas cosas en mi propia vida: crecí con un padre que luchaba con la depresión crónica y con arrebatos de ira y quien tenía grandes expectativas. Su propio daño, gran parte del cual se había originado durante su propia infancia, derramó sangre sobre mí. A causa del miedo, de la imprevisibilidad de su temperamento e inestabilidad emocional, de la falta de seguridad y cuidado y del anhelo no cumplido de contar con su deleite y aprobación, desde pequeña se abrió en mí un vacío emocional. A eso, añádele la exposición temprana a contenido sexual y la atención no deseada e inapropiada de un miembro masculino de la familia. Cuando ocurren fracturas de este tipo, es vital repararlas para que haya un desarrollo sano. En mi caso en particular, los adultos de mi familia no comenzaron con esa reparación. Y cuando nadie toma las riendas para ayudarnos a sanar, entonces nosotras actuaremos por nuestra cuenta, ya sea reparando el daño o repitiéndolo.

Cuando miro la forma en que mi vida fue desarrollándose durante los quince años siguientes, me es difícil saber cuándo estaba intentando reparar y cuándo buscaba repetir. Anhelaba que mi papá me conociera y amara. Anhelaba seguridad y cuidado. Anhelaba encontrar un escape de la inestabilidad de mi vida. Así que el sexo y las drogas pasaron a ser las herramientas que utilizaba para llenar el vacío de mi alma y para encontrar amor, validación, pertenencia, valor, escape y seguridad. Así era como intentaba, de forma inconsciente, reparar las fracturas de mi alma. Sin embargo, solo estaba repitiendo el daño, fracturándome todavía más e intensificando mis esfuerzos para hallar descanso.

Cuando era joven, no hubo nadie que me ayudara a entender, transitar o sanar mis fracturas. Por lo tanto, este patrón de intentar reparar o repetir el daño siguió hasta que estuve bien entrada en la adultez. Esto causó un daño catastrófico en mi propia alma; un daño que me tomó años desentrañar. Esto nos da una idea de la compleja interconexión entre, por un lado, nuestro daño y pecado y, por el otro, el daño del mundo y el pecado que otras personas cometieron en contra nuestra. ¿Era yo responsable de mis decisiones? Sí, sobre todo cuando crecí. ¿Estaba, además, viviendo el pecado y el daño que me infligieron? Sí. Y para que Dios me enmiende por completo, tengo que estar dispuesta a ver la forma en que todo está obrando en mi vida.

Pregunta para reflexionar

1. Escribe en los círculos tus propias experiencias de vida a fin de que logres entender con claridad qué cosas moldearon el modo en que ves y experimentas el sexo y la sexualidad. ¿Qué cosas distingues?

- Los daños que me hicieron
- La forma fracturada en que miro o expreso el sexo
- Los daños que hice yo
- Los daños del mundo

EL PAPEL DE LA VERGÜENZA

No podemos seguir avanzando sin hablar del papel de la vergüenza. La función que cumple la vergüenza en el mundo es crucial y lo ha sido desde el Libro de Génesis. En Génesis 2:25, luego de la creación de la primera mujer, leemos que el hombre y la mujer, que estaban desnudos, no sentían vergüenza. El pecado aún no había entrado al mundo. Sin embargo, en cuanto el hombre y la mujer decidieron comer del fruto prohibido, se les abrieron los ojos y se dieron cuenta de que estaban desnudos. Esto causó que se escondieran en los arbustos, que se cubrieran con hojas de higuera y que les echaran la culpa a otros. Su pecado produjo vergüenza y la humanidad ha estado batallando con ella desde entonces.

La vergüenza es la sensación de que una es defectuosa o incapaz de ser aceptada o amada a causa de:[2]

- Algo que hicimos o no (los daños que hice yo)
- Algo que alguien más nos hizo (los daños que me hicieron)
- Algo o alguien con quien estamos asociados (estigmas culturales o sociales)

En algunos casos, la vergüenza es ilegítima. Quizás la vergüenza ilegítima sea el resultado de los pecados que otra persona cometió contra ti. En esos casos, tú no eres quien pecó. No hiciste nada de lo que debas avergonzarte, por lo que la vergüenza que sientes es ilegítima. Esto está sumamente claro en el abuso. A menudo, las personas que fueron abusadas en la infancia o incluso en la adultez creen que fue culpa de ellas. Ese es un caso de vergüenza ilegítima. Aunque el abusador es el que pecó, la vergüenza de su pecado se derrama sobre la parte inocente.

Para algunas mujeres, la vergüenza ilegítima es el resultado de que sus cuerpos no funcionan de la manera deseada. Muchas mujeres jóvenes sienten vergüenza durante su luna de miel cuando el sexo con sus esposos no es ni glorioso ni fácil, sino doloroso, raro y difícil. Se preguntan qué está mal con ellas y, en secreto, sienten que son un fracaso. Otras mujeres sienten vergüenza por sus propios cuerpos. Al compararse con las modelos de las publicidades de lencería, se sienten profundamente inadecuadas. Estos tipos de vergüenza son ilegítimos: son el resultado de vivir en un mundo caído; no el resultado directo de algo que hicieron.

En otras situaciones, como en el caso de nuestras propias acciones pecaminosas, la vergüenza es legítima. Sentimos vergüenza porque hicimos algo vergonzoso. La vergüenza es la consecuencia directa y natural del pecado: es el resultado de hacer algo que deshonra a Dios, a nosotras mismas o a los demás. Sentimos vergüenza legítima cuando tenemos sexo prematrital, miramos pornografía, adulteramos o tenemos un amorío emocional.

La vergüenza es como un llamado de atención, como una herramienta para la redención: nos insta a que nos acerquemos a la luz, a que confesemos, nos arrepintamos, recibamos el perdón y sigamos adelante en fe y obediencia a Dios.

Tanto la vergüenza legítima como ilegítima están presentes en el capítulo 13 de 2 Samuel. Amnón, hijo de David, estaba obsesionado con su media hermana Tamar. Permitió que sus deseos por ella crecieran tanto que llegó a enfermarse. En la Escritura leemos que David nunca disciplinó a su hijo Amnón, lo que significa que, probablemente, era un hijo malcriado y caprichoso, empecinado en que las cosas se hagan a su manera. Luego de maquinar un plan para que Tamar entrara a su habitación, Amnón la violó. Sin embargo, en lugar de sentir amor hacia ella o de sentirse satisfecho por su conquista, la vergüenza que sintió a causa de sus propias acciones generó que sintiera desdén hacia ella. Por eso la echó, acción que solo aumentó la vergüenza de Tamar. Ahora no solo habían pecado contra ella de manera física, sino que, además, la vergüenza que Amnón le causó la afectaría en lo social y lo comunitario.

En esta historia, puedes ver el inmenso impacto de la maldición del pecado. David no disciplina a su propio hijo (vergüenza legítima). Su hijo no somete sus deseos al dominio y la autoridad de Yahvéh (vergüenza legítima). Y la vergüenza de ambos se derrama sobre Tamar (vergüenza ilegítima).

Ed Welch, psicólogo y autor, afirma que puedes identificar la vergüenza en tu vida haciéndote esta pregunta: «¿Qué quieres esconder?».[3] ¿De qué cosas te avergonzarías si otras personas lo supieran? ¿Del abuso que sufriste en manos de alguien en quien confiabas? ¿De tu participación en experiencias con el mismo sexo? ¿Del adulterio, la pornografía, la masturbación? ¿De haber fantaseado con alguien o de haber tenido actividad sexual premarital? ¿O de haber retenido, controlado o de haberte negado a tener intimidad sexual con tu esposo? ¿Te avergonzarías del rechazo que sientes hacia tu soltería o del rechazo que sientes hacia tu matrimonio sin sexo? ¿Del ciclo de abuso que sufriste en manos de un líder espiritual o de un miembro de tu familia?

La vergüenza te aísla de Dios y de los demás y ataca tu identidad: te tienta a creer que no hay nada más cierto en ti que aquello que hiciste o

LA VERGÜENZA TE AÍSLA DE DIOS Y DE LOS DEMÁS Y ATACA TU IDENTIDAD: TE TIENTA A CREER QUE NO HAY NADA MÁS CIERTO EN TI QUE AQUELLO QUE HICISTE O NO, AQUELLO QUE TE HICIERON O AQUEL DAÑO CON EL QUE ESTÁS ASOCIADA.

no, aquello que te hicieron o aquel daño con el que estás asociada. La vergüenza no se puede ignorar. Tiene que tratarse. Debemos aprender a tratar nuestra vergüenza de una manera bíblica si es que no queremos que nos encuentren en este ciclo sin fin.

Por ejemplo, quizás una mujer que lucha con la masturbación sienta vergüenza legítima. En ese momento, tiene que tomar una decisión: ¿se zambullirá entre los arbustos, como Adán y Eva, para que los secretos y el aislamiento la escondan? ¿Cubrirá su desnudez con la intención de salir adelante por su cuenta y parecer una persona recta? ¿Pensará que solo debe trabajar más duro? ¿Les echará la culpa de su pecado a otras personas o a las circunstancias? Ninguna de esas opciones sería adecuada para solucionar el problema de la vergüenza. La vergüenza que está allí tiene que ser tratada y la mujer podrá elegir entre dos opciones. La primera, es tratar la vergüenza con uno de los medios mencionados antes. Sin embargo, ¿a dónde la llevaría ese camino? Primero, es seguro que seguiría siendo esclava del pecado. La vergüenza sin tratar la hostigaría y le diría que es un fracaso, que es indigna de ser amada por Dios y de pertenecerle y que, si su comunidad supiera sobre su lucha, la rechazarían. Con el paso del tiempo, no podría cargar más con el dolor de la vergüenza. Así, con la intención de hallar un escape de ese dolor, buscaría la manera de refrescarse por su cuenta, ya sea mediante la masturbación u otros medios como comer emocionalmente, ir de compras o hacer maratones televisivas. No obstante, ninguno de estos esfuerzos le darían el alivio y la libertad que ella busca. E irónicamente, al masturbarse e intentar refrescarse por su cuenta, no solo estaría buscando consuelo de la vergüenza, sino también reforzando, de manera subconsciente, la vergüenza y el desprecio que siente por sí misma. Al creer que lo más cierto que hay en ella es que es indigna de ser amada por Dios y de pertenecerle y que es un fracaso, se comportaría de una manera que confirme sus creencias. Y luego el ciclo comienza otra vez.

Este es el ciclo del pecado y la vergüenza.

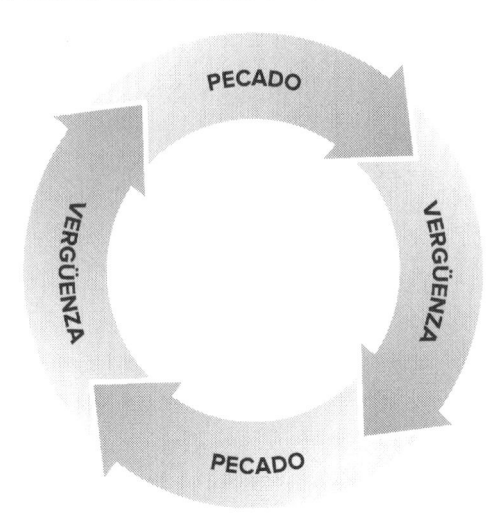

EL CICLO DEL PECADO Y LA VERGÜENZA

PECADO

VERGÜENZA

VERGÜENZA

PECADO

El pecado (tanto los daños que te hicieron y los daños que hiciste tú como los daños del mundo) puede generar vergüenza en ti. Como te sientes avergonzada, buscas la forma de escapar de esa vergüenza y haces algo que te haga sentir mejor sobre ti misma. O, como en el caso anterior, algo que refuerce lo que crees que es cierto sobre ti. Entonces, eliges poner la confianza y encontrar sanidad en las cosas creadas, en lugar de en Dios mismo. Y todo el tiempo, la vergüenza clava su espina más y más profundo en tu alma y corazón.

Entonces, ¿qué hacemos con la vergüenza? ¿Cuál es la segunda opción? La mujer samaritana junto al pozo en el capítulo 4 del Libro de Juan puede ayudarnos. Probablemente, la mayoría estemos familiarizadas con su historia. Si no es así, te sugiero que te tomes unos minutos para leerla antes de terminar este capítulo. La mujer había ido a sacar agua del pozo al mediodía, cosa que no se acostumbraba a hacer porque era la hora más calurosa del día. Mientras estaba allí, Jesús llegó y comenzó a hablarle. Le pidió que le diera un poco de agua con su cántaro. No era costumbre que los rabís estuvieran solos con una mujer o que le hablaran,

Moldeadas por nuestras historias

en especial si se trataba de una samaritana. Así que puedes imaginar la sorpresa de esta mujer cuando Jesús no solo le habló, ¡sino que, además, le pidió que le diera un poco de agua con su cántaro! Sin embargo, a continuación, en lugar de beberse el agua, Jesús le ofrece agua viva, el tipo de agua que saciaría su sed por la eternidad. Ahora sí, Jesús tiene toda su atención. Tiene algo que ella quiere. Lo que ella no sabe es que Jesús tiene más para ella que lo que podría pedir o imaginar. Así que él le pide que vaya y llame a su esposo. Ahí es cuando destapa su vergüenza. No solo no tiene un esposo, sino que ha tenido cinco y el hombre con el que vive en ese momento no es su esposo.

En ese instante, Jesús le muestra que él la ve por completo. Él conoce todo sobre ella. Conoce su dolor, su sufrimiento, su pecado y su vergüenza. Y no teme relacionarse con ella a pesar de todo eso. No lo ignora ni lo excusa ni intenta cubrirlo. En su misericordia y bondad, lo saca a la luz para poder liberarla.

Sería fácil poner a la mujer samaritana dentro de la categoría de pecadores. Pero ¿y si su vida fuera como de las que hemos estado hablando? ¿Y si fuera una combinación de daños que le hicieron, daños que hizo ella y los daños del mundo? ¿Cuáles podrían haber sido las circunstancias que la rodeaban si llegó a tener cinco maridos? Quizás uno o dos de ellos murieron. Tal vez se divorció de algunos. Es posible que todos la hayan abandonado o echado. Quizás adulteró o cometió algún otro pecado. Sin importar cuáles eran las circunstancias, Jesús sabía de qué manera la cultura trataba a una mujer que había tenido cinco esposos, incluso si todos murieron. Tal vez su propia comunidad la despreciaba y por eso había ido a buscar agua por su cuenta a la hora más calurosa del día. Sin embargo, allí fue donde Jesús la conoció: en el lugar de su mayor vergüenza.

¿Qué podemos aprender de la interacción de Jesús con esta mujer? En primer lugar, Jesús no temía que se lo identificara con ella. No permitió que los estigmas sociales ni las normas culturales le impidieran cumplir su misión. Aunque conocía su reputación, honró su dignidad como mujer creada a imagen de Dios. Sabía que el diálogo teológico que ella intentaba tener con él solo buscaba desviar su atención de ella. Sin embargo, él no se dio por vencido. Conocía su pecado, su daño, su vergüenza y su sufrimiento y, aun así, no estaba dispuesto a dejarla igual que como la encontró. Y ella corrió a contarle a otros sobre él; ya no la estorbaba la carga de la vergüenza. Era libre: podía ser vista y conocida y estar quebrada. Todo porque Jesús la vio exactamente como ella era, con todo su sufrimiento y pecado, y la amó.

Él hace lo mismo por nosotras.

Preguntas para reflexionar

1. ¿Cuál es la fuente principal de tu vergüenza? ¿Los daños que te hicieron, los daños que hiciste tú, o aquello con lo que estás asociada?

2. Piensa en un ejemplo del ciclo de la vergüenza en tu vida. Quizás tenga que ver con tu relación con la comida o el ejercicio, con tu enojo, con las formas en que escapas o con la insensibilidad. ¿Cómo describirías este ciclo y de qué forma te impacta a ti y a otros?

3. ¿Qué animo encuentras en la forma en que Jesús interactuó con la mujer junto al pozo?

4. ¿Puedes pensar en alguna otra mujer de la Escritura cuya vergüenza se haya visto interrumpida cuando se encontró con Jesús?

HISTORIA DE UNA MUJER

La fractura de la atracción hacia el mismo sexo

Crecí como «la joven santa de la iglesia». Siempre intentaba «hacer lo correcto» y mis ídolos de la admiración y la aceptación me cegaron y cargaron de formas de las que no fui consciente hasta mucho tiempo después en la vida. Crecí con un intenso deseo de que me validaran y busqué que mis amistades cercanas llenaran ese agujero negro. En algún momento durante la secundaria, empecé a notar que me atraían algunas jóvenes más grandes y que quería algo más que solo una amistad. Al sentir esas cosas pensé, con el subconsciente, que a mis ídolos de la aceptación y la admiración de los demás no les convenía que los otros supieran de mi atracción hacia las mujeres, sobre todo en la cultura de mi iglesia conservadora. En lugar de ser abierta con mis sentimientos, los barrí debajo de la alfombra y me negué a reconocerlos, incluso ante mí misma.

Pasaron los años y, aunque no admitía mis sentimientos, tenía los oídos abiertos y estaba al tanto de todo lo que se decía sobre la homosexualidad en la iglesia o en la Biblia. Leía con sumo cuidado cualquier recurso que llegara a mis manos. Aseguraba que necesitaba saber cómo responderles a los miembros de mi familia que no eran creyentes y que llevaban un estilo de vida abiertamente homosexual. Sin embargo, en el fondo, lo leía para mí misma.

No sufrí abuso físico ni sexual mientras crecía. No obstante, durante muchos años vi cómo mi padre narcisista manipulaba psicológicamente a mi madre y cómo abusaba emocionalmente de ella. Además, cumplí la función de ser la confidente de mi madre y a menudo hice de intermediaria entre ella y mi padre. El abuso emocional sigue siendo abuso. Aunque por lo general no estaba dirigido directamente a mí, aun así, yo lo internalicé por la relación cercana que tenía con mi madre. Lo que me motivaba a relacionarme con los demás era la codependencia y la necesidad de que otros me necesitaran y de ocuparme de los demás. Esas tendencias se volvieron habituales en mí.

Luego de una serie de sucesos en la universidad, llegué a un punto en que por fin sentí que debía y podía reconocer mis deseos de tener intimidad sexual con mujeres. Ha sido un recorrido lento y tedioso y, a menudo, he sentido que me estaba dejando caer, sin saber si estaba saltando al vacío o a un espacio seguro en el que podría sanar. Acercarme a la luz, al amor y a la verdad del evangelio ha sido aterrador, liberador, intenso y vigorizante. Sin embargo, hay algo que hizo que todo valga la pena: siento una conexión franca y auténtica con Jesús de la que solo había escuchado. Jamás había experimentado esto en serio; no hasta que reconocí lo dañada que estaba yo y cuánto lo necesitaba a él.

Aprendí de la Escritura que un estilo de vida homosexual no es lo que Dios planeó para nosotros, como portadores de su imagen. ¿Sigo teniendo el deseo innato de tener intimidad sexual con mujeres? ¡Sí! ¿A veces solo quiero rebelarme y «amar a quien quiera amar»? Sí. A todas nos tienta seguir nuestro propio camino y hacer lo que pensamos que es lo mejor, incluso a pesar de que sabemos qué es lo correcto ante Dios. Es posible que esas decisiones difieran a un nivel individual. Sin embargo, al final, todo se reducirá a esto: ¿estoy viviendo esta corta vida para mí o la estoy viviendo para Dios, su honor y su gloria?

03

EL PADRE AMOROSO

Para encontrar a Dios, debemos arrepentirnos de las cosas que hicimos mal. Sin embargo, si eso es lo único que haces, es posible que sigas siendo un hermano mayor. Para convertirnos de verdad en cristianos, también debemos arrepentirnos de las razones por las que alguna vez hicimos algo bien.

Tim Keller, *El Dios pródigo*

En el último capítulo, analizamos el modo en que la maldición del pecado ha infectado todos los aspectos de la creación de Dios, y eso incluye el sexo. Nuestra comprensión del sexo está sesgada por el daño del mundo y por los pecados cometidos por nosotras y en nuestra contra. Todo esto impacta la manera en que respondemos a nuestro pecado y dolor.

Somos seres complejos. Esto significa que, para analizar nuestras propias respuestas o para ayudar a otras personas a entender y tratar su pecado sexual y su dolor, necesitamos comprender con más matices cómo es que llegamos aquí. Proverbios 4:23 nos enseña que todo lo que hacemos mana de nuestro corazón. La mayoría de las veces en que expresamos el sexo de forma pecaminosa, eso mana de una combinación entre las heridas y la terquedad ocultas entre los profundos rincones de nuestro corazón.

Sin duda, el pecado de otra persona nos ha herido a todas y ha influido sobre el modo en que vemos tanto al sexo como a nosotras mismas como seres sexuales. El antiguo dicho: «La gente herida hiere a los demás», suele ser verdadero. Algunas de nosotras, para lidiar con nuestro dolor, herimos a los demás (buscamos venganza, atacamos, manipulamos o usamos a los demás, rechazamos, nos apartamos) y otras, nos herimos a nosotras mismas (con autolesiones, despreciando nuestro cuerpo, con desórdenes alimenticios, con promiscuidad). A fin de comenzar con el proceso de sanar y hallar libertad, es posible que primero necesites permitirte hacer el duelo por lo que te hicieron, contar tu historia por primera vez o buscar la ayuda de un consejero o de una amiga cercana.

Sin embargo, hay formas no pecaminosas de responder a nuestro dolor. Hacer duelo y lamentarse son formas correctas de responder a las heridas que sufriste, ya sea por los pecados cometidos en contra tuya o por los daños del mundo. El lamento te invita a tratar espiritual y emocionalmente con la pérdida, el sufrimiento y las fracturas que estás soportando con honestidad e integridad. El lamento es el proceso de reconocer que este mundo está roto, que flaqueamos y que necesitamos a Dios. Cuando verbalizas tu dolor, no necesariamente se resuelve o alivia tu sufrimiento actual. Sin embargo, al hacerlo, te colocas en la posición para recibir el consuelo y el cuidado de Dios en medio de tu dolor.

Si bien lamentarse es una forma correcta de responder al daño y al sufrimiento, hay momentos en los que nos quedamos atascadas en nuestro dolor y comenzamos a buscar formas alternativas de mitigarlo o de lidiar con ello a nuestra manera. Cuando nuestras heridas quedan sin tratar, pueden volverse tóxicas para nosotras mismas y para los demás. Estando heridas, podemos ser tentadas a construir muros a nuestro alrededor para que nadie pueda volver a hacernos daño. O tal vez seamos tentadas a buscar la manera de que el sexo sea algo que nos garantice que tenemos el control. Ambas cosas son respuestas ante el dolor. Ambas son formas de lidiar con nuestro dolor a nuestra manera. Y ambas pueden hacer que sigamos cautivas del mismo dolor y los mismos sufrimientos de los que deseamos escapar.

No obstante, no todas nuestras elecciones tienen su raíz en nuestras heridas: algunas se originan en la simple terquedad. Queremos lo que queremos cuando lo queremos y como lo queremos, y creemos que nos lo merecemos o que, de algún modo, es nuestro derecho tenerlo. Así que elegimos rechazar la palabra de Dios, ignorar el consejo divino y acatar nuestros deseos, sean genuinos o no, de maneras injustas. Puedo pensar en momentos específicos en los que decidí hacer lo que quería y me rendí

EL LAMENTO TE INVITA A TRATAR ESPIRITUAL Y EMOCIONALMENTE CON LA PÉRDIDA, EL SUFRIMIENTO Y LAS FRACTURAS QUE ESTÁS SOPORTANDO CON HONESTIDAD E INTEGRIDAD.

ante mis deseos, a menudo con consecuencias dolorosas tanto para mí como para los demás.

La mayoría de las veces en que expresamos el sexo de forma pecaminosa, eso mana de una combinación entre las heridas y la terquedad. Para explorar nuestro pecado sexual, debemos ser conscientes del modo en que nuestras heridas y terquedad se entremezclan y conforman nuestras experiencias con el sexo. Reconocer eso nos ayudará a tomar la medicina correcta del evangelio.

LOS DOS PRÓDIGOS

Durante los años que pasé ministrando mujeres, descubrí que las mujeres de la iglesia tienden a inclinarse hacia un polo u otro a la hora de transitar los temas del sexo y la sexualidad en este mundo caído: hacia el *fariseísmo* o hacia la *autoindulgencia*. Aunque quizás tendamos a gravitar hacia una de las puntas del espectro, lo más probable es que respondamos de formas variadas en las diferentes circunstancias o etapas de la vida. Antes de explorar las formas específicas en que el fariseísmo y la autoindulgencia podrían manifestarse en nuestra vida, veamos cómo se veían en el tiempo de Jesús.

El fariseísmo y la autoindulgencia no son nada nuevo. De hecho, Jesús a menudo se dirigió a estos dos grupos específicos durante su vida y ministerio. Uno de ellos se veía bien en el exterior. En ese grupo estaban los líderes de la iglesia. Las personas aspiraban a ser como ellos. Sin embargo, por debajo de sus obras religiosas, el pecado se enconaba. Es completamente posible que incluso los fariseos hayan sido inconscientes de la profundidad de su propio daño y pecado. En el otro grupo, sin embargo, vestían su pecado como si se tratara de una segunda piel. Sus malas acciones estaban a la vista de todos. La gente murmuraba cuando ellos pasaban por la calle y le daban gracias a Dios por no ser como esos pecadores (Lucas 18:914).

A Jesús se lo conocía por ser alguien que pasaba tiempo en la sinagoga junto a la gente «recta» y por juntarse *también* con los «pecadores», los cobradores de impuestos y las prostitutas. Sin embargo, no parecía discriminar con quiénes cenaba o no y eso es exactamente lo que frustraba a los líderes religiosos de su tiempo. Por eso, en Lucas 15, cuando estos dos

El padre amoroso

grupos rodearon a Jesús una vez más, él les narró tres historias: la parábola de la oveja perdida, la moneda perdida y el hijo perdido. En su última parábola, Jesús relata la historia de dos hermanos y su padre. Un día, el hermano menor, quien no quería esperar hasta que su padre muriera, se le acercó y le pidió su parte de la herencia. Eso no era algo que se acostumbrara a hacer en la tradición judía. Al hacerlo, estaba deshonrando a su padre. Sin embargo, el padre cedió ante los deseos de su hijo menor, dividió sus bienes y le dio a su hijo la parte que le correspondía. No mucho tiempo después, el hijo menor se fue de su casa y derrochó todo el dinero en una vida desenfrenada. Cuando no le quedó nada y hubo hambruna en la tierra, el hijo convenció a un agricultor local de que lo contratara para alimentar a los cerdos. Estaba hambriento y necesitado; anhelaba incluso comer el alimento que les daba a los cerdos.

Tiempo después, entró en razón y decidió regresar a la casa de su padre, rogarle por misericordia y pedirle que lo contratara como jornalero. Mientras se acercaba a la casa de su padre, el padre lo vio, sintió compasión por él, corrió a su encuentro y lo abrazó. Aunque el hijo le pidió a su padre que lo contratara como empleado, el padre no accedió. Más bien, vistió a su hijo con la mejor túnica y preparó un banquete en su honor: el hijo perdido había vuelto a casa, para el gozo y deleite del padre.

Aunque el hijo menor había pecado contra su padre, abandonado sus responsabilidades para con su familia y avergonzado el nombre de su padre, él no lo rechazó. No fue a regañadientes que le permitió que volviera a ser parte de la familia. No esperó que hiciera penitencia por sus pecados ni que se ganara su sustento. *Corrió* hacia él. Lo abrazó. Lo vistió. ¡Y le hizo una fiesta!

Para nuestra cultura occidental sería sumamente fácil pasar por alto el significado de la respuesta del padre. De hecho, a menudo, a esta parábola se la llama «El padre amoroso» porque Jesús no pone énfasis en el hijo, sino en el personaje del padre y en sus acciones. Se consideraba vergonzoso que un hombre de ese tiempo y esa cultura actuara de forma tan inapropiada: que se subiera la túnica, mostrara las piernas y, luego, corriera. Y era algo especialmente vergonzoso que corriera, abrazara y restaurara al hijo que había traído vergüenza a la familia entera. Y, sin embargo, el padre cargó sobre sí toda la vergüenza a fin de restaurar el honor de su hijo.

Esto frustró tanto al hijo mayor que cuando su padre le rogó que entrara y se uniera a la celebración por el regreso de su hermano, él se negó y respondió:

> Todos estos años, he trabajado para ti como un burro y nunca me negué a hacer nada de lo que me pediste. Y en todo ese tiempo, no me diste ni un cabrito para festejar con mis amigos. Sin embargo, cuando este hijo tuyo regresa después de haber derrochado tu dinero en prostitutas, ¡matas el ternero engordado para celebrar!
>
> Lucas 15:29-30

El hijo mayor siempre había vivido de forma honorable. Siempre había hecho lo correcto. Había atendido sus responsabilidades familiares y nunca había deshonrado a su padre. Él también había disfrutado de sus derechos de hijo. Tenía su lugar de pertenencia, el amor del padre y la herencia familiar. Sin embargo, cuando el padre le rogó que se uniera a la celebración, él rehusó la invitación, rechazó a su padre y decidió, más bien, quedarse afuera enfadado.

Al narrar esta historia, Jesús describe los dos grupos que lo rodeaban: los fariseos, quienes buscaban hacerse rectos por sus propias obras, y los pecadores autoindulgentes y los recaudadores de impuestos. Para los fariseos, que representan al hermano mayor en la historia, la idea de que Dios reciba a los pecadores es algo absurdo e incluso vergonzoso. Ellos toman distancia de aquellos a quienes consideran «verdaderos pecadores». Al ponerse a sí mismos en una posición superior por sus obras religiosas, se ven a ellos mismos como dignos y a los demás como indignos. Rechazan a quienes no alcanzan a cumplir con sus propios estándares. Y en lugar de abrir caminos para que otros puedan conocer a Dios y relacionarse con él, les ponen barreras y obstáculos. Los fariseos no reconocen que están quebrados y que necesitan de Yahvéh. Por tanto, cuando Jesús cena con pecadores y recaudadores de impuestos, los fariseos no lo entienden, lo rechazan y, al final, lo crucifican.

Los pecadores y los recaudadores de impuestos, representados por el hermano menor en la parábola de Jesús, cometen todo tipo de pecado y libertinaje. Engañan a sus prójimos, tienen sexo en el templo con prostitutas y montan fiestas desenfrenadas. Sin embargo, al contrario de los religiosos fariseos, quienes cumplieron con celo la ley de Dios, ellos reconocen que están profundamente quebrados. Esto produce humildad en ellos, cosa que los lleva a Jesús. No hicieron nada para merecer el favor, el amor ni el perdón de Dios. No se purificaron a sí mismos antes de ir. Más bien, fueron a él tal como eran y se encontraron con un Dios que les dio la bienvenida con gracia.

Ambos hijos estaban separados del padre: uno, a causa de su autoindulgencia pecaminosa y el otro, a causa de su fariseísmo. Ambos necesitaban el amor, el perdón, el estatus y la gracia del padre. Sin embargo, un hermano fue al padre con humildad, fracturas, pobreza, pecados y necesidades. No podía ofrecerle nada al padre y podía ganarlo todo. El otro tomó distancia de su hermano menor, acusó al padre de no haber sido amable con él y se defendió, con base en sus propios méritos. Aunque ambos hermanos podrían haber disfrutado de la fiesta y experimentado el amor del padre, solo uno reconoció su necesidad y entró.

Esto también es cierto para nosotras. Es probable que nos identifiquemos o con el necio hermano menor (que nos abrumen las fracturas de nuestro pecado y nuestra autoindulgencia) o con el farisaico hermano mayor (que no seamos conscientes de las fracturas y fisuras que traemos ante un Dios santo). Quizás hasta podamos identificar etapas de nuestra vida en las que fuimos tanto farisaicas como autoindulgentes. ¿Qué tiene que ver todo esto con el sexo y el pecado sexual? La mayoría de las veces, equiparamos el pecado sexual con las acciones externas, como el sexo premarital, el adulterio, la pornografía, la homosexualidad o el aborto. Sin embargo, el pecado sexual es mucho más insidioso. Si comparamos la trama de los dos hermanos, vemos que el pecado sexual puede ubicarse en un continuo similar que va desde la autoindulgencia hasta el fariseísmo.

autoindulgencia	fariseísmo

Puedo mirar mi propia vida y ver sin dificultad el fruto tanto de la autoindulgencia como del fariseísmo. Aunque fui criada en un hogar cristiano, me rebelé contra la ética sexual cristiana a una edad temprana, en parte a causa de mis heridas y en parte por pura terquedad. A los quince, decidí conscientemente que perdería mi virginidad con un completo extraño, un hombre joven al que solo había visto una vez. No me dejé llevar por el momento. Esa tarde yo sabía que mi intención era perder mi virginidad. Por los próximos catorce años, mi vida estuvo marcada por la promiscuidad y todo tipo de pecado sexual. Me convertí al cristianismo a los veintinueve años y, entonces, tuve mucho que aprender sobre cómo seguir a Jesús con fidelidad en lo que respectaba al sexo. Aunque mi ética sexual estaba volviéndose más «moral» en naturaleza, estaba lejos de ser pura. Luego de bautizarme, me comprometí a permanecer abstinente hasta el matrimonio. Sin embargo, a menudo me masturbaba y, a veces, miraba pornografía. Y un día, rompí mi promesa de abstinencia y me entregué a un hombre que me había buscado sin piedad, tan solo para dejarme poco después de que tuviera sexo con él. Esto me destrozó mental, emocional y espiritualmente. Esa fue la última vez que tuve sexo hasta que conocí a mi esposo. Nos comprometimos a permanecer abstinentes hasta casarnos. Sin embargo, no éramos puros de ninguna manera. Aunque técnicamente no tuvimos sexo hasta la noche de bodas, sobrepasamos todo límite en el camino. Pasé muchos años de mi vida consintiendo mis deseos.

Luego de casarme, comencé a ver mi pecado sexual como si se tratara de algo del pasado. Podía canalizar mi deseo de tener intimidad sexual de una forma legítima y le daba gran valor al sexo en el matrimonio. Me veía a mí misma como una buena esposa que tenía intimidad con su esposo con generosidad y frecuencia. Me enorgullecía no solo en que casi nunca o nunca decía que no, sino también en que a menudo era yo quien iniciaba el sexo con mi esposo. Si el sexo hubiera sido una nota en el boletín espiritual, yo me habría puesto una A+, es decir, una calificación sobresaliente. Por eso, cierto día cuando tomé la iniciativa de tener sexo con Ken y él me rechazó porque no se sentía «conectado» a mí, me sentí confundida. Esto nos llevó a tener una larga conversación en la que descubrí que él deseaba sentirse conectado conmigo en lo relacional antes de tener sexo. Todo ese tiempo, yo creía que lo más importante era nuestra conexión física, lo cual era fácil de lograr para mí. Lo difícil era invertir tiempo y energía para lograr una conexión relacional que lo ayudara a sentirse valorado y amado y que luego le abriera paso a lo que para él sería la intimidad sexual significativa. Empecé a darme cuenta de que, aunque nuestra vida sexual se veía bien por fuera, por dentro me frustraba el deseo relacional de mi esposo y anhelaba seguir por el camino más fácil para mí. Fue en ese entonces que mi fariseísmo salió a la luz.

No había más pecado en mi autoindulgencia que el que había y hay en mi fariseísmo. Quizás las consecuencias y secuelas se vean diferentes. Es posible que el pecado se haya limpiado o que sea más «aceptable socialmente» dentro de las comunidades religiosas. Sin embargo, yo igual necesito que el Padre exponga mi pecado y mi necesidad, tanto en mi autoindulgencia como en mi fariseísmo. Igual necesito que la compasión y el amor del padre me abracen, me cubran y me inviten a pasar.

El pecado sexual abarca un amplio espectro. No hay ningún aspecto de nuestra vida que no se haya visto infectado por la maldición del pecado. Esto significa que todas tenemos pecado sexual. Ninguna de nosotras alcanzó la gloria de Dios. Ninguna es recta. Esto quiere decir que la mujer que se mantuvo virgen hasta el matrimonio, pero le retiene el sexo a su esposo y detesta los deseos que él siente por ella necesita tanto de un Salvador como la mujer que perdió su virginidad, la que tuvo un aborto o la que tuvo relaciones con el mismo sexo.

Cuando no somos conscientes de la profundidad de nuestro pecado, tampoco somos conscientes de la profundidad de la gracia, la misericordia, el amor, la compasión y la bondad de Dios hacia nosotras. Al igual que el hermano menor, necesitamos arrepentirnos, humillarnos delante de Dios y hacernos responsables de nuestras decisiones pecaminosas. Al igual que el hermano mayor, necesitamos humillarnos y reconocer que necesitamos tanto de la gracia del Padre como nuestros indulgentes hermanos y hermanas.

Entender esto intelectualmente es una cosa. Veamos algunas formas en que el fariseísmo y la autoindulgencia podrían estar presentes en nosotras.

LOS PECADOS DEL AUTOINDULGENTE

Los pecados del hermano autoindulgente son evidentes. Despilfarra y derrocha el buen regalo de su padre. Es egoísta y egocéntrico, busca su propia satisfacción y es desconsiderado, irreverente e inmoral. De la misma manera, suele ser fácil diagnosticar los pecados de quien es inmoral sexualmente: pornografía, homosexualidad, adulterio y sexo premarital. Al igual que el hermano menor, muchas mujeres sucumben ante el deseo de satisfacerse a ellas mismas y de obtener placer en el momento en algún punto de sus vidas. Ceden ante sus anhelos y buscan satisfacción en las cosas de este mundo.

Quizás para algunas mujeres esto tenga la forma de relaciones sexuales casuales o de encuentros ocasionales para tener sexo. Sin embargo, también puede ser que tengas sexo con tu novio, a quien amas y con quien has estado saliendo durante años. Quizás seas la amante de un hombre casado y lo justifiques diciéndote que su esposa está loca y que piensa divorciarse de ella tan pronto como descubra cómo decírselo. Tal vez tu pecado sea satisfacerte masturbándote mientras ves pornografía. Es probable que no tengas coito pero que participes de forma activa en el sexo oral con tu novio. Quizás no quieras estar en una relación en absoluto, pero tengas algunos amigos a quienes puedes llamar cuando deseas sentir placer sexual.

Es posible que una mujer autoindulgente también juegue con las emociones de los demás, coqueteando para llamar la atención, alimentar sus propias inseguridades o llenar la vacante emocional que le dejó un matrimonio sin amor. Quizás compartas fotos tuyas reveladoras en internet o se las envíes a otros chicos por mensajes de texto o por correo electrónico. Es probable que tengas relaciones o actividad sexual con tu mismo sexo. Tal vez seduzcas a otros hombres solo por la adrenalina de verlos responder o para que te compren cosas nuevas. Quizás coquetees con un hombre con quien no tienes ninguna intención de salir y solo porque se siente bien.

Tal vez no reacciones físicamente a tus deseos, pero por dentro, fantasees sobre cómo sería estar casada con otro hombre o sueñes despierta con que tienes sexo con alguien que no es tu esposo. Quizás busques llamar la atención de cierto hombre casado de tu oficina porque te hace sentir valorada por tu ingenio, tu inteligencia o tu encanto. O quizás simplemente te permitas engancharte con una novela romántica cristiana después de otra y lo veas como una forma aceptable de canalizar tus fantasías, pues están en la sección de libros cristianos.

Terminamos haciendo todo tipo de acrobacias espirituales para racionalizar y justificar nuestro pecado:

De veras nos amamos y estoy bastante segura de que vamos a casarnos. ¿De verdad estaría mal expresarle mi amor a través del sexo?

¿Qué se supone que debo hacer cuando mi esposo deja de buscarme? ¿Cómo puede esperarse que ignore al chico que sigue coqueteando conmigo? Después de todo, yo también tengo necesidades.

No es más que un coqueteo inofensivo. No estoy haciendo daño a nadie. Todos lo hacen.

Uso la pornografía y la masturbación como formas de controlar mis impulsos sexuales para que no me tienten a tener sexo.

Lo dejo mirar pornografía y tener sus noches de chicos en clubes nocturnos. Así, no me molesta todo el tiempo con insistencias para que tengamos sexo. Obtiene lo que quiere y me deja tranquila. Es una solución en la que todos salimos ganando.

Las mujeres me entienden. Congeniamos. Prefiero las relaciones con mujeres porque son más sencillas, más seguras y más cómodas. Simplemente, conecto con ellas en un nivel mucho más superior que el que puedo alcanzar con un hombre. ¿Cómo puede eso estar mal?

¿Cómo podría un Dios bueno negarme el deseo de tener una relación amorosa y comprometida? ¿Acaso no debería poder amar a quien yo quiera?

Las reglas de la Biblia sobre la convivencia y el sexo antes del matrimonio son arcaicas y necesitan actualizarse. ¿De qué otra manera puedes saber si son compatibles? La iglesia necesita ser más tolerante e inclusiva.

Mientras no haya coito en realidad no es sexo.

¿Cómo llegamos aquí? Lo más probable es que sea una combinación de factores contribuyentes. Quizás no creciste en la iglesia o en un hogar creyente y lo único que te enseñaron sobre el sexo es cómo tenerlo de forma segura y cómo no quedarte embarazada. O tal vez sí creciste en la iglesia, pero nadie te enseñó jamás cuál es el verdadero diseño de Dios para el sexo y cómo puedes seguir a Jesús con tu sexualidad. O quizás creciste con las enseñanzas distorsionadas de la cultura de la pureza. Tal vez conocías la verdad de Dios y, aun así, decidiste entregarte a tus deseos, sin importar las consecuencias.

Como ya dijimos antes en este capítulo, el pecado echa raíces y produce el fruto de nuestro corazón. Para volvernos de nuestras tendencias autoindulgentes, lo primero que debemos hacer es excavar por debajo de la superficie y hacernos algunas preguntas difíciles. ¿Qué te lleva a mirar pornografía? ¿Qué motivos hay detrás de lo que decides vestir? ¿Por qué te atrae un hombre casado? ¿En dónde permites que la cultura, en lugar de la palabra de Dios, sea lo que moldee tu comprensión y práctica del sexo? ¿Qué es lo que en verdad estás buscando con el sexo premarital?

También necesitamos reflexionar sobre nuestras historias. ¿Cuál fue tu primera exposición o experiencia con el sexo? ¿De qué manera puede ser que las heridas de tu pasado influyan sobre parte de tu dolor presente? ¿En qué momentos de tu vida sentiste que estabas fuera de control sexualmente y de qué forma impacta eso sobre tus decisiones? ¿Cómo era tu relación con tu padre y cómo eso puede estar afectando tus relaciones con los hombres?

La repuesta para nuestra autoindulgencia no es el fariseísmo. No es limpiarnos a nosotras mismas antes de ir a Dios. No es hacer modificaciones en la conducta o seguir reglas. No es la penitencia, es decir, intentar ganarnos el perdón y la misericordia de Dios. Recuerda: el farisaico hermano mayor necesitaba al padre en la misma medida que el autoindulgente hermano menor. Lo único que tenemos que llevarle a Dios es a nosotras mismas: rotas, heridas y necesitadas. La respuesta es admitir con humildad que hemos pecado y estamos quebradas, que tenemos terquedad y heridas, y llevárselo todo al Padre, quien tiene gracia y compasión y está deseoso por enmendar y restaurar.

LOS PECADOS DEL FARISAICO

Los pecados del hermano mayor no son tan visibles. Están ocultos bajo un exterior pulido: su obediencia externa. Sin embargo, las circunstancias que rodean el regreso de su hermano descubren la actitud de su corazón. Aunque el hijo farisaico cumple con su deber, alberga amargura,

LO ÚNICO QUE TENEMOS QUE LLEVARLE A DIOS ES A NOSOTRAS MISMAS: ROTAS, HERIDAS Y NECESITADAS.

resentimiento, orgullo y juicio para con su hermano menor, y el sentido de que su padre le debe algo.

Para una mujer con las tendencias del hermano mayor, quizás estos pecados tengan la forma de una actitud de amargura y resentimiento hacia los deseos sexuales que su esposo siente por ella. Quizás creas que tu deseo de tener una conexión espiritual y relacional con él es superior y más espiritual que sus deseos físicos. Tal vez cuando tu esposo se te acerca, tú lo avergüenzas, quejándote y murmurando: «¿No piensas en nada más que en eso?». O quizás eres una mujer a la que le gusta cumplir con sus tareas y ves el sexo con tu esposo como otro quehacer más con el que debes cumplir. Es posible que, a veces, te niegues a tener sexo con él hasta que haya cumplido con su parte en el hogar o haya pasado tiempo con los niños y tú sientas que tu comportamiento está justificado porque estás haciendo «todo lo demás».

Quizás, como el hermano mayor, cumples con tus «compromisos» físicos para con tu esposo, pero tu corazón está lejos del suyo. Tristemente, ese es el caso de muchas mujeres cristianas a quienes las criaron con la enseñanza de que una esposa jamás debe decirle que no a su esposo. ¿Cumples con el «deber» de entregarle tu cuerpo, pero en realidad nunca te entregas a él por completo porque tener sexo es más fácil y requiere menos energía que tener una conexión relacional verdadera? Quizás incluso encuentras una satisfacción farisaica en saber que estás cumpliendo con tu parte del trato.

Tal vez eres una mujer soltera que pasó muchos años protegiendo su pureza. Ves la pureza sexual como una medalla de honor cristiana, pero por debajo de ese orgullo está la creencia tácita de que la sexualidad masculina es débil, carente de autocontrol, pervertida y fácil de manipular. Es posible que sientas cierta superioridad moral y, por dentro, juzgues a quienes no son «puros» según tus estándares. O quizás «guardaste tu corazón» tan bien que construiste una fortaleza a su alrededor y no ves que mantienes a los hombres a cierta distancia.

Las mujeres que se identifican con el hermano mayor y que suelen hacer «lo correcto» tienden a pasar desapercibidas en lo que respecta al pecado sexual. Para ellas, el pecado sexual se centra más en sus actitudes, pensamientos y creencias, por lo que, a menudo, queda sin diagnosticar.

El autor y pastor Tim Keller aborda este tema en su libro *El Dios pródigo*. Keller afirma: «Casi todos definen el pecado como el incumplimiento de una lista de reglas. Jesús, sin embargo, nos muestra que un hombre que, en la práctica, no violó ninguno de los puntos de la lista de comportamientos morales puede estar igual de perdido espiritualmente que la persona más derrochadora e inmoral».[1] El desafío para alguien que siempre ha hecho «lo bueno» en lo que respecta a la mala conducta exterior está en mirar por debajo de la superficie e identificar las áreas que quizás antes pasaron desapercibidas.

A menudo, el lenguaje que utilizamos expone nuestros pensamientos y motivaciones autoindulgentes:

Trabajé muchísimo para «cuidar mi corazón» y proteger mi pureza. Voy a la iglesia y sirvo con regularidad. Trabajo duro para honrar a Dios. Simplemente, no entiendo por qué sigo soltera cuando todas mis amigas no cristianas que se acostaron con cualquiera se están casando. ¿Por qué Dios aún no me ha traído un buen hombre a mi vida?

No entiendo por qué mi esposo quiere tener sexo. Él sabe que lo amo. ¿No puede estar satisfecho con eso?

¿Por qué debo preocuparme de que mi forma de vestir proteja a los jóvenes? No es mi culpa que el sexo sea lo único en lo que piensan. Tienen la mente sucia.

No sé qué está mal con mi esposo. Es tan pasivo. Creía que él debía ser, supuestamente, el líder espiritual de nuestro hogar. Yo estoy cumpliendo con mi parte. Si él fuera más asertivo, me atraería más.

La verdad es que no puedo entender cómo es que a una mujer puede atraerle otra mujer. No solo está mal, sino que, además, es asqueroso. ¿Qué pasa con nuestro mundo hoy?

Sé que recién empieza a ir a la iglesia, ¡pero alguien tiene que hablarle sobre la forma en que se viste!

El sexo es importante para los hombres. Tienes que dárselo con regularidad y él estará feliz.

Aunque ninguna de estas situaciones muestre un comportamiento pecaminoso externo, pueden ser la muestra de que hay un corazón farisaico en esas mujeres. De hecho, en la mayoría de estos casos, quizás den la impresión de ser las cristianas ideales. Sin embargo, por debajo de ese exterior santo, yacen las actitudes de alguien que juzga injustamente a los demás, que es arrogante y orgulloso, que cree que tiene privilegios y que está resentido.

A veces, debajo de la obediencia externa hay una realidad interior más oscura. Es posible que, por detrás de tus buenas acciones, encubras una motivación basada en las obras. Es decir, que tengas la creencia de que, en retribución por nuestra labor, Dios y los demás nos deben algo. Cuando reflexionamos sobre la bondad y la pureza que percibimos en nosotras, nos distanciamos de los pecadores y de los inmorales sexuales, pero no llegamos a comprender el significado de la historia de Jesús. No hay un solo justo, ni siquiera uno; no hay nadie que entienda, nadie que busque a Dios. Todos se han descarriado, a una se han corrompido (Romanos 3:10-12). Todos necesitamos gracia y misericordia.

¿Acaso esto significa que toda mujer cristiana moral alberga motivaciones y pecados sexuales sórdidos por detrás de sus intentos de mantenerse pura sexualmente? No. Sin embargo, sí significa que, si en la Escritura, Jesús condenó a quienes se aferraban a su propia rectitud con más frecuencia que a los pecadores, quizás queramos prestar atención. No podemos depender solo de nuestra obediencia externa: también debemos examinar el estado de nuestro corazón. Al final, la raíz de todo pecado es amarse a una misma más que a Dios y a los demás. Con este entendimiento amplio del pecado a la vista, la pregunta no es si es que estamos rotas sexualmente o no, o si es que luchamos con alguna forma de pecado sexual o no, sino cómo lo hacemos.

Las prácticas de reflexionar sobre una misma y volvernos más conscientes de quiénes somos son vitales para nuestra vida espiritual. Pide al Señor que te revele las formas únicas en que el fariseísmo puede estar asechando tu vida sexual sin que te des cuenta. Aprende a hacerte a ti misma preguntas difíciles y mantente dispuesta a escuchar también cuando otras personas las hagan. Examina tu mente y lleva cautivo todo pensamiento rebelde para que se someta a Cristo (2 Corintios 10:5).

¿Estás disponible para tu esposo en lo sexual, pero no en lo mental y emocional (áreas en las que eres fría y te proteges de más a ti misma)? ¿Crees que él no se merece tener sexo porque no cumplió primero con tus deseos románticos? ¿Lo «complaces» por fuera para que puedas tachar eso de tu lista, pero por dentro desearías que termine de una vez por todas? ¿Lo juzgas y castigas por luchar contra la pornografía, pero a la vez, haces oídos sordos a tu falta de voluntad para intimar con él? ¿Estás poco dispuesta a comunicarte con él antes, durante o después de la intimidad sexual? ¿Estás poco dispuesta a dejar que un hombre imperfecto se te aproxime de manera imperfecta?

Como mujer soltera, ¿buscas ser «técnicamente» pura y te acercas al límite conocido tanto como sea posible sin cruzarlo? ¿Evitas a todos los hombres porque crees que son débiles y pervertidos? ¿Juzgas sus deseos de tener una conexión física como algo que degrada a las mujeres? Quizás tengas una lista de reglas y requisitos para salir con alguien, no porque ames a Jesús y quieras honrarlo en esa área de tu vida, sino porque estás comprometida a hacer las cosas «bien» para estar satisfecha contigo misma. ¿Tomas distancia de la jovencita promiscua de tu escuela o de la pareja del mismo sexo de tu barrio? ¿Has elaborado una lista mental o material de lo que quieres en un hombre, una lista con requisitos tan inalcanzables que los demás no pueden acercarse a ti y reciben desdén de tu parte?

Estas actitudes y acciones farisaicas se originan en nuestras heridas y terquedad. Si creciste en un hogar legalista que valoraba el desempeño y las apariencias por sobre todo lo demás, es probable que estas cosas impacten sobre tu vida adulta y te lleven a imponer estándares imposibles de alcanzar sobre ti misma y sobre los demás. O quizás creciste en un hogar en el que te enaltecían y celebraban en lugar de ayudarte a verte con humildad como una persona santa creada a imagen de Dios y, a la vez, como alguien que pecó y necesita con desesperación de un Salvador. Es posible que halles que esas cosas dieron luz a cierto sentido de orgullo en ti y que, a causa de ello, sientes que tienes privilegios y esperas que los demás te sirvan.

Sin embargo, llegaste hasta aquí. Seguir avanzando hacia la libertad y la sanidad implica, a menudo, dejar que el Espíritu Santo exponga tu fariseísmo. La respuesta al fariseísmo no está en esforzarnos por hacer las cosas mejor. El fariseísmo solo engendra más fariseísmo. En lugar de vernos como niñas necesitadas, queremos sentir la satisfacción de saber que nos ganamos su amor y honor por nuestros propios méritos. Y así, nuestro fariseísmo, al igual que sucedió con el hermano mayor, nos lleva a rechazar la invitación de gracia del Padre.

Quizás hallemos que nos inclinamos más hacia uno de estos extremos que al otro. Sin embargo, la realidad es que lo más probable oscilemos entre los dos y encontremos que uno alimenta al otro, lo que crea un ciclo vicioso. Sé que eso es lo que sucede en mi propia vida. Cuando intento hacer todo lo correcto y ganarme el amor de Dios, trabajo duro y me privo a mí misma no solo de las cosas malas, sino también de las buenas. Hago esto por tanto tiempo que comienzo a sentir que tengo el derecho de consentirme cumpliéndome algún deseo. Luego, después de consentirme, me siento culpable, avergonzada y vacía, por lo que vuelvo a oscilar hacia el otro extremo y otra vez me esfuerzo por hacer las cosas mejor y ganarme mi estatus con Dios. Así que me privo una y otra vez por mucho tiempo, hasta que una vez más, siento que tengo el derecho de consentirme y de darme un premio. En este momento, toda privación me lleva a creer que tengo el derecho de consentir de más mi apetito por la comida. Quizás tú te privas y luego sientes que tienes el derecho de pasar horas en el sillón mirando telenovelas o tu canal de televisión preferido. O tal vez te privas y sientes que tienes el derecho de mirar pornografía y masturbarte. Es probable que privarte te lleve a sentirte estresada y agotada, por lo que te consientes tomando demasiado alcohol.

Este ciclo es agotador. Créeme, lo sé. Di muchas vueltas a su alrededor. Para bajarnos del carrusel lo único que podemos hacer es rendir tanto el fariseísmo como la autoindulgencia dentro de nosotros. Esto significa que necesitamos arrepentirnos. Arrepentirse es dar la vuelta e ir en otra dirección. El hermano menor se dio cuenta del error de hacer las cosas a su manera y se volvió de su vida indulgente e imprudente. No se volvió más farisaico: se quebrantó de la manera correcta. Y fue entonces que el padre fue a su encuentro y restauró su honor. El hermano mayor, en cambio, se aferró a su propio fariseísmo y, al hacerlo, rechazó el amor y la invitación de su padre.

Antes de cerrar este capítulo, dejemos que el Libro de Isaías nos guíe de forma alentadora:

> Esto dice el SEÑOR Soberano,
> el Santo de Israel:
> «Ustedes se salvarán solo si regresan a mí
> y descansan en mí.
> En la tranquilidad y en la confianza está su fortaleza;
> pero no quisieron saber nada de esto.
> "No—dijeron ustedes—, nuestra ayuda vendrá de Egipto;
> ellos nos darán caballos veloces para entrar en batalla".
> Sin embargo, la única velocidad que verán
> ¡será la de sus enemigos dándoles caza!
> Uno de ellos perseguirá a mil de ustedes
> y cinco de ellos los harán huir a todos.
> Quedarán como un asta de bandera solitaria sobre una
> colina o como un estandarte hecho jirones en la cima de
> un monte lejano».
> Así que el SEÑOR esperará a que ustedes acudan a él
> para mostrarles su amor y su compasión.
> Pues el SEÑOR es un Dios fiel.
> Benditos son los que esperan su ayuda».
>
> Isaías 30:15-18

Dios buscó a su amada Israel y anheló mostrarles su fiel amor y compasión. Sin embargo, ellos estaban decididos a hacer las cosas a su manera. Buscaron ayuda y salvación en naciones y prácticas paganas, lo que los llevó a su propia destrucción. No obstante, el Señor esperó con paciencia que ellos regresaran a él, no para poder castigarlos sino para poder mostrarles cuán alto, cuán ancho y cuán profundo es su amor.

El Señor también está esperando que tú vayas a él, con la autoindulgencia y el fariseísmo que hay en ti, para que pueda mostrarte su amor y compasión. Él está mirando el horizonte, esperando y observando. Él es el padre amoroso que está listo para abrazarte y reemplazar tu vergüenza por honor. Él es el padre gozoso que te invita a unirte a la celebración. En verdad, hay más regocijo en el cielo por aquel pecador que regresa, que por los noventa y nueve justos que no necesitan arrepentirse (Lucas 15:7).

¿Vas a venir?

Preguntas para reflexionar

1. ¿De qué formas respondiste a la herida sexual en ti? ¿Cómo las describirías?

2. Vuelve a leer la parábola en el capítulo 15 de Lucas. ¿Te identificas más con el farisaico hermano mayor o con el autoindulgente hermano menor? ¿Qué les ofrece el padre a sus dos hijos? ¿Cómo responde cada uno de ellos?

3. Cada una de nosotras tiene una historia sexual que sigue moldeándonos. ¿Cuál es tu historia? ¿Cómo te ha moldeado? ¿Cómo has intentado controlarla?

4. El camino hacia la sanidad nos invita a llamar aquello que está roto por su nombre. Al nombrarlo, le hacemos lugar tanto al duelo como al arrepentimiento. Ambas cosas son partes esenciales de la obra redentora que Dios está haciendo en nosotras. Quizás te resulte útil hacer un inventario que te ayude a entender por completo tu historia sexual. Separa un tiempo y nombra los pecados que se han cometido contra ti, las formas en que respondiste a ellos y los pecados que cometiste tú.

HISTORIA DE UNA MUJER

La fractura de la pornografía

Recuerdo, como mujer soltera, conversar con mi madre sobre la relación que tenía yo con mi papá cuando era joven. Mi madre me dijo algo que puso las cosas en perspectiva: «De pequeña, tú siempre quisiste ser la niña de papá, pero él no te lo permitía». Si bien nunca le pregunté a mi mamá que quiso decir con ese comentario, hubo muchos momentos, en la relación con mi papá, en los que recuerdo sentirme rechazada, inferior a otros, incorrecta o no importante. Eso, sumado a que descubrí la pornografía de mi padre a una edad temprana, impactó sobre el modo en que veo el sexo y la intimidad. Hizo que me resultara difícil sentirme valorada por un hombre.

Aunque he tenido algunas relaciones en mi vida, la mayoría fueron breves y me dejaron sintiéndome peor conmigo misma. Y estas relaciones fallidas confirmaron lo que yo tenía asumido: yo no soy una persona deseable o atractiva, cosa que me hace sentir aislada. Mientras fui creciendo, más o menos perdí la esperanza de casarme y tener ese tipo de conexión con alguien. Sin embargo, aun así, mi deseo de tener intimidad aumentaba y no se estaba cumpliendo de ninguna forma tangible. Ese deseo sin cumplir me llevó a buscar la falsa intimidad de la pornografía.

Vivía sola y podía pasar mis «descansos» navegando por internet sin que me preocupara por ser descubierta. Irónicamente, como era virgen, me dejé engañar por mí misma: mi creencia era que ese no era un «pecado grave». Era el típico «hermano mayor». Al buscar una intimidad falsa en lugar de la intimidad con Cristo, me llené de cosas que no eran parte del plan de Dios para mí: imágenes y fantasías que siempre me dejaban vacía. Tuve que aprender a volverme a Dios en lugar de a las cosas que no fueron diseñadas para llenarme. Todavía lucho con sentirme inferior a otros, indeseada y, a veces, vacía, pero he aprendido a dejar que Cristo sea suficiente. Y sí que lo es.

04

LA PUERTA DE ESPERANZA

Hay Alguien que vino a redimir. Ni lo que te hicieron a ti ni lo que hiciste tú pueden anular su obra redentora.

Diane Langberg, *On the Threshold of Hope*
[En el umbral de la esperanza]

¿Por qué, aunque las Escrituras revelan cómo es el corazón de Dios para con el pecador, creemos que el pecado sexual es el pecado imperdonable? ¿Por qué seguimos usando un manto de vergüenza cuando Jesús quiere vestirnos con sus ropas de justicia?

Si creciste en una iglesia con cultura de pureza, tal vez recuerdes una ilustración que a menudo se utiliza en los grupos de jóvenes. Un pastor sostiene una hermosa rosa y comienza a hacerla circular. Anima a todos los presentes a tocarla, olerla, mirarla y pasársela a alguien más. Una vez que la rosa estuvo circulando por el grupo y quedó destrozada, se la devuelven al pastor, quien la sostiene para que todos la vean. ¿Cuál es el punto de la ilustración? Cuando eres virgen y vives con pureza sexual, mantienes la rosa hermosa y, en tu noche de bodas, podrás dársela a tu cónyuge como un precioso regalo. En cambio, si antes de casarte cometes inmoralidades sexuales, la rosa se marchita, pierde pétalos y pasa a ser una sombra de lo que alguna vez fue. Es un «bien arruinado».

Una vez escuché un sermón de Matt Chandler, el pastor de Village Church en Dallas, Texas, en el que narró la historia de una joven mujer que fue amiga suya cuando él era más joven. A medida que su amistad crecía, él le habló de cosas espirituales y ella comenzó a confiarle las partes quebradas de su historia sexual. Una noche en que la banda de los amigos de Matt tocaba en la iglesia, la invitó a asistir con él, con la esperanza de que se encontrara con el amor y la gracia de Cristo. Sin embargo, luego del concierto, el pastor comenzó a hablar sobre el sexo y usó la ilustración de la rosa. Al final del sermón, el pastor preguntó: «¿Quién querría esta rosa ahora?». Esto enfureció a Matt, quien sabía que la joven mujer que lo había acompañado ese día era exactamente la persona que Jesús quería. Tras compartir esta historia, Matt comenzó a gritar en su sermón: «¡Jesús quiere la rosa! Ese es el punto del evangelio».[1]

En las Escrituras leemos que la gran demostración del amor de Dios por nosotros es que cuando todavía éramos pecadores, Cristo murió por nosotros (Romanos 5:8). No lo hizo *una vez que* limpiamos nuestras acciones, o *luego* de que dejáramos de pecar, o *cuando* probamos lo arrepentidos que estábamos. ¡Lo hizo *durante*!

Estas son las buenas noticias del evangelio para las personas quebradas sexualmente: Jesús ama a los pecadores y a las personas que sufren. Aunque te sientas contaminada por los pecados que otras personas cometieron contra ti o por tus propios pecados, la actitud de Dios hacia ti es una de amor, perdón, aceptación y pertenencia. Ya vimos esto en la interacción de Jesús con la mujer samaritana y en la del hijo pródigo y su hermano mayor. Sin embargo, esos no son los únicos casos. Hay muchos otros. Dios está buscando a la humanidad quebrada y pecaminosa: esa es la narración dominante de la Escritura. La pregunta no es si Dios nos amará y aceptará en nuestro pecado y nuestra condición rota. La pregunta es si nosotros iremos a él y recibiremos el amor que él da libremente a pesar de nuestro pecado.

El pecado es seductor, pero también es insidioso y engañoso. Se disfraza de cosas buenas. Promete contentarnos, satisfacernos y consolarnos y darnos seguridad, poder, control, aprobación y todas las demás cosas que anhelamos. Para Eva, el fruto prohibido es atractivo porque es hermoso y su fruto parece delicioso y porque le daría sabiduría (Génesis 3:6). Cuando tiene que tomar una decisión, Eva confía en sí misma y su propio razonamiento. En lugar de confiar en Dios, confía en lo que ve, lo que piensa y lo que siente. Busca llenar un vacío, un deseo sin cumplir. Al hacerlo, sobrepasa los límites que Dios diseñó, pues intenta satisfacer sus propias «necesidades» de formas que Dios prohibió. Rechaza el conocimiento de Dios para favorecer su propio razonamiento. La raíz de pecado en su accionar es la incredulidad orgullosa. En lugar de confiar en Dios y descansar en que él proveerá de las formas que él determine, Eva confía en sus propias capacidades y busca satisfacer sus propias necesidades percibidas. No ve al Dios Creador como más agradable, más deseable y más satisfactorio que todo lo demás, sino que está enamorada de la cosa creada. Ella mira, toma y come. Y el resultado es devastador.

El resto de la Biblia narra la misma historia una y otra vez. Dios se relaciona con sus hijos por un pacto. Sus hijos comienzan a apartarse. Dios los busca con amor y les advierte sobre lo destructivo que es el pecado. Las personas le dan la espalda a Dios y buscan cumplir sus propios deseos. Dios permite que sientan las consecuencias de sus decisiones. La gente se arrepiente y busca a Dios. Dios renueva su pacto para con sus hijos. El ciclo vuelve a comenzar.

El Libro de Oseas está escrito en el medio de este mismo ciclo: Dios le advierte a su pueblo sobre las consecuencias que vendrán, pero también promete que su ira será breve y que volverá a restaurarlos. Es una imagen impactante y, sin embargo, hermosa, sobre la misericordia y la justicia redentora de Dios, su poder y compasión y su amor y fidelidad hacia un pueblo rebelde e infiel. Para ilustrar la infidelidad de Israel, el Señor manda a Oseas, su profeta, a casarse con una prostituta. Que un profeta (alguien que habla por el Señor) se casara con una mujer inmoral era escandaloso. Sin embargo, Oseas obedece al Señor y se casa con Gomer, quien luego lo abandona y se vende a sí misma como esclava.

No es de extrañarse que Dios use la inmoralidad sexual, el adulterio y la prostitución como analogías de la idolatría y la rebelión de Israel. A lo largo del Antiguo Testamento, vemos que el corazón de Dios está determinado a conseguir a Israel. Se relaciona con ella mediante un pacto y, con fidelidad, mantiene su promesa para con ella. La rescata de la esclavitud en Egipto, la protege de sus enemigos, provee para ella en el desierto y, al final, la guía a la tierra prometida. Sin embargo, Israel le da la espalda al Señor de forma constante y se olvida de que él fue quien hizo que prosperara y quien fue su ayudador. Israel toma los buenos regalos que le dio el Señor y los ofrece a otros dioses.

«... quemaba incienso a las imágenes de Baal,
cuando se ponía aretes y joyas
y salía a buscar a sus amantes,
olvidándose de mí por completo»,
dice el SEÑOR.

Oseas 2:13b

Como Eva e Israel, rechazamos el conocimiento de Dios y sus propósitos y, en cambio, buscamos saciar nuestros anhelos por las cosas de este mundo de formas prohibidas por Dios. Nos ponemos a sus servicios con la esperanza de recibir a cambio placer, consuelo, y control. Intentamos extraer vida e identidad de nuestro pecado. Sin embargo, Dios sabe que la vida solo se encuentra en él. Y es su amor por nosotros lo que no nos dejará quedar satisfechas con menos.

LA JUSTICIA DE DIOS

Aunque el Libro de Oseas se escribió específicamente para Israel, también tiene un mensaje para nosotros: un mensaje que no podemos permitirnos ignorar. Al igual que a Israel, él nos condenará y expondrá nuestra infidelidad, nuestra idolatría, nuestro orgullo religioso, nuestra independencia moral y nuestros esfuerzos por ascender por nuestra cuenta y protegernos a nosotros mismos. No nos permitirá que sigamos buscando otros amantes y que disfrutemos del fruto que produce nuestro pecado. Nos quitará la ropa y expondrá nuestro pecado y nuestra idolatría.

Dios es justo: ese es un atributo fundamental de su naturaleza. Y la justicia y la rectitud son el cimiento de su trono (Salmos 89:14). Así es como él gobierna toda la creación. La palabra hebrea para justicia *(mishpát)* se utiliza más de 200 veces en la Escritura. En esencia, significa «darle a alguien lo que se le debe dar», ya sea que se trate de un castigo o un premio o protección o cuidado. La naturaleza justa de Dios queda demostrada a lo largo de la Escritura, desde Génesis y todo el camino hasta Apocalipsis.

Como Dios es justo, no puede hacer la vista gorda al pecado. Nos disciplinará y dejará que experimentemos las consecuencias de nuestro pecado:

«Por esta razón la cercaré con espinos.
    Cerraré su paso con un muro
    para que pierda su rumbo.
Cuando corra tras sus amantes,
    no podrá alcanzarlos.
Los buscará,
    pero no los encontrará.
Entonces pensará:
"Mejor me sería volver a mi esposo
    porque con él estaba mejor que ahora".
Ella no se da cuenta de que fui yo quien le dio todo lo que tiene:
    grano, vino nuevo y aceite de oliva;
hasta le di plata y oro.
    Pero ella le ofreció todos mis regalos a Baal.

Sin embargo, ahora le quitaré el grano maduro y el vino nuevo
    que generosamente le di en cada cosecha.
Le quitaré la ropa de lino y lana
    que le di para cubrir su desnudez.
La desnudaré por completo en público,
    a la vista de todos sus amantes.
Nadie podrá librarla
    de mis manos.
Pondré fin a sus festivales anuales,
    sus celebraciones de luna nueva y sus días de descanso:
    todos sus festivales establecidos.
Destruiré sus vides y sus higueras,
    las cuales, según ella, le dieron sus amantes.
Dejaré que crezcan hasta que se conviertan en espesos matorrales
    de los que solo los animales salvajes comerán su fruto.
La castigaré por todas las ocasiones
    en que quemaba incienso a las imágenes de Baal,

> cuando se ponía aretes y joyas
> y salía a buscar a sus amantes,
> olvidándose de mí por completo»,
> dice el Señor.
>
> Oseas 2:6-13

Dios no nos permitirá hallar satisfacción en nuestro pecado. Cuando buscamos vida en lugares que no son el Señor, al final habrá consecuencias: esclavitud, vergüenza, culpa, confusión y desesperación. Él disciplinará a sus hijos. Frustrará nuestros intentos. Nos confinará, bloqueará nuestros caminos y nos expondrá en nuestro pecado y vergüenza.

Quizás eso suene al extremo duro y no nos parezca que son las acciones de alguien que nos ama. Cuando la vida se está desmoronando y sufres las consecuencias de tus propias decisiones, no se siente como si Dios te estuviera disciplinando en amor. O al menos para mí no se siente así. Sin embargo, el autor de Hebreos tiene palabras de ánimo para cuando estemos sintiendo la disciplina de Dios:

> ¿Acaso olvidaron las palabras de aliento con que Dios les habló a ustedes como a hijos? Él dijo:
>
> «Hijo mío, no tomes a la ligera la disciplina del Señor
> y no te des por vencido cuando te corrige.
> Pues el Señor disciplina a los que ama
> y castiga a todo el que recibe como hijo».
>
> Al soportar esta disciplina divina, recuerden que Dios los trata como a sus propios hijos. ¿Acaso alguien oyó hablar de un hijo que nunca fue disciplinado por su padre? Si Dios no los disciplina a ustedes como lo hace con todos sus hijos, quiere decir que ustedes no son verdaderamente sus hijos, sino que son ilegítimos. Ya que respetábamos a nuestros padres terrenales que nos disciplinaban, ¿acaso no deberíamos someternos aún más a la disciplina del Padre de nuestro espíritu, y así vivir para siempre?

Pues nuestros padres terrenales nos disciplinaron durante algunos años e hicieron lo mejor que pudieron.

Hebreos 12:5-10a

Dios disciplina a los que *ama*. Es el ardor de la disciplina de Dios lo que le llama la atención a Israel y hace que vuelva al Señor. Lo mismo ocurre en mi vida. Puedo pensar en muchos momentos en los que sentí la disciplina del Señor. Fueron momentos en que me dejó sentir el ardor y experimentar las consecuencias de mis propias decisiones. Si Dios me hubiera dejado seguir dichosamente con mi adicción a las drogas y el alcohol, si no me hubiera hecho sentir el dolor de estar alejada de mis familiares, de tener problemas legales y de tener confusión interna en mi vida, entonces, nunca me habría vuelto a él. Fue la disciplina de Dios lo que no me permitió hallar verdadera alegría, satisfacción y libertad en la pornografía, la masturbación o el sexo premarital. La disciplina de Dios fue lo que me abrió los ojos primero y me llevó a volverme a él en mi gran necesidad. Y es también su disciplina constante y amorosa lo que me mantiene en una relación con él hoy.

Si hoy estás sintiendo el ardor de la disciplina de Dios por tu propio pecado sexual y tu daño, deja que te consuelen estas palabras de Hebreos:

Pero la disciplina de Dios siempre es buena para nosotros, a fin de que participemos de su santidad. Ninguna disciplina resulta agradable a la hora de recibirla. Al contrario, ¡es dolorosa! Pero después, produce la apacible cosecha de una vida recta para los que han sido entrenados por ella.

Hebreos 12:10b-11

La disciplina de Dios no es una reacción irracional y salida de tono ante tu pecado. Es una respuesta atenta, intencional y restauradora. Cuando el Señor nos disciplina, está obrando para enmendarnos. Su destreza redentora está obrando, produciendo hábilmente algo *en* ti: conformándote a la imagen y semejanza de Cristo con más y más gloria (2 Corintios 3:18). Y si confías en que él se encargará del proceso, producirá algo *a través* de ti: una cosecha de fruto espiritual que nutrirá a otras personas.

LA VENGANZA DE DIOS

Como creyentes, la vida de Cristo y su muerte en la cruz satisfizo por completo la justicia de Dios por nuestro pecado. Él pagó por nuestros pecados de forma final y completa. ¡Cuánta esperanza y libertad hay en esta poderosa verdad para el creyente! Sin embargo, ¿qué hay de los pecados que otros cometieron en nuestra contra? ¿Qué esperanza hay para ti si sufriste abuso por parte de la persona a quien más amabas y en quien más confiabas? ¿Qué libertad te ofrece esto si tu esposo usó la Biblia para justificar lo que te demandaba sexualmente? ¿Cómo reconcilias las consecuencias largas y duraderas de la injusticia que sufriste si la persona que te hizo daño nunca tuvo que rendir cuentas? O, lo que es aún peor, si tú absorbiste las consecuencias de sus acciones mientras que su reputación se mantuvo completamente intacta.

Dios es un Dios de justicia. Si la justicia es darle a alguien su merecido, la venganza es el *castigo infligido sobre un malhechor por un perjuicio o una infracción*. La venganza es una forma de justicia de Dios. Muchos creyentes se ven tentados a suavizar la Palabra de Dios para que se sienta menos dura o severa. Queremos restar importancia a cualidades de Dios tales como la justicia, la ira y la venganza. Sin embargo, al hacerlo, le quitamos su poder a la Escritura. El Antiguo Testamento y los profetas eran tajantes al afirmar que Dios es un Dios de venganza (Deuteronomio 32:35; Salmos 94:1; Romanos 12:19) y que no solo está determinado a vengarse de sus enemigos, sino también a vengar las maldades cometidas contra sus hijos (Deuteronomio 32:39-43).

Entender la venganza de Dios de forma correcta puede traerte consuelo cuando estés sufriendo una injusticia, pues sabrás que Dios no pasará por alto la infracción para siempre. Aquí es donde la Escritura puede ser un rayo de esperanza en la noche oscura de tu alma, en los tiempos en que la justicia se retrasa y te sientes olvidada por Dios. En 1 Samuel 2:12-36, la Biblia relata la historia de Elí y sus dos hijos, Ofni y Finees, quienes eran sacerdotes del Señor. Ofni y Finees eran corruptos y trataban su servicio al Señor con desprecio. A menudo tomaban para sí mismos porciones de los sacrificios de carne que ofrecía la gente que iba al Tabernáculo. También seducían a las mujeres que servían a la entrada del Tabernáculo. Aunque la Escritura no aclara cuánto tiempo se les permitió cometer estas injusticias graves contra el Señor y su pueblo; pareciera que transcurren varios años de esta manera, quizás un par de décadas. Elí había oído sobre la maldad de sus hijos y, sin embargo, no había intervenido ni hecho justicia. Por tanto, el pecado de sus hijos persistió. No obstante, Dios lo vio y le prometió a Elí que haría justicia y se vengaría por sus acciones malvadas: no solo ejecutaría a Ofni y Finees en el mismo día, sino que, además, aseguraría que ningún miembro del linaje de Elí volvería a servir en el sacerdocio.

Las historias de la venganza de Dios contra sus enemigos y los enemigos de su pueblo pueden servirnos de recordatorio de que Dios no se ha olvidado de ti, aun si la justicia está retrasada. Como afirmó John Piper una vez: «Dios prometió que él mismo retribuirá por todo mal en su justa medida. Su justicia prevalecerá. Ningún mal pasó desapercibido ante él. Él ve la maldad mucho mejor que tú. La odia mucho más que tú. Y se reserva el derecho de tomar venganza».[2]

Es la realidad de esto lo que lleva al salmista a clamar al Señor por venganza en medio de la injusticia que está sufriendo:

> Oh SEÑOR, Dios de venganza,
> oh Dios de venganza, ¡haz que tu gloriosa justicia resplandezca!
> Levántate, oh Juez de la tierra;
> dales su merecido a los orgullosos.
> ¿Hasta cuándo, SEÑOR?
> ¿Hasta cuándo los perversos tendrán permiso para regodearse?
> ¿Hasta cuándo hablarán con arrogancia?
> ¿Hasta cuándo se jactarán estos malvados?
> Aplastan a tu pueblo, SEÑOR;
> lastiman a los que llamas tuyos.
> Matan a las viudas y a los extranjeros,
> y asesinan a los huérfanos.
> «El SEÑOR no está mirando—dicen—,
> y además, al Dios de Israel no le importa».

¡Piénsenlo mejor, necios!
¿Cuándo por fin se darán cuenta?
El que les hizo los oídos, ¿acaso es sordo?
El que les formó los ojos, ¿acaso es ciego?
Él castiga a las naciones, ¿acaso no los castigará a ustedes?
Él todo lo sabe, ¿acaso no sabe también lo que ustedes hacen?
El SEÑOR conoce los pensamientos de la gente;
¡sabe que no valen nada!

Felices aquellos a quienes tú disciplinas, SEÑOR,
aquellos a los que les enseñas tus instrucciones.
Los alivias en tiempos difíciles
hasta que se cave un pozo para capturar a los malvados.
El SEÑOR no rechazará a su pueblo;
no abandonará a su posesión más preciada.
El juicio volverá a basarse en la justicia,
y los de corazón íntegro la procurarán.

¿Quién me protegerá de los perversos?
¿Quién me defenderá de los malvados?
Si el SEÑOR no me hubiera ayudado,
pronto me habría quedado en el silencio de la tumba.
Clamé: «¡Me resbalo!»,
pero tu amor inagotable, oh SEÑOR, me sostuvo.
Cuando mi mente se llenó de dudas,
tu consuelo renovó mi esperanza y mi alegría.

¿Acaso pueden los líderes injustos afirmar que Dios está de su lado,
los líderes cuyos decretos permiten la injusticia?
Se unen contra los justos
y condenan a muerte a los inocentes.
Pero el SEÑOR es mi fortaleza;
mi Dios es la roca poderosa donde me escondo.

Dios hará que los pecados de los malvados se tornen contra
ellos;
los destruirá por sus pecados.
El SEÑOR nuestro Dios los destruirá.

Salmos 94

Como seguidoras de Cristo, cuando hemos sido tratadas de forma injusta podemos reaccionar de al menos una de dos formas: espiritualizando de más las cosas o haciendo justicia con nuestras propias manos. Ninguno de estos caminos lleva a la libertad.

Cuando espiritualizamos de más las cosas, nos apuramos por hacer y decir todas las cosas cristianas «correctas». Nos sostenemos (o sostenemos a los demás) con versículos como: «... Dios hace que todas las cosas cooperen para el bien de quienes lo aman y son llamados según el propósito que él tiene para ellos» o «Ustedes pensaron hacerme mal, pero Dios dispuso todo para bien...» o «... ningún arma que te ataque triunfará», todos los cuales son ciertos. Sin embargo, no podemos hacer que problemas complejos quepan en una caja limpia y ordenada. A menudo, esa es una forma de minimizar el daño hecho y de buscar atajos en el proceso de la sanidad. No obstante, el Salmo 94 nos muestra otro camino. El salmista no pone una venda sobre su herida mortal. No minimiza la infracción, sino que la llama por lo que es. No intenta convencerse a sí mismo de que solo necesita superarlo y perdonar. Predica sobre el carácter de la justicia de Dios y la venganza por su propia alma. Despliega emociones ásperas, crudas y sin desinfectar ante Dios y se vuelve al carácter y la naturaleza de Dios para que lo sostenga.

La otra forma en que podemos reaccionar cuando la justicia se retrasa es ocupándonos nosotras mismas del asunto (tomando venganza), es decir, buscando que nos paguen y que se haga justicia a nuestro propio tiempo y a nuestra propia manera. A veces, buscar venganza a nuestra manera puede ser tan simple como albergar resentimiento. Sin embargo, en la Escritura leemos que la venganza le pertenece solo al Señor (Romanos 12:19) y que él es quien retribuirá las maldades que te hicieron (Deuteronomio 32:35). El salmista no está buscando vengarse a su tiempo o a su modo. Está volviéndose a Dios y confiándole su caso a él, para lo cual clama, recurre a la naturaleza justa de Dios y espera que él actúe.

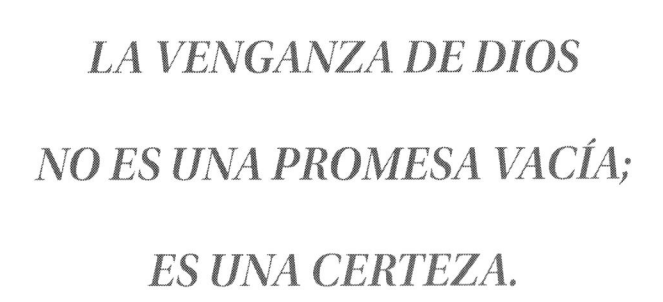

LA VENGANZA DE DIOS

NO ES UNA PROMESA VACÍA;

ES UNA CERTEZA.

El salmista no solo está *esperando* que Dios se vengue; ¡*cuenta* con que Dios se vengará!

La venganza de Dios no es una promesa vacía; es una certeza. Él te ve, se duele contigo y te mira con gran compasión. Y al final, ¡actuará en tu nombre! Esta promesa puede traerle gran consuelo, libertad y esperanza al creyente. No tienes que negar o minimizar el dolor que sufriste. No tienes que permanecer cautiva de la amargura, la desesperación o de la protección a ti misma. Y no tienes que tomar venganza por tu cuenta. El Señor se vengará por ti (Romanos 12:18-20).

Es posible que la venganza futura de Dios no te traiga satisfacción inmediata por la injusticia que sufriste. Sin embargo, está llegando el día en que no habrá más luto ni tristeza:

> Hasta el lugar desolado y el desierto estarán contentos en esos días;
> la tierra baldía se alegrará y florecerá el azafrán de primavera.
> Así es, habrá abundancia de flores,
> de cantos y de alegría.
> Los desiertos se pondrán tan verdes como los montes del Líbano,
> tan bellos como el monte Carmelo o la llanura de Sarón.
> Allí el Señor manifestará su gloria,
> el esplendor de nuestro Dios.
> Con esta noticia, fortalezcan a los que tienen cansadas las manos,
> y animen a los que tienen débiles las rodillas.
> Digan a los de corazón temeroso:
> «Sean fuertes y no teman,
> porque su Dios viene para destruir a sus enemigos;
> viene para salvarlos».
>
> Y cuando él venga, abrirá los ojos de los ciegos
> y destapará los oídos de los sordos.
> El cojo saltará como un ciervo,
> y los que no pueden hablar ¡cantarán de alegría!

> Brotarán manantiales en el desierto
> y corrientes regarán la tierra baldía.
> El suelo reseco se convertirá en laguna
> y los manantiales de agua saciarán la tierra sedienta.
> Crecerán las hierbas de pantano, las cañas y los juncos
> donde antes vivían los chacales del desierto.
>
> Un gran camino atravesará esa tierra, antes vacía;
> se le dará el nombre de Carretera de la Santidad.
> Los de mente malvada nunca viajarán por ella.
> Será solamente para quienes anden por los caminos de Dios;
> los necios nunca andarán por ella.
> Los leones no acecharán por esa ruta,
> ni ninguna otra bestia feroz.
> No habrá ningún otro peligro;
> solo los redimidos andarán por ella.
> Regresarán los que han sido rescatados por el SEÑOR;
> entrarán cantando a Jerusalén,
> coronados de gozo eterno,
> estarán llenos de regocijo y de alegría;
> desaparecerán el luto y la tristeza.
>
> Isaías 35:1-10

En otra traducción, leemos: «Sean fuertes, no tengan miedo. Su Dios vendrá, vendrá con *venganza*; con retribución divina vendrá a salvarlos» (NVI). Hasta que llegue el día en que el Señor venga con venganza, podemos, al igual que el salmista, clamar al Señor, confiarle nuestra causa a él y guardar una esperanza segura.

Ahora bien, ¿y si la persona que te hizo daño es creyente? ¿Y si se convierte? ¿Se hará justicia? Sí, porque Dios es justo: no puede pasar por alto el pecado. Debe hacerse justicia. Sin embargo, si la persona que te hizo daño es creyente, entonces, Cristo cargó en la cruz con todo el peso de la justicia de Dios. Es posible que cueste aceptar esto, pues cuando alguien pecó contra ti de forma grave y tuviste que soportar las consecuencias a largo plazo del daño que te hizo, no parece que con eso baste. No obstante, si quien te hirió cree en Cristo como su Señor y Salvador, entonces Jesús absorbió *toda* la ira de Dios por su pecado. Él sufrió la venganza de Dios en lugar de esa persona.

Esto no minimiza las implicancias de su pecado o las consecuencias que eso tuvo en tu vida. Y, sin duda, no significa que sea una fórmula mágica que mejore todas las cosas. Sin embargo, sí que puede, gradualmente y con el paso del tiempo, liberarte de la amargura, la desesperación o los deseos de tomar venganza que te mantienen cautiva y te impiden experimentar una sanidad completa.

LA MISERICORDIA DE DIOS

Dios es justo y su venganza es una forma de justicia. No obstante, también es misericordioso. Una vez más, encontramos un ejemplo en el Libro de Oseas. Aunque Gomer fue infiel, el Señor manda a Oseas a ir y redimirla de la esclavitud a fin de ilustrar la fidelidad de su pacto con Israel:

> Ve y ama otra vez a tu esposa, aun cuando ella comete adulterio con un amante. Esto ilustrará que el SEÑOR aún ama a Israel, aunque se haya vuelto a otros dioses y le encante adorarlos.
>
> Oseas 3:1

Gomer no merece misericordia. No se merece el amor, el perdón o la fidelidad de Oseas. Aunque ella abandonó el pacto que tenía con él, el Señor manda a Oseas a ir y rescatar a Gomer de sí misma, de su pecado y sufrimiento, y a amarla otra vez.

Al igual que Gomer, Israel es culpable de idolatría y de infidelidad al Señor. Israel merece justicia y venganza, no misericordia. Sin embargo, Dios no romperá el pacto que tiene con su novia. Él la eligió desde el principio, la separó para sí mismo y la tomó como suya (Éxodo 6:7). Aunque ella lo rechaza una y otra vez, él permanece fiel. No le dará la espalda para siempre. Aunque Israel se vendió como prostituta a otros dioses y otras naciones (Oseas 4:12b, 5:4b), el Señor anhela redimirla, comprarla de nuevo para sí mismo (Oseas 7:13) y convertirla en su novia para siempre:

«Pero luego volveré a conquistarla.
La llevaré al desierto
y allí le hablaré tiernamente.
Le devolveré sus viñedos
y convertiré el valle de la Aflicción en una puerta de
esperanza.
Allí se me entregará
como lo hizo hace mucho tiempo cuando era joven,
cuando la liberé de su esclavitud en Egipto.
Al llegar ese día—dice el Señor—,
me llamarás "esposo mío"
en vez de "mi señor".
Oh Israel, yo borraré los muchos nombres de Baal de tus
labios
y nunca más los mencionarás.
En ese día haré un pacto
con todos los animales salvajes, las aves de los cielos
y los animales que corren sobre la tierra,
para que no te hagan daño.
Quitaré de la tierra todas las armas de guerra,
todas las espadas y todos los arcos,
para que puedas vivir sin temor,
en paz y seguridad.
Te haré mi esposa para siempre,
mostrándote rectitud y justicia,
amor inagotable y compasión.
Te seré fiel y te haré mía,
y por fin me conocerás como el Señor».

Oseas 2:14-20

El Señor anhela extendernos su misericordia, mucho más allá de lo que estamos dispuestas a recibir. Anhela ganarnos para sí mismo y mostrarnos su amor, compasión y fidelidad, que nunca se acaban. Es paciente con nosotras y ansía que vayamos a él arrepentidas (2 Pedro 3:9). La Escritura es clara al respecto: si le confesamos nuestros pecados, él es fiel y justo para perdonarnos y limpiarnos de toda maldad (1 Juan 1:9). Se nos asegura que llevará nuestros pecados tan lejos de nosotras como está el oriente de occidente (Salmos 103:12) y que no se acordará más de nuestros pecados (Jeremías 31:34).

A lo largo de la Escritura, el Señor nos da ejemplos de lo generoso que es su perdón y redención para quienes se vuelven a buscarlo en fe. David es un adúltero que asesina al esposo de su amante (2 Samuel 11). Rahab es una prostituta. Pablo persigue a la iglesia primitiva y supervisa la ejecución de muchos cristianos. Entre los miembros de la iglesia de Corinto hay ladrones, borrachos, adúlteros, idólatras, prostitutas y quienes practican la homosexualidad (1 Corintios 6). Sin embargo, cada una de estas personas se acerca al Señor en arrepentimiento. David se arrepiente (2 Samuel 12; Salmos 51), Rahab esconde a los espías del Señor (Josué 2), Pablo responde al llamado de Jesús y se bautiza (Hechos 9) y los miembros de la iglesia de Corinto recurren al nombre de Jesús. Como resultado por haberse acercado al Señor en arrepentimiento, cada una de estas vidas cambia y el Señor las bendice. A Rahab se la incluye en el linaje de Cristo y se la honra entre los héroes de la fe (Hebreos 11). David es restaurado y de su unión con Betsabé surge Salomón, quien construye el templo del Señor para Israel y a quien también se incluye en el linaje de Cristo. El ministerio de Pablo entre los gentiles se extiende por el mundo y nos brinda muchos de los escritos del Nuevo Testamento. Y los miembros de la iglesia de Corinto son limpiados y hechos santos y justos ante Dios (1 Corintios 6:9-11).

La buena noticia del evangelio es que no hay pecado al que la redención no pueda alcanzar: no hay vida que Dios no alcance a reparar. A medida que estos hombres y mujeres se acercan al Señor en fe, sus vidas son cambiadas. Él toma las personas quebradas y las usa como escenarios para mostrar su gloria y poder. Esto no significa que nunca vayamos a sufrir por nuestro pecado. Aunque él es misericordioso con nosotras, vamos a experimentar las consecuencias de nuestras decisiones. Como consecuencia del pecado de Adán y Eva en el jardín, hay muerte y sufrimiento y toda la humanidad está separada de Dios. Sin embargo, a pesar de su rebelión e infidelidad, el Señor es fiel y les muestra misericordia. Cubre su desnudez y vergüenza y los viste con ropas de pieles de animales. Esa es la primera muerte en la Escritura que resulta del pecado. Luego, les promete que enviará a alguien que enmendará todas las cosas; alguien que restaurará la relación entre Dios y su pueblo; alguien que los comprará de su esclavitud al pecado, a la muerte y al sufrimiento (Génesis 3:14-15). El Señor no abandona a su pueblo. El Antiguo Testamento entero es la historia del fiel amor de Dios y su compromiso hacia un pueblo rebelde e infiel; es una historia que se completa por fin cuando viene Jesucristo.

LA JUSTICIA, LA VENGANZA Y LA MISERICORDIA SE ENCUENTRAN EN LA CRUZ

La Escritura pinta una imagen clara de un Dios que es justo, pero que también es misericordioso: «El Señor, el Señor, Dios clemente y compasivo, lento para la ira y grande en amor y fidelidad, que mantiene su amor hasta mil generaciones después, y que perdona la iniquidad, la rebelión y el pecado; pero que no deja sin castigo al culpable, sino que castiga la maldad de los padres en los hijos y en los nietos, hasta la tercera y la cuarta generación» (Éxodo 34:6-7, NVI).

Como Dios es justo, no dejará que nuestro pecado quede sin castigar. Pero como también es clemente y compasivo, nos trata con ternura. Es lento para la ira y grande en amor y fidelidad. Al final, la justicia, la venganza y la misericordia de Dios se encuentran en la cruz, donde Jesús carga con todo el peso de nuestro pecado:

> Fue despreciado y rechazado:
> hombre de dolores, conocedor del dolor más profundo.
> Nosotros le dimos la espalda y desviamos la mirada;
> fue despreciado, y no nos importó.
>
> Sin embargo, fueron nuestras debilidades las que él cargó;
> fueron nuestros dolores los que lo agobiaron.
> Y pensamos que sus dificultades eran un castigo de Dios,
> ¡un castigo por sus propios pecados!
> Pero él fue traspasado por nuestras rebeliones
> y aplastado por nuestros pecados.
> Fue golpeado para que nosotros estuviéramos en paz;
> fue azotado para que pudiéramos ser sanados.

Todos nosotros nos hemos extraviado como ovejas;
hemos dejado los caminos de Dios para seguir los
nuestros.
Sin embargo, el SEÑOR puso sobre él
los pecados de todos nosotros.
Fue oprimido y tratado con crueldad;
sin embargo, no dijo ni una sola palabra.
Como cordero fue llevado al matadero.
Y como oveja en silencio ante sus trasquiladores,
no abrió su boca.
Al ser condenado injustamente,
se lo llevaron.
A nadie le importó que muriera sin descendientes
ni que le quitaran la vida a mitad de camino.
Pero lo hirieron de muerte
por la rebelión de mi pueblo.
Él no había hecho nada malo,
y jamás había engañado a nadie.
Pero fue enterrado como un criminal;
fue puesto en la tumba de un hombre rico.

Formaba parte del buen plan del SEÑOR aplastarlo
y causarle dolor.
Sin embargo, cuando su vida sea entregada en ofrenda por el
pecado,
tendrá muchos descendientes.
Disfrutará de una larga vida,
y en sus manos el buen plan del SEÑOR prosperará.
Cuando vea todo lo que se logró mediante su angustia,
quedará satisfecho.
Y a causa de lo que sufrió,
mi siervo justo hará posible
que muchos sean contados entre los justos,
porque él cargará con todos los pecados de ellos.
Yo le rendiré los honores de un soldado victorioso,
porque se expuso a la muerte.

Fue contado entre los rebeldes.
Cargó con los pecados de muchos e intercedió por los transgresores.

Isaías 53:3-12

Jesús carga con el pecado de muchos e intercede por los rebeldes. Es juzgado él en lugar de nosotros. Aunque es inocente, recibe una sentencia criminal: la muerte en la cruz. Aunque nosotros somos culpables, se nos declaró justos. La justicia de Dios descansa plenamente en Jesús y su misericordia descansa por completo en nosotros:

Antes ustedes estaban muertos a causa de su desobediencia y sus muchos pecados. Vivían en pecado, igual que el resto de la gente, obedeciendo al diablo —el líder de los poderes del mundo invisible—, quien es el espíritu que actúa en el corazón de los que se niegan a obedecer a Dios. Todos vivíamos así en el pasado, siguiendo los deseos de nuestras pasiones y la inclinación de nuestra naturaleza pecaminosa. Por nuestra propia naturaleza, éramos objeto del enojo de Dios igual que todos los demás.

Pero Dios es tan rico en misericordia y nos amó tanto que, a pesar de que estábamos muertos por causa de nuestros pecados, nos dio vida cuando levantó a Cristo de los muertos. (¡Es solo por la gracia de Dios que ustedes han sido salvados!) Pues nos levantó de los muertos junto con Cristo y nos sentó con él en los lugares celestiales, porque estamos unidos a Cristo Jesús. De modo que, en los tiempos futuros, Dios puede ponernos como ejemplos de la increíble riqueza de la gracia y la bondad que nos tuvo, como se ve en todo lo que ha hecho por nosotros, que estamos unidos a Cristo Jesús.

Efesios 2:1-7

Así como Oseas compró la libertad de Gomer, el Señor al final compró nuestra libertad mediante la sangre de Cristo (Colosenses 1:13; 1 Timoteo 2:5-6; Efesios 1:13-15; 1 Pedro 17-19). Cumple la promesa que hizo en Génesis 3 y, al hacerlo, restaura la relación con su pueblo.

Ya no somos hijos de la ira, separados de Dios. Somos sus hijos amados (1 Juan 3:12); fuimos adoptados y formamos parte de su familia (Efesios 1:5; Romanos 8:14-16). Somos su novia, la Iglesia, una corona espléndida en su mano:

> El SEÑOR te sostendrá en su mano para que todos te vean,
> como una corona espléndida en la mano de Dios.
> Nunca más te llamarán «La ciudad abandonada»
> ni «La tierra desolada».
> Tu nuevo nombre será «La ciudad del deleite de Dios»
> y «La esposa de Dios»,
> porque el SEÑOR se deleita en ti
> y te reclamará como su esposa.
> Tus hijos se dedicarán a ti, oh Jerusalén,
> como un joven se dedica a su esposa.
> Entonces Dios se regocijará por ti
> como el esposo se regocija por su esposa.
>
> Isaías 62:3-5

Dios «no solo perdona a su pueblo, lo protege, lo sana, provee para él, lo regresa a su hogar, reconcilia a sus miembros entre sí, lo transforma para que sean justos, lo honra, lo exalta por sobre todas las naciones y hace que sean una bendición para todas las naciones (como Él los llamó a ser), sino que, además, por encima de todas estas cosas, Él de verdad se deleita en su pueblo».[3] ¡Este es el poder del Evangelio para enmendar las cosas!

Preguntas para reflexionar

Al considerar la justicia, la venganza y la misericordia de Dios:

1. ¿Cuál te resulta más difícil de creer o entender y por qué?

2. ¿Cuál es la diferencia entre la justicia y la venganza?

3. ¿Por qué es importante que entendamos estas verdades para que sanemos y nos replanteemos la forma en que vemos el sexo?

UNAS PALABRAS SOBRE EL PERDÓN

Jesús nos recuerda que a quienes mucho se les perdonó, mucho aman (Lucas 7:36-50). Cuando admitimos la profundidad de nuestra propia naturaleza pecaminosa y de nuestras ofensas contra Dios y reconocemos el precio que Jesús pagó para asegurar que seamos perdonados y que podamos presentarnos correctamente ante Dios, la única respuesta correcta es amar a Cristo con todo el corazón y rendirle nuestra devoción. Nuestra obediencia *a* Jesús es evidencia de nuestro amor *por* Jesús.

La justicia de Dios derramada sobre Cristo permitió que recibamos el perdón por nuestros pecados. También hizo que sea posible que perdonemos a quienes pecaron contra nosotras. Sin embargo, a menudo entendemos mal el perdón y lo usamos mal. He oído a muchos creyentes (entre los que me incluyo) decir: «Sé que Jesús me perdona; es solo que yo no puedo perdonarme». Sin embargo, eso no es bíblico. *No tenemos que concedernos perdón a nosotras mismas; tenemos que recibir el perdón de Cristo.* Nosotras debemos apropiarnos de ese perdón; tomar posesión de él. Es como si estuvieras varada sin refugio en el Ártico y alguien viniera y te ofreciera un abrigo, pero tú te negaras a aceptarlo porque quieres descubrir cómo calentarte a ti misma. El perdón de Cristo es como ese abrigo: es algo que él nos ofrece y que nosotros solo necesitamos aceptar, ponérnoslo y usarlo.

Un segundo error que podemos cometer con el perdón es instar a otras personas a que perdonen demasiado pronto. En casos donde hubo maldad severa (como cuando hay abusos, violaciones o infidelidades) y eso causó estragos en la vida de una persona, tenemos que saber que el perdón es un proceso lento y progresivo y que lleva toda la vida. La primera vez que alguien comparte contigo que sufrió un abuso o una violación no es el momento de preguntarle si perdonó a quien le hizo daño. Cuando alguien aún no se recuperó de la traición de su cónyuge no es el momento de señalarle sus errores como esposo y de animarla a perdonar. Es el momento de hacer el duelo, de lamentarnos y de estar enojadas y heridas con y por esa persona. Es el momento de clamar a Dios por ellos.

A medida que asimilemos el impacto de la herida y el pecado sexual (ya sea en nuestra propia vida o en la vida de los demás), es importante que comprendamos qué es y qué no es el perdón.

Perdonar no es:
- Un sentimiento
- Un acto que ocurre una vez
- Algo que depende de un pedido de disculpas, de una confesión o del remordimiento del infractor o algo que requiera conversar con esa persona
- Aprobar, legitimar, excusar o justificar la infracción
- Olvidar, minimizar o negar el daño que se hizo
- Reconciliarse con el infractor (para reconciliarse debe existir un acuerdo, una confesión y una muestra del arrepentimiento surgido a lo largo del tiempo, mientras que, para perdonar, no)
- Darse por vencido con el pedido de justicia
- Liberar al infractor de las consecuencias de sus decisiones
- Paz a cualquier costo

Perdonar es:
- Acto que ocurre tanto en un evento único como en un proceso continuo
- Recordar, llamar por su nombre y hacer el duelo por lo sucedido
- Recordar lo que Cristo sufrió para pagar por este pecado, cuánto se te perdonó a ti y que vendrá el juicio que enmendará todas las cosas
- Transferirle a Dios el deseo de vengarnos y el pedido de justicia para que él se encargue
- Confiar en que la ira de Dios es suficiente
- Descansar en Dios: en su protección y sus promesas
- Renunciar a tu derecho de seguir castigando a la persona
- Liberarnos del resentimiento, la amargura y el poder que el infractor tiene sobre nosotros
- El camino hacia la libertad y la paz

A pesar de estas clarificaciones sobre lo que es y no es el perdón, tal vez nos tiente ofrecer perdón prematuro, todo en nombre de ser «buenas cristianas». Sin embargo, al hacerlo, quizás te pierdas un paso fundamental en el proceso de sanar y perdonar. Al sufrir un daño significativo (sobre todo daño sexual), el primer paso y quizás el más importante es reconocer la verdad sobre cómo se pecó en contra tuya y cuáles son las implicaciones del pecado de esa persona en tu vida. No puedes hacer el duelo por lo que perdiste si no puedes nombrar aquello que sufriste. Y no puedes perdonar lo que no puedes nombrar. A menudo, este es un proceso extenso que no se puede apurar y que no podemos atravesar solas. Es importante que busques una comunidad segura con gente que te guíe: con amigos maduros, sabios y devotos, con consejeros y con ayuda profesional.

Una vez que hayas reconocido el daño que te hicieron, podrás empezar con el proceso de confiárselo a Dios. Esto tampoco es un acto que ocurra una vez, sino una rendición continua de tu dolor, de las circunstancias y de tu sanidad a Dios. Es importante recordar que no tenemos un Salvador que no pueda entender o identificarse con nuestro dolor, sino uno que sufrió de todas las formas en que nosotros sufrimos. Eso incluye las traiciones más íntimas y la atrocidad del abuso. Ya que él soportó el dolor del abuso, tú puedes confiarle tu dolor sin resolver, tu enojo, tu aflicción y tu temor en el proceso para enmendarte.

Al contrario de lo que podríamos creer, el perdón no libera de responsabilidad a la persona que te causó dolor. Simplemente, le transfiere a Dios tu legítimo pedido de justicia. Y te libera de la prisión de la amargura, el odio, la necesidad de protegerte a ti misma y el resentimiento: todas estas son tóxicas para tu alma.

Recuerdo con claridad cuándo comenzó Dios a enmendar parte de mi historia. Recuerdo dónde estaba sentada, qué vi y cuál fue el pensamiento exacto que tuve y que comenzó a hacerme libre. Antes de ese momento, había sido rehén de alguien que me había hecho daño cuando yo era más chica. Estaba llena de enojo y odio hacia él; incluso aparecía en mis sueños. En lugar de liberarme, mi enojo y amargura sin resolver me mantenían atada a él. Sin embargo, al verlo llorar mientras atravesaba una pérdida personal significativa, lo vi como un niño pequeño que hacía duelo por la muerte de su madre. Logré tener compasión por él y verlo como un hombre

PERDONAR ES RENDIRSE A DIOS DE FORMA CONSTANTE Y PROGRESIVA. ES CONFIARLE A ÉL LAS INJUSTICIAS QUE SUFRISTE Y RECORDARTE A TI MISMA QUE SU JUSTICIA, SU VENGANZA Y SU MISERICORDIA SON SUFICIENTES. PUEDES CONFIARLE A ÉL TUS HERIDAS PARA QUE SEAN SANADAS Y A QUIEN TE HIRIÓ PARA QUE SEA JUZGADO.

quebrantado en lo profundo que necesitaba a Jesús con desesperación, al igual que yo. Y, entonces, sentí que soltaba ese enojo y esa amargura que me habían aprisionado durante al menos una década. Había comenzado el proceso de perdonar.

Sin embargo, eso no significa que nuestra relación se haya reconciliado o que la confianza se haya restaurado. No significa que lo haya perdonado por completo. De hecho, incluso este año (más de quince años después) tuve que procesar una capa más de mi historia. Una vez más, tuve que llamar por su nombre a mi herida (de la mejor manera que pude) y al impacto que tuvo en mi vida. Una vez más, tuve que hacer el duelo y lamentarme. Y una vez más, tuve que decidir que no me volvería esclava de mis propios deseos de recibir respuestas o de que se haga justicia.

Perdonar es rendirse a Dios de forma constante y progresiva. Es confiarle a él las injusticias que sufriste y recordarte a ti misma que su justicia, su venganza y su misericordia son suficientes. Puedes confiarle a él tus heridas para que sean sanadas y a quien te hirió para que sea juzgado.

LA PUERTA DE ESPERANZA

Como si la justicia y la misericordia de Dios hacia mí en mi pecado y su venganza hacia quienes me hirieron no fueran suficientes, él no se detiene ahí. En la economía de Dios, no se desperdicia nada. Ni el pecado, ni el sufrimiento, ni el daño.

Hay un pequeño versículo en Oseas 2:14-15 que nos ayuda a ver cuán abundantes son la bondad y la generosidad de Dios hacia nosotras:

«Pero luego volveré a conquistarla.
La llevaré al desierto
y allí le hablaré tiernamente.
Le devolveré sus viñedos
y convertiré el valle de la Aflicción en una puerta de esperanza».

El valle de la Aflicción ya aparece por primera vez en el capítulo 7 de Josué. Israel sufre una derrota despiadada en manos de sus enemigos. Josué y los ancianos de Israel, desalentados, rasgan sus túnicas y, derrotados, claman al Señor. Lo que Josué no sabía es que Acán, uno de los miembros de las tribus de Israel, había pecado y robado algunas cosas que debían ser apartadas para el Señor y quemadas en su tienda. El Señor guio a Josué hacia Acán, quien confesó su pecado y le mostró dónde había enterrado las cosas que le pertenecían al Señor. Josué tomó los objetos que debían ser apartados para el Señor y los puso sobre el suelo, en la presencia del Señor. Luego, todo el pueblo de Israel apedreó a Acán y su familia y quemó sus cuerpos. Apilaron piedras a modo de memorial y nombraron a ese lugar «el valle de Acor» o el valle de la Aflicción.

A esta tragedia la desató el pecado y el engaño de un hombre, quien rompió el pacto entre Israel y el Señor, lo que causó que sufrieran una inmensa pérdida militar. Muchos perdieron la vida, aun los miembros de su propia familia. Es entonces este lugar, el valle de la Aflicción, un lugar marcado por el pecado y el sufrimiento, el lugar exacto que Dios afirma que transformará en una puerta de esperanza.

¿Qué significa esto para nosotras? Significa que el pecado y el sufrimiento nunca tienen la última palabra. Dios no permite que nada, ni nuestro pecado ni los pecados que otros cometieron en nuestra contra ni los daños del mundo se desperdicien en nuestra vida. Él los toma por el cuello y los usa. Los transforma para que dejen de ser un lugar de dolor y vergüenza y se conviertan en una puerta de esperanza, una puerta por la que puedes entrar a su amor y misericordia. Una puerta que te invita a tener una nueva identidad y un nuevo propósito. Y una puerta por la que también puedes mostrarle a los demás la gracia poderosa y transformadora de Cristo, quien es soberano sobre todo pecado, todo dolor y toda vergüenza y quien obtiene belleza de las cenizas.

La cruz se encarga de todo: cubre los daños que hice yo y los daños que me hicieron otros. Sin embargo, se encarga también de más cosas. A través de la cruz, Jesús comenzó a enmendar los daños del mundo. A través de la cruz, todo lo triste se vuelve incierto. Y un día, todas las zonas fracturadas de nuestra historia serán restauradas de forma completa y perfecta. El valle de la Aflicción se convertirá en una puerta de esperanza para alabanza de su gloria.

Preguntas para reflexionar

1. ¿Hay algo en la historia de Oseas que te sorprenda o aliente?

2. ¿Aprendiste algo sobre el perdón que sea nuevo para ti?

3. Describe con tus propias palabras cómo es que la justicia, la venganza y la misericordia de Dios influyen directamente sobre tu capacidad para ser perdonada y para perdonar a otros.

HISTORIA DE UNA MUJER
La fractura del pecado de un esposo

He estado casada por 17 años y, en nuestra historia, abunda el daño sexual. Crecí en un hogar cristiano en el que nos advertían: «No tengan sexo antes del matrimonio». Sin embargo, nunca nos enseñaron realmente por qué. Yo era alguien que seguía las reglas, por lo que nunca tuve sexo hasta que llegó nuestra noche de bodas. Fue realmente difícil para mí hacer la transición de «el sexo es malo» a «el sexo es bueno». La verdad es que no entendía que esa era una parte del matrimonio sumamente importante y unificadora hasta que leí *Sexualidad redimida*.

Otro tema que causó daño a nuestro matrimonio fue la lucha de mi esposo contra la pornografía; este era un síntoma de un problema mayor en él que ambos desconocíamos. Aunque no tuvo que luchar mientras estuvimos comprometidos o recién casados, volvió a caer más o menos un año después de casarnos. Al mirar atrás, pareciera que la pornografía era como una «droga de entrada» a otras cosas: cuando la pornografía ya no lo satisfacía, visitaba clubes de estriptís, salones de masajes y, en tres ocasiones distintas, se halló en situaciones en las que, tras haber bebido demasiado, se acostó con otra mujer.

Cuando lo descubrí por primera vez, barrimos el tema debajo de la alfombra: borramos las huellas, renovamos nuestros votos, y lo apuntamos como si se hubiera tratado de un incidente aislado. Nunca llegamos a la raíz del asunto. Cuando lo descubrí por segunda vez, acudimos a consejería, aunque con tres hijos pequeños en casa, apenas teníamos tiempo para hacer el duelo o sanar de manera apropiada y mucho menos para llegar a la raíz del asunto en la vida de mi esposo.

En ese tiempo leí un libro maravilloso que trajo verdad a mi vida. Quien lo escribió enfatizó que la adicción de mi esposo a la pornografía, cosa que al final culminó en que tuviera contacto físico con otra mujer, no tenía nada que ver conmigo o con mi matrimonio: había algo terriblemente mal y dañado en él. En verdad creí eso. Cuando me confesó que había recaído por tercera vez y que se había puesto en una situación vulnerable con una mujer, no me resultó fácil creer que eso no tuviera nada que ver conmigo. Comencé a creer que quizás era yo: tal vez no me estaba ocupando de sus necesidades sexuales tan bien como debía hacerlo o quizás deseaba a alguien diferente de mí. Sus decisiones me hicieron sentir descartable, irrelevante, insignificante, reemplazable y no valorada. Si bien sé que esas cosas no son ciertas, empecé a creer las mentiras que Satanás me decía. Para entonces, dejé de querer ser vulnerable con mi esposo porque me había herido tanto. Sentía como si hubiera un gran cañón entre nosotros: no quería dejarlo pasar por miedo a que me volviera a herir. Mi corazón comenzó a construir muros para mantenerlo afuera y me hallé albergando resentimiento y distancia hacia él.

En esos momentos en los que no tenía esperanza para nuestro matrimonio, descubrí que solo podría contribuir a la sanidad de nuestra relación si me obligaba a ser vulnerable aun cuando no quería serlo. Tuve que rendirle nuestra relación completamente al Señor y confiarle el futuro de nuestro matrimonio a Jesús, incluso cuando no confiaba en mi esposo. Tuve que confiar en que, si mi esposo volvía a tomar una decisión como esa, Jesús estaría allí para recogerme y sanar mi corazón. Esta vez, toda mi confianza estaba en Jesús, no en la capacidad de mi esposo de no volver a fallarme. Lentamente, ladrillo a ladrillo, los muros comenzaron a caer. Tuve que aprender a perdonar a mi esposo de la misma manera en que Cristo me perdonó a mí. En los momentos en que sentía miedo, me aferraba a las promesas de Jesús de que él haría todas las cosas nuevas y que, aunque Satanás pensaba hacerme mal, el Señor CAMBIARÁ todo para bien. Gracias a la consejería, a nuestra iglesia y a la trasparencia con amigos, hemos hecho avances significativos en nuestro matrimonio. Aunque aún no he visto cómo es que Dios usará esta prueba en nuestro matrimonio para nuestro bien y su gloria, creo con todo mi corazón que un día lo hará.

05

MOLDEADAS DE NUEVO POR LA VERDAD DE DIOS

> *Asumimos que lo que nos sucede nos enseña la verdad sobre quién es Dios. No es así. Vivimos en un mundo que reposa sobre el poder del malvado; todo lo que él hace está plagado de mentiras. Las mentiras están calculadas para hacernos creer que Dios no es bueno, sino malo. Si nos descuidamos y dejamos que las circunstancias nos digan quién es Dios, entonces creeremos cosas abominables sobre él... Si quieres saber quién es Dios, entonces estudia a Jesús... Él es «apto» para ser tu Salvador porque él también sufrió desde las tinieblas.*
>
> Diane Langberg, *On the Threshold of Hope*
> [En el umbral de la esperanza]

En el capítulo anterior hablamos sobre el amor, la justicia, la misericordia, la venganza y la obra restauradora de Dios en medio de nuestro pecado, la vergüenza, el dolor y el daño. Es este mismo cimiento el que nos permite y nos da la valentía para comenzar a replantearnos la forma en que vemos el sexo. Sin embargo, para hacerlo, tenemos que entender de qué forma nuestra perspectiva del sexo está contaminada.

Vuelve a mirar el diagrama titulado *Llamar a nuestras fracturas por sus nombres* que llenaste en el capítulo 2. Piensa en tu historia. ¿Qué experiencias tuvieron más impacto sobre ti y sobre lo que piensas del sexo? ¿Fue la cultura de la pureza lo que te llevó a creer que el sexo es algo sucio que debe evitarse y lo que hizo que no estuvieras preparada y que no tuvieras conocimiento sobre la intimidad sexual? ¿Fueron las enseñanzas en la iglesia sobre el pecado sexual lo que hicieron que te sientas como un bien dañado y no deseado? ¿O fue la idea de que el sexo es solo para procrear? ¿Fue la forma desmedida en que la cultura pop muestra el sexo en cada publicidad, película y puesto de revistas? ¿Fue el abuso que sufriste de niña? ¿O fue tu propia promiscuidad, los abortos que tuviste en el pasado o la atracción hacia el mismo sexo con la que has estado luchando desde que tienes memoria? Sin importar cuáles sean tus experiencias y cómo es que tu mirada sobre el sexo comenzó a cobrar forma, recuerda que nada está más allá del poder de Dios para redimir. El mismo poder de Cristo que obra en y a través de nosotras para redimir y transformar es el fundamento de nuestra esperanza.

> También nos alegramos al enfrentar pruebas y dificultades porque sabemos que nos ayudan a desarrollar resistencia. Y la resistencia desarrolla firmeza de carácter, y el carácter fortalece nuestra esperanza segura de salvación. Y esa esperanza no acabará en desilusión. Pues sabemos con cuánta ternura nos ama Dios, porque nos ha dado el Espíritu Santo para llenar nuestro corazón con su amor.
>
> Romanos 5:3-5

El objetivo de este capítulo es ayudarnos a entender que nuestra experiencia con el sexo ha moldeado lo que creemos al respecto. Sin embargo, nuestras creencias y experiencias, aunque son reales, no necesariamente definen lo bueno del sexo; Dios lo hace. Es tentador creer que no hay nada más verdadero sobre nosotras que nuestras experiencias y la forma en que nos moldearon. Y aunque eso es cierto, la verdad de Dios trasciende nuestras experiencias. Necesitamos que nuestra mente sea moldeada de nuevo por la verdad de la Palabra de Dios.

La verdad es que Dios creó el sexo y, como él lo creó, es bueno. Cuando sobreponemos nuestras experiencias a la verdad de Dios, la verdad se distorsiona, como si se tratara de los espejos curvos en las que todo se ve deformado. Aunque aún puedes divisar el objeto, es una representación grotesca del real. Lo mismo sucede con el sexo. Nuestras experiencias y comprensiones fracturadas sobre el sexo son el espejo curvo, no el objeto real. Reconocer la

RECONOCER LA VERDAD DEL DISEÑO DE DIOS PARA EL SEXO NO HARÁ QUE TUS HERIDAS, DOLOR Y EXPERIENCIAS AL RESPECTO SE VEAN MENOSCABADAS. SIMPLEMENTE, AL HACERLO, TENDRÁS UNA MEJOR PERSPECTIVA Y UN CAMINO PARA SANAR.

verdad del diseño de Dios para el sexo no hará que tus heridas, dolor y experiencias al respecto se vean menoscabadas. Simplemente, al hacerlo, tendrás una mejor perspectiva y un camino para sanar. Dios creó el sexo: él es su fuente vital. El sexo, como lo creó Dios, es bueno. Es el pecado (los daños que nos hicieron, los daños que nos hicimos y el daño del mundo) lo que lo distorsionó. Cuando el sexo permanece conectado a Dios (a su intención, su diseño y sus límites) es algo hermoso. En lugar de sobreponer tus experiencias a la verdad de Dios, sobrepón su verdad a tus experiencias. En otras palabras, en lugar de dejar que nuestras experiencias nos enseñen sobre Dios y su creación, debemos permitir que la verdad de su Palabra nos enseñe cómo tenemos que entender y procesar nuestras experiencias con él y su creación. Así que aquí es cuando comenzamos con esa obra. Veremos qué es lo que la Palabra de Dios enseña sobre el sexo y empezaremos a replantearnos lo que pensamos al respecto para que sea acorde a su verdad.

Pregunta para reflexionar

1. Piensa de nuevo en el diagrama Llamar a nuestras fracturas por sus nombres de la pág. 34 y en lo que escribiste en las intersecciones de los tres círculos. Al reflexionar sobre tus experiencias:

- ¿Qué te enseñaron sobre el sexo?

- ¿Qué te hicieron creer sobre Dios?

- ¿De qué manera te cambiaron, impactaron o hirieron?

BREVE TEOLOGÍA DEL SEXO

Quizás nunca pensaste que el sexo y Dios podían tener algo que ver el uno con el otro. Rara vez escuché que se hablara del sexo en la iglesia, por lo que nunca se me ocurrió que Dios tuviera algo que ver con ello. Tal vez siempre pensaste que el sexo es un acto solo del cuerpo, mientras que Dios es santo, divino y espiritual. Hasta cierto punto, eso es correcto. El sexo es un acto del cuerpo y Dios es santo, divino y espiritual. Sin embargo, una cosa no excluye a la otra. De hecho, el sexo es y puede ser santo, divino y espiritual.

Entonces, ¿qué tiene que ver Dios con el sexo? El autor Justin Taylor afirma: «El sexo no se puede entender bien ni practicar de manera apropiada si no vemos cómo se relaciona con Dios».[1] Si esperamos comenzar a entender la bondad y el poder del sexo como Dios lo diseñó, debemos acudir a la Escritura.

La Biblia habla de forma sumamente específica sobre evitar la inmoralidad sexual (1 Corintios 6:9-20; Efesios 5:3-8; Gálatas 5:19-21). Muchos cristianos podrían decir cuáles son las «reglas» o los límites del sexo: no tener sexo antes del matrimonio, no practicar la homosexualidad, no adulterar. Sin embargo, muchos se detienen allí y no van más allá de los «no harás» de la Escritura. Para tener una imagen completa del sexo y la sexualidad, debemos ver lo que la Biblia entera dice al respecto, tanto de manera explícita (con afirmaciones directas) como implícita (con insinuaciones a lo largo de la historia abarcadora de la Biblia). Para lograr esto, volvamos al principio de todo, a la creación del sexo.

La palabra «génesis» significa «el origen o el principio de algo», por lo que, en el Libro de Génesis, leemos sobre el origen o el principio de la creación. En los renglones iniciales leemos: «En el principio, Dios...».

En el principio, no existe nada además de Dios. Así es que Dios crea los cielos y la tierra, aunque la tierra sigue vacía: no tiene forma ni luz. Durante los próximos dos capítulos, vamos viendo cómo Dios crea todas las cosas que existen. Él habla y nace una creación. Al final del primer capítulo, Dios ha creado la humanidad para que gobierne y reine sobre la tierra y para que lo refleje a él de formas distintas al resto de la creación.

> Así que Dios creó a los seres humanos a su propia imagen.
> A imagen de Dios los creó;
> hombre y mujer los creó.
>
> Luego Dios los bendijo con las siguientes palabras: «Sean fructíferos y multiplíquense. Llenen la tierra y gobiernen sobre ella. Reinen sobre los peces del mar, las aves del cielo y todos los animales que corren por el suelo» [...] Entonces Dios miró todo lo que había hecho, ¡y vio que era muy bueno!
>
> Génesis 1:27-28, 31

Dios ha creado a Adán, pero determina que no es bueno que el hombre esté solo. Adán necesita de un homólogo: alguien que sea como él, pero diferente. Entonces, Dios crea a Eva.

> Entonces el SEÑOR Dios hizo que el hombre cayera en un profundo sueño. Mientras el hombre dormía, el SEÑOR Dios le sacó una de sus costillas y cerró la abertura. Entonces el SEÑOR Dios hizo de la costilla a una mujer, y la presentó al hombre.
>
> Génesis 2:21-22

Él crea al hombre y a la mujer de forma específica, única e individual. Son diferentes físicamente entre sí y, sin embargo, el cuerpo de uno complementa al del otro. Luego, Dios los manda a ser «fructíferos», a multiplicarse y a llenar la tierra de seres que lleven su imagen. En esencia, el mandamiento que Dios les da a Adán y Eva es que tengan sexo entre sí.

Esta parte de la historia es importante. Es la primera vez que se menciona el sexo en la Escritura y es idea de Dios. En este acto íntimo y físico, el hombre y la mujer imitan al Creador en el acto divino de la creación. Su unión física produce vida. Esta vida no solo llevará la imagen del hombre y la mujer, sino también del Creador.

Son pocos quienes discuten que el sexo produzca vida. Sin embargo, muchos cristianos se detienen allí y creen que Dios creó el sexo solo con propósitos funcionales. La idea de que Dios permita y, mucho menos, quiera, que hombres y mujeres disfruten de este acto íntimo puede ser difícil de creer. Quizás nos parece que esa idea no es apropiada ni espiritual, sino vergonzosa. No obstante, no es esa la reacción que vemos en Adán cuando el Señor le presenta a Eva.

«¡Al fin! —exclamó el hombre—.
¡Esta es hueso de mis huesos
y carne de mi carne!
Ella será llamada "mujer"
porque fue tomada del hombre».

Esto explica por qué el hombre deja a su padre y a su madre, y se une a su esposa, y los dos se convierten en uno solo.

Ahora bien, el hombre y su esposa estaban desnudos, pero no sentían vergüenza.

Génesis 2:23-25

La respuesta de Adán ante Eva no es solamente la de alguien que tiene un deber o una función. Adán no la mira y afirma: «Nos mandaron a producir hijos». Mira a su esposa y declara que se deleita en ella: «¡Esta es hueso de mis huesos y carne de mi carne!». Luego, al final de la historia, encontramos una afirmación clave que no querríamos perdernos: «Ahora bien, el hombre y su esposa estaban desnudos, pero no sentían vergüenza». No hay vergüenza en su desnudez. Están disponibles el uno para el otro en lo físico, lo emocional y lo espiritual. No hay barreras, ni heridas, ni temores, ni inseguridades, ni cargas. No hay nada que se interponga entre ellos o que les impida tener intimidad el uno con el otro. Pueden disfrutar de una transparencia inmensa y sin vergüenza entre ellos y con Dios. No buscan protegerse ni promoverse a sí mismos y no están cohibidos. Hay una unión total, una plenitud de humanidad. Se conocen el uno al otro por completo y no sienten vergüenza. ¡Casi que es difícil imaginarlo!

Estos versículos nos permiten echar un vistazo a cómo era la vida, la intimidad y el sexo antes de que el mundo se quebrara y pase a ser lo que conocemos hoy. El sexo fue creado por Dios y era una fuente de deleite y placer sin vergüenza. Existió antes de la caída. Y al final de Génesis 1, Dios declaró que todo lo que había hecho era bueno.

Pregunta para reflexionar

2. El primer mandamiento que Dios les dio a Adán y Eva, luego de que Eva fuera creada, fue que tuvieran sexo el uno con el otro (Génesis 1:28). ¿Qué repuestas o preguntas genera eso en ti?

ELABOREMOS UN MARCO NUEVO

En las próximas páginas, vamos a explorar cuatro verdades sobre el sexo: el sexo es bueno, es poderoso, es un camino hacia la intimidad y es una renovación del pacto.

En mi juventud, cuando estaba soltera, nunca me enseñaron esas verdades, por lo que no entendía por qué el sexo debía reservarse para el contexto del matrimonio. El único fundamento que se me ocurría es que Dios sea un gobernante miserable que estaba reteniendo algo que yo deseaba. A causa de mi teología distorsionada, yo determiné cuáles serían los límites que le pondría al sexo, tales como: «Está bien siempre y cuando estemos en una relación seria» o «solo tengo que aguantar el tiempo suficiente como para que no parezca que soy una fácil». He tenido conversaciones con otras mujeres que parecieran indicar que piensan de la misma manera defectuosa. He oído a mujeres tratar de convencerme a mí y a ellas mismas de que, técnicamente, no están teniendo sexo, sino que solo están participando del sexo oral. O de que eso de no vivir juntos antes de casarse es una práctica anticuada. O preguntarse de qué otra manera se supone que sabrán si son compatibles con alguien o no. Incluso mujeres más grandes que estuvieron casadas antes o que enviudaron a menudo creen que el diseño de Dios de no tener sexo antes del matrimonio aplica solo hasta que pierdes la virginidad.

A medida que avancemos en esta sección, recuerda que estamos *replanteándonos* la forma en que vemos el sexo. Este es un proceso y no estamos iniciándolo todas desde el mismo lugar. Para algunas de ustedes, esto implicará deconstruir las ideas legalistas y las estructuras religiosas que les inculcaron desde una edad temprana. Para otras, tal vez parecerá fácil porque nunca sufrieron traumas significativos relacionados con el sexo y han disfrutado de la intimidad sexual con sus esposos. Sin embargo, este material es importante para ustedes también, pues a su alrededor hay mujeres que necesitan que les hablen la verdad de Dios en medio de su sufrimiento, su daño y su pecado sexual. Y para otras de ustedes, este será un proceso extremadamente doloroso y difícil de navegar a causa del trauma que experimentaron. Las animo a no hacerlo solas y a buscar un aliado que pueda caminar junto a ustedes.

Para todas, este será un proceso que continuará a lo largo de nuestra vida mientras luchemos todos los días por recordarnos la bondad de Dios y su creación. Deberemos tener disciplina, humildad y confianza para someter nuestras creencias y prácticas a su autoridad de amor y gracia. Deberemos ser valientes para llevarle el dolor, la vergüenza y el pecado dentro nuestro y confiárselos a él. Sin embargo, con Dios como nuestro *Ézer*, nuestro fuerte ayudador, podemos tener esperanza: es posible sanar de forma significativa. No obstante, esa sanidad llegará de forma gradual a lo largo del tiempo.

VERDAD #1: EL SEXO ES BUENO

Como ya vimos en Génesis 1, Dios declaró que todo lo que había creado era muy bueno. Si Dios creó el sexo, entonces el sexo es bueno. Así y todo, para muchas mujeres, el sexo es cualquier cosa excepto bueno. Para los millones de mujeres que sufrieron abuso sexual, el sexo representa lo peor que el mundo tiene para ofrecerles. Si fuiste abusada, entonces esta cosa buena que Dios creó se ha estropeado casi al punto de que no se la pueda reconocer. Quizás creer que hay bondad allí sea un paso demasiado grande para dar. Entre ustedes hay quienes disfrutan el sexo, creen que es bueno y quieren tenerlo con sus esposos, pero tienen dolor crónico o complicaciones anatómicas que hacen que sea difícil experimentar su bondad. Algunas de ustedes quizás sientan la frustración de estar solteras sin

ES POSIBLE QUE RECONOZCAMOS LAS REALIDADES DEL SEXO EN UN MUNDO CAÍDO Y, AL MISMO TIEMPO, LUCHEMOS POR RECORDARNOS LA VERDAD DE LA PALABRA DE DIOS Y SU DISEÑO DEL SEXO.

desearlo y anhelan tener sexo, pero se preguntan si podrán tenerlo alguna vez. Y otras de ustedes ven lo necesario que es el sexo en el matrimonio, pero luchan por verlo como algo más que una tarea de la lista. La realidad es que todas estamos viviendo bajo la maldición del pecado, lo que significa que aun las cosas que debían ser buenas serán, a menudo, difíciles.

Es posible que reconozcamos las realidades del sexo en un mundo caído y, al mismo tiempo, luchemos por recordarnos la verdad de la Palabra de Dios y su diseño del sexo. Tenemos que aprender a discernir entre la verdad de Dios y los mensajes culturales y religiosos antibíblicos de este tiempo. Sin embargo, esto no es nuevo. La iglesia primitiva también luchó contra los mensajes de su tiempo. Pablo a menudo habló de las enseñanzas falsas que amenazaban la iglesia. En su carta a Timoteo, Pablo cuestiona enseñanzas específicas que se habían infiltrado en la iglesia de Éfeso:

> Ahora bien, el Espíritu Santo nos dice claramente que en los últimos tiempos algunos se apartarán de la fe verdadera; seguirán espíritus engañosos y enseñanzas que provienen de demonios. Estas personas son hipócritas y mentirosas, y tienen muerta la conciencia.
>
> Dirán que está mal casarse y que está mal comer determinados alimentos; pero Dios creó esos alimentos para que los coman con gratitud las personas fieles que conocen la verdad. Ya que todo lo que Dios creó es bueno, no deberíamos rechazar nada, sino recibirlo con gratitud. Pues sabemos que se hace aceptable por la palabra de Dios y la oración.
>
> 1 Timoteo 4:1-5

En este pasaje, Pablo defiende el mensaje del evangelio. Muchas personas habían añadido cosas al evangelio y declarado que hay ciertas cosas que uno debe hacer para ser hallado justo delante de Dios. Estos maestros falsos creían que los apetitos físicos del cuerpo de tener sexo, de casarnos y de comer ciertos alimentos eran malos y debían ser rechazados. Pablo le recuerda a Timoteo que no deberíamos rechazar nada que haya creado Dios, sino recibirlo con gratitud.

El mensaje de Pablo es relevante en particular para quienes crecieron en la iglesia, donde les enseñaron que el sexo es solo para procreación, o para las mujeres que sienten que disfrutar del sexo con sus esposos es un acto pecaminoso. El sexo puede buscarse de formas justas e injustas o por los motivos correctos o equivocados. Puede experimentarse de maneras sanas o no. Pero el sexo, como Dios lo creó, es algo bueno que Dios quiso que recibamos y disfrutemos con gratitud.

VERDAD #2: EL SEXO ES PODEROSO

El sexo es poderoso. Tan poderoso es que exploraremos esta verdad con más profundidad en el siguiente capítulo. El sexo tiene poder para dañar y poder para restaurar. Puede traer cosas buenas o puede destruir. Dios conoce el poder de este gran regalo. Es por eso que creó límites para el sexo: para preservar su pureza y proteger a quienes lo practican. El pacto del matrimonio tiene el propósito de darle una cubierta protectora a la relación sexual. Cuando el sexo tiene lugar fuera de esa cubierta protectora, termina causando daño y destrucción.

Aunque el matrimonio tiene el propósito de ofrecer una cubierta protectora que permite que la intimidad fluya, demasiados hombres y mujeres han experimentado el poder del sexo para dañar dentro del contexto de sus propios matrimonios. Todo aquello que es tan poderoso como el sexo debe ser tratado con gran cuidado, amor, entendimiento y comprensión. Cuando no es así, puede hacer un gran daño. Toda pareja en la que los miembros hayan visto pornografía juntos o invitado a alguien más a su relación sexual; todo aquel que haya sido traicionado, rechazado o humillado sexualmente por su cónyuge o todo aquel contra quien el sexo se haya usado como un arma entiende el poder peligroso del sexo.

Así como el sexo tiene un gran poder para hacer daño, también tiene un gran poder para hacer el bien. El sexo tiene el poder increíble de producir vida nueva y de crear seres que lleven la imagen de Dios. Sin embargo, el poder del sexo para generar vida va más allá de una concepción física: el sexo puede soplar vida emocional, relacional y espiritual en el matrimonio. Renueva y restaura los lazos que el tiempo, las exigencias del día y el conflicto relacional desgastan. En su forma más pura, el sexo, de cierta manera, nutre. Ayuda a darle vida y fuerza al matrimonio, lo que nos lleva a nuestra siguiente verdad.

VERDAD #3: EL SEXO ES UN CAMINO HACIA LA INTIMIDAD

El sexo también fomenta la intimidad, la unidad y la armonía. En este sentido, simboliza la relación entre las partes de la Trinidad. La intimidad presente en la Trinidad hace que sean uno en verdad; es la unidad y la armonía en medio de la diversidad. El Padre, el Hijo y el Espíritu Santo se diferencian el uno del otro y, sin embargo, son uno. Esta relación íntima está centrada en la mutualidad y la servidumbre y en amar al otro como a uno mismo. Peter Kreeft incluso compara el acto de darse a uno mismo mediante el sexo con la religión:

> El sexo es como la religión, no solo porque, de manera objetiva, es santo de por sí, sino también porque, de forma subjetiva, nos da un anticipo del cielo, de olvidarse de uno mismo, de trascender a lo que uno es y de dar lo que somos. Nuestro corazón, en lo más profundo, fue diseñado para eso. Es eso lo que anhela. No estará satisfecho hasta que lo haya conseguido, pues estamos hechos a imagen de Dios y la forma en que él se entrega a sí mismo constituye la vida interior de la Trinidad.[2]

La palabra hebrea que a menudo se utiliza en la Escritura para referirse a las relaciones sexuales entre un hombre y una mujer es *yadá*, que en español se traduce con el término «conocer». Esta palabra indica que uno conoce a alguien de manera íntima: conoce y es conocido.[3]

Si bien esta palabra hebrea se utiliza a lo largo de la Escritura para expresar varios tipos de conocimiento, el ejemplo más interesante se refiere al conocimiento que tiene Dios del ser humano. La palabra *yadá* aparece en el Libro de Jeremías, cuando Dios se acerca al joven y lo nombra profeta de Dios en Jerusalén:

> Te conocía aun antes de haberte formado en el vientre de tu madre;
> antes de que nacieras, te aparté
> y te nombré mi profeta a las naciones.
>
> Jeremías 1:5

Yadá es un conocimiento que va más allá de la superficie: alcanza nuestras partes más profundas e internas. Es conocer las cosas que están ocultas de los demás; es un conocimiento profundo e íntimo. Es el mismo término que los antiguos hebreos usaron para describir las relaciones sexuales entre un hombre y su esposa. Dios permite que hombres y mujeres experimenten esta relación íntima para que nos complazcamos, deleitemos y gocemos.

La bondad de Dios para con nosotros se extiende más allá del placer de una conexión íntima, espiritual y emocional y alcanza, además, el placer de una conexión física. Muchos cristianos sienten culpa o incluso vergüenza por experimentar placer físico durante el acto sexual. Sin embargo, en la Escritura hay un libro entero dedicado al placer físico del que disfrutan un esposo y su esposa cuando tienen sexo. En el libro *Sex and the Supremacy of Christ* [Sexo y la supremacía de Cristo], Ben Patterson afirma:

> El interés del Antiguo Testamento por el sexo se basa más que nada en su relación con la procreación. No hay muchas cosas que indiquen si debería también ser divertido. El Cantar de los Cantares llena ese vacío. Nos muestra que el sexo no solo es para tener hijos, sino también para sentir placer y gozo, para comunicarnos y para celebrar... Pinta una imagen hermosa sobre cómo es el sexo redimido. Karl Barth afirmó que el tono del libro es «eros sin vergüenza».[4]

Eros, amor erótico, amor sexual sin vergüenza: todo esto se hace evidente a lo largo del Cantar de los Cantares mientras el novio se deleita en su novia, quien con gozo lo recibe como esposo. Dan y reciben placer. Se deleitan el uno en el otro. Disfrutan de una intimidad sin estorbos, libre de la contaminación del pecado. El Cantar de los Cantares nos ofrece una visión hermosa de una relación sexual redimida entre un hombre y su esposa. Dios creó el sexo y él desea que participemos y disfrutemos de esta íntima unión de una sola carne.

A menudo, la intimidad sexual es el fruto de la intimidad emocional y relacional. Sin embargo, ese es solo un aspecto de la intimidad sexual. El sexo no solo es el *fruto de* la intimidad, sino también el *camino hacia* la intimidad. La intimidad emocional y relacional suele mermar cuando los trabajos, los hijos, los conflictos y todos los otros desafíos de tener una vida juntos tiran a los miembros de una pareja hacia direcciones distintas. Con frecuencia, asumimos que esos obstáculos minarán la intimidad y nos impedirán tener sexo. Incluso asumimos que la intimidad emocional o el romance deben precederle a la intimidad sexual, aunque a veces sucede lo contrario. Esos son los momentos en que la mejor manera de tirar los muros que te separan de tu esposo es teniendo sexo.

En su artículo *The Gospel and Sex* [El evangelio y el sexo], Tim Keller afirma:

> En la Biblia, la unidad no es una simple cuestión emocional, sino que implica siempre la creación de un pacto. Para el romanticismo, la felicidad emocional es el requisito principal de un matrimonio; si hay felicidad interpersonal, el sexo está garantizado y el matrimonio viene después. Sin embargo, cuando el amor muere, también está permitido abandonar el matrimonio. En cambio, desde la perspectiva bíblica, el requisito principal de un matrimonio es un pacto vinculante. Desde la perspectiva romántica, el sexo es una expresión personal. Desde la bíblica, el sexo es el acto de entregarse a uno mismo.[5]

Por lo general, muchas mujeres se adhieren a la perspectiva romántica del matrimonio y del sexo, en gran parte porque las películas y novelas románticas perpetúan esta idea. En consecuencia, esperan que sus maridos las conquisten con gestos románticos antes de que estén dispuestas a tener intimidad sexual. Sin embargo, no se supone que en el sexo deba haber *quid pro quo* (dar solo en respuesta a lo que te han dado). La perspectiva bíblica del sexo es una de generosidad del uno hacia el otro. El placer de tu cónyuge es tu placer; su bien es tu bien. Y viceversa. Cuando la unidad se logra de verdad, no se puede distinguir si uno está dando o recibiendo. Cuando se juntan físicamente, la intimidad y la unidad se restauran y el pacto que se hicieron el uno al otro se renueva, lo que nos lleva a nuestra última verdad.

VERDAD #4: EL SEXO ES UNA RENOVACIÓN DEL PACTO

Los israelitas tomaban con extrema seriedad el acto de iniciar un pacto. Si rastreas los pactos a lo largo de la Escritura, hallarás que el Señor a menudo ofrece señales físicas y tangibles para indicar la creación de una relación por un pacto. En Génesis 15, Dios inicia un pacto con Abram. Le promete hacer de él una gran nación con tantos descendientes como estrellas hay en el cielo. Cuando Abram oye la promesa de Dios, le pide que le dé algo para asegurarse de que la promesa se cumplirá. Así que el Señor le da direcciones para que le traiga ciertos animales para un sacrificio de sangre. Abram junta los animales, los corta por la mitad y pone las mitades una al lado de la otra, con la sangre derramada en el suelo entre ellos. Luego de hacer esto, Abram se duerme profundamente. El Señor le habla y asegura su pacto con él. Luego, la presencia del Señor, en forma de un horno humeante y una antorcha, se pasea entre las mitades de los animales muertos para confirmar su pacto con Abram. En esencia, Dios le está diciendo a Abram: «Si no cumplo con mi pacto para contigo, que lo que se les hizo a estos animales se me haga a mí». Esto debía servir de señal del compromiso de Dios con el pacto a Abram.

Para los antiguos israelitas, el pacto del matrimonio se sellaba con el acto del sexo; eso señalaba el inicio de un pacto. Como afirma Michael Lawrence en su ensayo *A Theology of Sex* [Teología del sexo]: «El sexo es la seña del pacto matrimonial en sí. Tener sexo es llamar a Dios para que sea testigo y nos haga responsables de nuestro compromiso con el pacto».[6]

Los israelitas consideraban que el sexo era una parte central, buena, esencial y necesaria del matrimonio. Según la tradición hebrea antigua, un hombre y una mujer quedaban comprometidos (obligados legalmente) entre sí mediante un contrato matrimonial. Este contrato describía los requisitos del matrimonio, entre los que se incluía la dote (el dinero que se le debía pagar al padre de la novia a cambio de su hija) y los bienes de la novia, que serían añadidos a la herencia del novio. Este era un documento legal: la promesa vinculante de un pacto entre las partes. Luego de que el contrato se firmaba, se consideraba que los novios estaban casados legalmente. Sin embargo, la novia permanecía en el hogar de su padre hasta por un año, plazo en el cual el novio cumplía con su parte del contrato construyendo un cuarto para la novia. Una vez que eso se hubiera completado, el novio y sus amigos viajaban a la casa de la novia, donde ella lo estaría esperando junto con sus doncellas. Luego tendría lugar una procesión hacia el cuarto de la novia. Al llegar, los novios entrarían al cuarto y tendrían sexo mientras afuera del cuarto se llevaba a cabo la fiesta. Una vez que se hubiera consumado el matrimonio, seguía un banquete de bodas, en el que se celebraba la consumación de esta unión de una sola carne.

¡Eso sí que es presión! Todo padre sabe cuán difícil puede ser encontrar el tiempo para tener sexo. Muchos padres se han escabullido a su habitación mientras sus hijos juegan o ven televisión en el cuarto de al lado a fin de encontrar algunos momentos de privacidad con el otro. Saber que tus hijos están a una habitación de distancia y que podrían tocar la puerta en cualquier momento supone un desafío para cualquier pareja. Sin embargo, ¡la idea de que una fiesta de casamiento entera esté esperando afuera de la habitación nupcial mientras tienes sexo bastaría para que cualquiera salga huyendo!

El sexo es una señal física de que se está iniciando un pacto. No obstante, la importancia y la necesidad de tener sexo no termina con la consumación, que ocurre una sola vez, el día del casamiento. En su gracia, el Señor nos ofrece no solo las señales de que hemos iniciado un pacto, sino también, en su sabiduría divina, recordatorios constantes de la relación que tenemos por el pacto. El Señor, quien sabe que somos propensos a olvidarnos, nos brinda la manera de renovar nuestras relaciones de pactos. Para los cristianos, la Cena del Señor es una renovación del pacto. Al participar de la Cena del Señor, los cristianos recordamos el cuerpo de Cristo partido por nosotros y su sangre derramada por nuestra causa. Los cristianos tienen la oportunidad de participar del cuerpo y la sangre de Cristo, de renunciar al pecado y a los intentos de ser justos y de confiar de nuevo en el sacrificio de Cristo, de una vez por todas. De manera similar, el sexo es una forma de renovar el pacto. Cuando un hombre y su mujer tienen sexo, renuevan el pacto que se hicieron el uno al otro y restauran la unidad física y emocional.

CONCLUSIÓN

Quizás aún sea demasiado difícil creer que el sexo es bueno, que fue idea de Dios o que podría alguna vez ser una fuente de deleite y gozo mutuos.

Es entendible por completo. Lo que comprendemos y vemos del sexo está basado en años de experiencias personales que nos moldearon, ya sea para bien o para mal. Sin importar tu experiencia, el dolor que sufres o la vergüenza con la que cargas, mi esperanza es que puedas tener la visión que Dios quiso y comiences a acercarte a él en el área del sexo y la sexualidad. Una manera de dar un paso hacia Dios en esta área es yendo a consejería. Un buen consejero puede ayudarte a tener claridad y a comenzar a tratar con tus luchas específicas en esta área. Es posible que esto signifique leer recursos adicionales, visitar a tu médico o abrir un diálogo con un grupo de mujeres devotas en quienes confíes. Si estás casada, tal vez signifique buscar una pareja mentora o un buen consejero que los ayude a guiarlos a ti y a tu esposo para que tengan conversaciones productivas. Lo importante es darte cuenta de cómo es el siguiente paso que tienes que dar tú.

Jesús es nuestro Redentor. Sin embargo, la redención es un proceso. No ocurrirá sin esfuerzo. Es posible que sea dolorosa y requiera perseverancia, pero hay esperanza. Podemos pedirle a él que venga a esta área de nuestra vida y traiga sanidad, redención y restauración. Y podemos recordar que aun nuestras cicatrices pueden servirnos como recordatorio del voto que Jesús nos hizo y de la esperanza de una sanidad futura. La promesa que Jesús nos hizo es segura. Él está ahora restaurando (y seguirá restaurando) toda la creación para que tenga la gloria y el esplendor que tenía originalmente, hasta que alcance la consumación final, cuando vuelva por nosotras.

Preguntas para reflexionar

1. Intenta pensar en un tiempo de tu vida en que la sexualidad aún no estaba quebrada y se la veía como algo bueno y sano. ¿Existió un tiempo así para ti? ¿Qué recuerdas?

2. Tras leer las cuatro verdades, ¿aprendiste algo nuevo que tal vez vaya a ayudarte a replantearte tu comprensión del sexo?

3. ¿Cuál es el mayor obstáculo que tienes para creer en la bondad del sexo? ¿De qué manera te impacta?

HISTORIA DE UNA MUJER
La fractura de un cuerpo quebrado

A mi mirada del sexo y la sexualidad no la moldeó el evangelio en absoluto. Una de las primeras cosas que recuerdo es haber sorprendido a mi mamá y a su novio mientras tenían sexo y, más o menos a la misma edad, haber visto pornografía gay en un estante de la casa de un tío. Entonces surgió la sensación de que dentro de mí había un mundo nuevo. A los quince años, me diagnosticaron endometriosis grado cuatro y me dijeron que nunca podría tener hijos. Enseguida me instruí sobre el impacto devastador que esta enfermedad tendría sobre mi cuerpo. Saltemos a la etapa universitaria, en la que mi primer encuentro con el sexo fue con un hombre que luego se convertiría en mi esposo.

Llevábamos 18 meses de casados cuando mi esposo me preguntó: «¿Qué pasa contigo?». Mi nuevo y joven esposo me estaba preguntando si lo amaba o si me sentía atraída hacia él. ¿Por qué no disfrutaba ni deseaba tener intimidad? Recuerdo haberme sentido sumamente abochornada, humillada y llena de vergüenza. No tenía una respuesta para su pregunta. Solo sabía que mi cuerpo no funcionaba como debía. El dolor físico del coito y los efectos secundarios como calambres, sangrado y quemazón comenzaron a moldear mi identidad y experiencia sexual. En ese entonces, era algo complicado y devastador para ambos y aún hoy lo es.

Aunque la endometriosis siguió destrozando mi cuerpo, pudimos tener dos hijos antes de que tuviera que hacerme una histerectomía a los 29 años de edad. Esa cirugía marcó el inicio de un rápido deterioro de mi salud: la endometriosis comenzó a invadir casi todos los órganos de mi cuerpo, incluso el corazón. La primera vez en que intentamos ser íntimos luego de la histerectomía, tuve una complicación posquirúrgica que afecta solo al 0,08 % de las mujeres, pero que casi me quita la vida. Tras una cirugía de emergencia, una sepsis y una estadía prolongada en el hospital, mantuve la esperanza. Pensé: «Bueno, ahora estoy en el camino para ser libre del dolor. Por fin puedo sanar; puedo recuperar mi vida».

Sin embargo, el Señor tenía otros planes para mí. Dios usó las más de once cirugías e intervenciones que siguieron como catalizadores para que me deshiciera del orgullo, del deseo de controlar las cosas, del privilegio de tener salud e incluso del ídolo que había hecho de mi fuerza. Esto trajo tensión adicional a nuestro matrimonio. Me desafió a confiar en Dios a medida que ambos nos ajustábamos a cada nivel nuevo de daño de mi cuerpo y veíamos cómo eso impactaba sobre nuestro matrimonio y nuestra familia.

Mi mundo sigue girando alrededor de mi salud más de lo que me gustaría. Sin embargo, ese es el camino que Dios puso delante de mí. El dolor constante en el cuerpo me recuerda cuánto se está desvaneciendo la carne. Lucho contra la mentira que dice que la intimidad no es buena y que no es segura. Tuve que dejar de enfocarme en lo que no puedo hacer para concentrarme en lo que sí puedo y protegerme contra las mentiras que Satanás intenta hacerme creer de manera constante.

Hoy, cuando me miro al espejo y veo las más de 20 cicatrices que tengo en el abdomen, siento tristeza y pérdida. Me identifico tanto con la mujer con el flujo de sangre de la Escritura (Mateo 9). A veces, pienso que, si tan solo pudiera tocar a Jesús, si pudiera tomar parte de esa tela, sería sanada. Aunque no llegó aún mi día de sanidad, estoy aprendiendo a hacer las paces con la posibilidad de que quizás ese día no llegue de este lado del cielo. Darme cuenta de eso me ha impulsado a confiar en Cristo de forma más profunda. Mi cuerpo quebrado me enseñó que no puedo hacerlo todo. Pasé tanto tiempo de mi vida y mi sexualidad tratando de arreglar con desesperación lo que estaba quebrado e intentando hacerme cargo de eso por mi cuenta en lugar de invitar a Jesús a entrar a mi dolor, a mi daño ¡y a la habitación! Es solo a través de su amor, su misericordia y su gracia que puedo levantarme cada día. Y los días en que no lo puedo hacer me han enseñado a confiar aún más. Sigo orando por sanidad para mi cuerpo y para que mi matrimonio siga restaurándose. Mi esperanza y oración es que pueda resistir el sufrimiento: que pueda soportarlo hasta que esté restaurada y redimida por completo en el cielo con mi Padre.

06

EL PODER QUE SE NOS HA CONFIADO

El poder es, simplemente, la capacidad de hacer o de actuar. Significa tener impacto. De hecho, es algo que todos tenemos en una u otra medida. Es peligroso ir por la vida con ese poder sin pensarlo. Me temo que eso es lo que muchos hacemos.

Diane Langberg, *In Our Lives First*
[En nuestra vida primero]

¿Qué se te viene a la mente cuando piensas en la fuerza o el poder? Solemos pensar en alguien que es fuerte físicamente o que tiene una personalidad dominante y a quien le gusta controlar o acosar a otros. Quizás hasta se te vengan a la mente líderes poderosos e influyentes. Sin embargo, ¿y cuando piensas en el poder sexual? Cuando oyes esa frase, ¿a dónde se dirige tu mente? ¿Va de forma automática hacia algo positivo y que da vida o hacia algo oscuro y degradante? En este capítulo, queremos darle una mirada honesta al poder único que tenemos como mujeres. Sé que algunas no sentimos que tengamos poder. Tal vez sea porque nos quitaron nuestro poder o, quizás, porque nuestra comprensión de poder está limitada o atada al estatus o la fuerza. La definición que tengamos de poder impactará y, tal vez, dificultará nuestra capacidad de entender y administrar la fuerza femenina y el poder sexual que Dios nos confió. Por tanto, antes de indagar en el poder sexual de forma específica, déjame definir a qué me refiero cuando hablo del poder femenino único de la mujer como un todo.

En el relato de la creación, leemos que Dios creó al hombre y la mujer a su propia imagen. Esto significa que reflejamos aspectos del carácter de Dios de ciertas formas (Génesis 1:27-28). Génesis 2 nos permite vislumbrar las razones por las que Dios creó a la primera mujer. De hecho, es la primera vez en que vemos a Dios declarar que algo «no es bueno». La creación estaba incompleta. Adán estaba incompleto. Y Adán no podía lograr él solo la obra que Dios le había encargado (reinar sobre la creación de Dios, llenar la tierra y gobernar sobre ella, obtener fruto de donde no lo hay y crear seres hechos a su imagen). Así que Dios decidió hacer una *ézerkenegdo* para Adán (Génesis 2:18).

La palabra *ézerkenegdo* suele traducirse como «ayuda idónea». Sin embargo, esa traducción no abarca la naturaleza robusta del idioma hebreo original. La palabra *ézer* se utiliza veintiún veces en la Escritura: dos veces hace referencia a la creación de Eva, tres veces se usa como un término militar y dieciséis veces se refiere a Dios. La naturaleza robusta de esta palabra abarca la idea de una fortaleza necesaria o correspondiente: ser *fuerte para otro*. Dios, quien es la fuente de fortaleza para su pueblo, incrustó este aspecto de su imagen en cada una de nosotras, como mujeres. Nos confió su fortaleza para que la dirijamos a los demás de formas que dan vida.

Las mujeres somos poderosas. *El poder es influencia; es la capacidad de producir un efecto.* Y Dios te diseñó a ti, como mujer, con una inmensa capacidad para influenciar o afectar a quienes te rodean. Tu poder es multifacético. Una de sus facetas está ligada a tu belleza. Quizás sientas que ese no es un poder que tú poseas. Sin embargo, la belleza de cada una de las criaturas de Dios es mucho más ancha y mucho más diversa que el angosto estándar actual. En nuestro estudio *Tu cuerpo importa*, definimos la belleza como «la esencia que atrae o captura la atención de una persona».[1] La belleza es física, espiritual, emocional y relacional: se refleja no solo en la apariencia externa, sino también en el carácter que una mujer irradia desde adentro hacia afuera. Se refleja en la forma en que atrae a los demás con empatía, compasión, sensibilidad y cuidado; en el modo en que gasta su tiempo, dinero y atención; en las personas y cosas que valora. Esta clase de belleza inspira, enriquece y refresca. Capta la atención de los demás y, al final, refleja la gloria del Creador, el origen de toda belleza.

Otra faceta de tu poder es la capacidad que tienes para *invitar a otras personas* a ser parte de una relación que restaura y da vida, en la que pueden deleitarse en tu presencia, encontrar un lugar seguro, refugiarse y descansar. Dios también te creó con una capacidad innata para ver la debilidad, la vulnerabilidad y la necesidad, a fin de que puedas acercarte a los demás y ofrecerles la fortaleza necesaria. Dios nos confió a cada una un poder increíble: poder que podemos usar tanto para bien y para el beneficio de quienes nos rodean, como para el beneficio personal nuestro y para hacerles daño a los demás.

Recuerdo la primera vez que vi este poder en acción con mi sobrina de dos años. Mi cuñado estaba dándole un postre delicioso cuando mi hermana declaró que podía comer solo un bocado más. Luego de dar ese último bocado, mi sobrina miró a su mamá y le pidió más, pero mi hermana se mantuvo inflexible. Estaba firme en su decisión. No más. Y fue entonces cuando sucedió. Mi sobrina bajó la barbilla, le echó una mirada a mi cuñado y preguntó, con la voz más dulce de bebé: «¿Por favor, papi?». Y mi cuñado, un estoico veterano del ejército, se derritió, miró a mi hermana y le preguntó: «¿Por favor, mami?». Mi sobrina controlaba a su papá como si se tratara de plastilina en sus manos que podía moldear con sus pequeños dedos. A sus dos años de edad, aún nadie le había enseñado sobre esa clase de poder manipulativo. Supo que lo tenía por instinto y estaba aprendiendo cómo utilizarlo. Usó lo que tenía a su disposición (lo adorable que es) y sacó provecho de la ternura y debilidad que provocaba en mi cuñado a fin de obtener lo que quería. Y funcionó. Ese es el poder de la mujer.

También he visto un ejemplo de este poder en una de mis amigas más queridas. A su joven edad de 71 años, es una de las mujeres más cautivantes que conozco. Hombres y mujeres aman estar en su presencia. Ella es alta, amable y tranquila. Sin ser dominante, su presencia se siente y la gente se ve atraída hacia ella. Es hermosa en verdad, no solo físicamente. Su belleza emana desde lo profundo. Tiene la capacidad de hacer que todos se sientan vistos y conocidos, como si fueran las personas más importantes del lugar. No reparte cumplidos vacíos, sino que habla con generosidad, compasión, amabilidad y sinceridad. Sin embargo, tampoco se guarda nada que podría ser beneficioso para alguien más. Estar en su presencia relaja, da seguridad, deleita y restaura. Ese es el poder de la mujer.

Desde la picardía de una niña pequeña hasta la tranquila sabiduría de una mujer de edad, vemos el poder influyente de una mujer de forma plena. El poder no es algo siniestro intrínsecamente: es la manera en que ejercemos el poder lo que importa. El poder que Dios te dio es innato; está dentro de ti. Además, es bueno y tiene un propósito. No tiene que ser algo que rechacemos, neguemos o con lo que luchemos. Más bien, debemos aprender qué es, por qué importa y cómo podemos administrarlo de maneras que nos permitan a nosotras y a los demás prosperar y crecer en madurez espiritual.

Para muchas mujeres que sufrieron abusos o acosos, hablar sobre el poder de una mujer es complicado porque ese poder les fue arrebatado. A menudo, quizás el abuso cree un conflicto interno para las sobrevivientes en lo que respecta a sus propios cuerpos, su belleza y su femineidad. El encanto de su belleza y femineidad se siente como una carga, algo que deben esconder para protegerse a ellas mismas a fin de no llamar la atención. Tal vez las sobrevivientes también luchen por expresar y mantener límites sanos. Habrás dado un paso sumamente esencial en tu proceso de sanación cuando tu poder te sea restaurado y aprendas que tu cuerpo no es tu enemigo. El abuso no fue culpa tuya. No lo provocaste y no es algo por lo que seas responsable. Es posible que, mientras leas este capítulo sobre el poder de la mujer, sea importante que converses de forma regular con tu consejero o con un asesor devoto que pueda ayudarte a discernir qué cosas de este capítulo pueden ayudarte y cuáles conviene descartar o dejar para otro momento.

PODER SEXUAL

Dios nos creó para que seamos fuente de fortaleza para quienes nos rodean, para que usemos nuestra fortaleza *para* otros. Y el poder sexual es un aspecto de la fortaleza que Dios nos confió. Sin embargo, luce diferente en cada mujer. Nuestro habilidoso Dios nos diseñó a cada una con una plantilla única. Ninguna es exactamente igual a otra, lo que significa que no es necesario que comparemos nuestro poder con el de otra mujer. El poder sexual que Dios te confió fluye a través de tu propia individualidad: tu personalidad, tus habilidades, tus fortalezas, tu carácter. Además, está moldeado por tu historia: tus experiencias, tus heridas y tus vulnerabilidades.

Lo que importa es que te vuelvas consciente de que Dios te confió poder sexual y que aprendas a manejarlo con fidelidad.

La primera vez que descubrí que tenía este poder fue en la escuela primaria. Aprendí que cuando lloraba, los varones respondían: se me acercaban. En ese momento no fue algo siniestro, sino revelador. Aprendí que, con mis acciones, podía suscitar una respuesta. Cuando empecé la secundaria, ya había aprendido que podía vestirme de ciertas maneras, comportarme de ciertas formas o decir ciertas cosas para obtener respuestas específicas de los varones. No importaba si me gustaban o no. Necesitaba llenar el vacío de mi alma, reforzar mi autoestima, sentirme deseada, valiosa y digna. Si bien parte de eso tenía su origen en mis heridas, parte de mí disfrutaba de saber que podía hacer que los varones hicieran lo que yo quería. Me hacía sentir poderosa y al control cuando tantas cosas del resto de mi vida se sentían fuera de control. No obstante, no hacía estas cosas solo con los varones. También estaba aprendiendo cómo manipular con mis lágrimas tanto a mis amigos como a mis amigas, cómo aprovecharme de la simpatía de ellos y cómo ponerlos de mi lado. Había tomado mi influencia y poder sexual (algo bueno que Dios me había confiado para que fuera fuente de vida y *fortaleza* para los demás) y lo había utilizado, en cambio, para ser fuerte por sobre los demás. Estaba llenando un vacío en mi alma para poder sentirme mejor conmigo misma y experimentar el placer que me daba el recibir atención.

La pregunta no es si vamos a utilizar o no nuestro poder sexual. La verdadera pregunta es cómo vamos a utilizarlo. Dios nos lo dio para que lo usemos. Sin embargo, la maldición del pecado infectó toda la creación de Dios, por lo que este poder se utilizará para bien, como él quiso, o para el beneficio personal. Lamentablemente, ya sea porque no somos conscientes de ello, porque fuimos heridas o, a veces, por nuestra propia terquedad, usamos este regalo de Dios para llenar vacíos en nuestra alma y alimentar nuestro frágil ego. Lo usamos para obtener la atención que con tanta desesperación deseamos. Lo usamos para afirmar que somos valiosas y dignas. Lo usamos para engañar las inseguridades. Lo usamos por todo tipo de razones; algunas son buenas y otras, malas. Tal vez otras personas hayan usado su poder contra nosotras, lo que nos despojó de nuestro poder e hizo que nos sintiéramos incapaces. Ahora nos hallamos en una posición en la

EL PODER SEXUAL QUE DIOS TE CONFIÓ FLUYE A TRAVÉS DE TU PROPIA INDIVIDUALIDAD: TU PERSONALIDAD, TUS HABILIDADES, TUS FORTALEZAS, TU CARÁCTER. ADEMÁS, ESTÁ MOLDEADO POR TU HISTORIA: TUS EXPERIENCIAS, TUS HERIDAS Y TUS VULNERABILIDADES.

que, o nos retraemos para protegernos a nosotras mismas, o ejercemos nuestro poder para no volver a sentir nunca que estamos fuera de control. Sin importar dónde te encuentres en este diálogo, el propósito de este capítulo es que aprendamos que nuestra influencia tiene poder para dar vida o para guiar a la muerte.

Preguntas para reflexionar

1. ¿Cuál es tu primer recuerdo de estar consciente del poder que tenías como mujer?

2. Al principio de este capítulo, ampliamos la definición de fortaleza femenina, para que el significado incluya:

    - Ser fuerte para
    - Producir un efecto
    - Invitar a otras personas a ser parte de una relación que da vida y restaura

    ¿De qué manera esta definición cambió la forma en que te ves a ti misma y el poder que tienes?

3. Hay muchas razones por las que una mujer podría minimizar o desestimar el poder de su sexualidad (sientes que no encajas en el estereotipo de belleza de la cultura, no estás casada, tu esposo no te busca, un abusador te quitó tu poder, ves el poder sexual femenino como algo malvado). ¿De qué maneras minimizas el poder de tu sexualidad? ¿Por qué?

PODER QUE LLEVA A LA MUERTE

El poder es amoral. No es bueno o malo, correcto o incorrecto. Es la manera en que usamos nuestro poder lo que importa. ¿Lo usaremos para ser *fuertes para* otros, o para ser *fuerte por sobre* quienes nos rodean? ¿O acaso vamos a *retenerlo* por completo? El Libro de Proverbios destaca dos clases de poder: poder que lleva a la muerte y poder que lleva a la vida. A lo largo de todo Proverbios, el autor ilustra el poder de una mujer para dar vida y para destruir a través de «la Sabiduría» y la «mujer inmoral».

La mujer inmoral usa su feminidad y su poder sexual para invitar a pasar a otros. Los llama desde las calles y los atrae hacia ella misma. Sin embargo, su invitación lleva a la destrucción de ellos.

> Mientras estaba junto a la ventana de mi casa,
>   mirando a través de la cortina,
> vi a unos muchachos ingenuos;
>   a uno en particular que le faltaba sentido común.
> Cruzaba la calle cercana a la casa de una mujer inmoral
>   y se paseaba frente a su casa.
> Era la hora del crepúsculo, al anochecer,
>   mientras caía la densa oscuridad.
> La mujer se le acercó,
>   vestida de manera seductora y con corazón astuto.

Era rebelde y descarada,
de esas que nunca están conformes con quedarse en casa.
Suele frecuentar las calles y los mercados,
ofreciéndose en cada esquina.
Lo rodeó con sus brazos y lo besó,
y mirándolo con descaro le dijo:
«Acabo de hacer mis ofrendas de paz
y de cumplir mis votos.
¡Tú eres precisamente al que estaba buscando!
¡Salí a encontrarte y aquí estás!
Mi cama está tendida con hermosas colchas,
con coloridas sábanas de lino egipcio.
La he perfumado
con mirra, áloes y canela.
Ven, bebamos sin medida la copa del amor hasta el amanecer.
Disfrutemos de nuestras caricias,
ahora que mi esposo no está en casa.
Se fue de viaje por mucho tiempo.
Se llevó la cartera llena de dinero
y no regresará hasta fin de mes».

Y así lo sedujo con sus dulces palabras
y lo engatusó con sus halagos.
Él la siguió de inmediato,
como un buey que va al matadero.
Era como un ciervo que cayó en la trampa,
en espera de la flecha que le atravesaría el corazón.
Era como un ave que vuela directo a la red,
sin saber que le costará la vida.

Por eso, hijos míos, escúchenme
y presten atención a mis palabras.
No dejen que el corazón se desvíe tras ella.
No anden vagando por sus caminos descarriados.

Pues ella ha sido la ruina de muchos;
numerosos hombres han caído en sus garras.
Su casa es el camino a la tumba.
Su alcoba es la guarida de la muerte.

Proverbios 7:6-27

Aunque la mayoría de nosotras no somos tan descaradas o audaces (aunque, lamentablemente, yo lo he sido), las herramientas que la mujer inmoral tenía a su disposición son las mismas que tenemos nosotras: belleza, invitación, halagos, atención dirigida, adulación. Cuando no nos hacemos responsables por el poder que se nos confió, cuando lo ignoramos, no cultivamos la autoconsciencia al respecto o lo ejercemos sin cuidado, nuestras acciones pueden producir daños colaterales, tanto en nuestra vida como en la vida de los demás.

Una de las ilustraciones más convincentes de la influencia y el poder de la sexualidad femenina es la historia de Sansón, un joven nazareo que no solo mata un león a mano limpia, sino también a mil filisteos solamente con la quijada de un burro. El Señor está con Sansón y, siempre y cuando Sansón no se corte el cabello, tendrá una fuerza sobrenatural. Sin embargo, Sansón tiene un talón de Aquiles: como todo hombre, es vulnerable al poder de la mujer.

A lo largo de la vida de Sansón, dos mujeres distintas (su esposa en Jueces 14 y Dalila en Jueces 16) ejercen su influencia sobre él a fin de quitarle información. En Jueces 14, Sansón relata un acertijo y, cuando los filisteos no logran descifrarlo, se indignan. Amenazan a su esposa, diciéndole: «Seduce a tu esposo para que nos explique el acertijo; de lo contrario, quemaremos la casa de tu padre contigo adentro» (v. 15).

Entonces la mujer de Sansón fue a verlo y con lágrimas le dijo:

—Tú no me amas; ¡me odias! Le propusiste un acertijo a mi gente, pero no me contaste a mí la solución.

—Ni a mi padre ni a mi madre les di la respuesta —contestó él—. ¿Por qué te la revelaría a ti?

Entonces ella no dejaba de llorar cada vez que estaba con él, y siguió llorando hasta el último día de la celebración. Finalmente, cuando llegó el séptimo día, él le dio la respuesta, porque lo estaba fastidiando con tanta insistencia. Y ella les explicó el acertijo a los jóvenes.

Jueces 14:16-17

Es espeluznante lo similar que es esta historia a la de Jueces 16, cuando Sansón conoce y se enamora de una mujer llamada Dalila. Otra vez, los filisteos se valen de la mujer en la vida de Sansón para que ella utilice la influencia que tiene sobre él: «Seduce a Sansón para que te diga qué lo hace tan fuerte, y cómo es posible dominarlo y atarlo sin que se suelte. Luego, cada uno de nosotros te dará mil cien piezas de plata» (v. 5). En tres ocasiones, Dalila intenta obtener la respuesta de Sansón y cada vez, él la engaña tanto a ella como a los filisteos. Aun así, ella se rehúsa a darse por vencida:

> Entonces Dalila, haciendo pucheros, le dijo: «¿Cómo puedes decirme "te amo" si no me confías tus secretos? ¡Ya te has burlado de mí tres veces y aún no me has dicho lo que te hace tan fuerte!». Día tras día lo estuvo fastidiando hasta que Sansón se hartó de tanta insistencia.
>
> Entonces finalmente Sansón le reveló su secreto: «Nunca se me ha cortado el cabello —le confesó—, porque fui consagrado a Dios como nazareo desde mi nacimiento. Si me raparan la cabeza, perdería la fuerza, y me volvería tan débil como cualquier otro hombre».
>
> Así que Dalila se dio cuenta de que por fin Sansón le había dicho la verdad, y mandó llamar a los gobernantes filisteos. «Vuelvan una vez más —les dijo—, porque al fin me reveló su secreto». Entonces los gobernantes filisteos volvieron con el dinero en las manos. Dalila arrulló a Sansón hasta dormirlo con la cabeza sobre su regazo, y luego hizo entrar a un hombre para que le afeitara las siete trenzas del cabello. De esa forma, ella comenzó a debilitarlo, y la fuerza lo abandonó.

Jueces 16:15-19

Dalila, en lugar de ser *fuerte* para Sansón, usa su poder para ser *fuerte* por sobre él. Lo seduce y hace uso del poder que tiene sobre su vida para controlarlo, agotarlo y, al final, destruirlo. Aunque la vulnerabilidad de Sansón ante el poder y la influencia de una mujer lo lleva a la perdición, aun así, él es responsable por su decisión. Sin embargo, también lo es Dalila. El apóstol Pablo nos advierte que cada uno de nosotros tendrá que responder por sí mismo ante Dios y que, por lo tanto, vivamos de tal manera que no cause tropiezo a otro creyente (Romanos 14:12-13). No solo somos responsables por las decisiones que tomamos: también es nuestra responsabilidad vivir de tal manera que no influencie a otros a que pequen.

El poder sexual que Dios nos ha dado como mujeres es misterioso, magnífico y efectivo. Un día, cuando estaba comprometida, una compañera cristiana del trabajo que había estado casada por casi 30 años me dio un consejo para el matrimonio mientras almorzábamos. Me dijo: «Chrystie, si alguna vez gastas un montón de dinero, asegúrate de tener sexo con Ken antes de mostrarle el recibo. Así no se enojará tanto». Me estaba alentando a usar el poder que Dios me había dado para mitigar las consecuencias de mis propias malas decisiones en lugar de utilizarlo para darle fuerza, intimidad y unidad a mi matrimonio. Y me gustaría poder decir que nunca me vi tentada a hacerlo.

Aunque hubo momentos en los que usé mi poder solo porque se sentía bien, creo que mi mal uso del poder a menudo ha surgido de las partes quebradas de mi historia. Creo que ese es el caso de muchas de nosotras. Quizás has usado tu poder para coquetear con alguien con quien no tenías intención alguna de salir, solo para alimentar tu autoestima. Tal vez lo has usado para evitar una multa por velocidad alta. Es probable que lo hayas usado para iniciar conversaciones íntimas con tu colega casado a fin de llenar el vacío que dejaron los anhelos no cumplidos de tu matrimonio. Quizás lo has usado para conseguir la validación y atención que con tanta desesperación buscaste en tu padre o madre cuando eras una niña. Tal vez lo has usado para controlar y manipular a las personas a fin de nunca sentirte incapaz otra vez. Incluso si sientes que nunca has usado tu poder de estas formas, te animo a que le pidas al Señor que te enseñe cómo es que tus heridas, temores, inseguridades y tu pasado podrían tener influencia sobre el modo en que expresas tu poder femenino.

Las partes de nuestra historia que no se sanaron o que están en proceso suelen desparramarse sobre nuestras acciones. Tememos ser vulnerables, que nos hieran, que no nos amen, que no encajemos, que no pertenezcamos, que seamos rechazadas o que nos pasen por alto. Y así, nos aprovechamos del poder que tenemos para protegernos o promovernos a nosotras mismas. A fin de aprender cómo administrar bien este poder en el presente, debemos ocuparnos de las heridas del pasado. Es un trabajo difícil, pero importante. Sin embargo, cuando nos entregamos a Dios, él es fiel para enmendar los lugares delicados y fracturados y para transformarlos en muestras maravillosas de su poder a fin de usarlos para traerles vida a los demás.

Preguntas para reflexionar

1. ¿De qué maneras has usado el poder de tu sexualidad de formas malsanas, es decir, para ser fuerte por sobre alguien o para retener la fortaleza (al coquetear, atraer, tranquilizarte, manipular, controlar, halagar, dominar, influenciar, negarle el sexo a tu esposo)?

2. ¿De qué modo la vergüenza con la que cargas influyó las formas en que usas o no tu poder sexual?

PODER QUE LLEVA A LA VIDA

Así como la Escritura deja claro que el mal uso del poder lleva a la muerte, también deja claro que Dios nos diseñó para que seamos *fuertes para otros*: que nuestro poder puede ser fuente de vida, gozo y deleite para los demás. El Cantar de los Cantares es una hermosa colección de canciones de amor. Allí vemos cómo un joven y su novia disfrutan de una intimidad libre de estorbos y que honra a Dios.

En el capítulo 2, el joven describe a su novia «como un lirio entre los cardos» (v. 2). El contraste de este versículo es significativo. El novio afirma que es como los vivos entre los muertos y yuxtapone la belleza, la pureza, la simplicidad y el deleite de un lirio a el caos grueso, espinoso y con púas de los cardos. Ella le resulta cautivadora:

> Has cautivado mi corazón,
> tesoro mío, esposa mía.
> Lo tienes como rehén con una sola mirada de tus ojos,
> con una sola joya de tu collar.
> Tu amor me deleita,
> tesoro mío, esposa mía.
> Tu amor es mejor que el vino,
> tu perfume, más fragante que las especias.
> Tus labios son dulces como el néctar, esposa mía.
> Debajo de tu lengua hay leche y miel.
> Tus vestidos están perfumados
> como los cedros del Líbano.
>
> Cantares 4:9-11

Este hombre está embelesado por su novia. Ella es fuente de gran gozo para él; tanto, que apenas puede contenerse: «Aparta de mí tus ojos, porque me dominan» (v. 6:5). Ese es el poder de la mujer. Basta para que tanto este joven amante como Sansón se pongan de rodillas; sin embargo, el primero vive la plenitud y la gloria de ello, mientras que el segundo es destruido por ello.

Recuerdo ver este poder en acción en mi matrimonio en una etapa de luchas económicas. Habíamos atravesado una serie de adversidades financieras: algunas fueron la consecuencia directa de una administración pobre de nuestra parte y otras, de desafíos desafortunados e imprevistos que llegaron durante una recesión económica. En ese tiempo, mi esposo perdió su trabajo. Debió enfrentarse a un cambio de carrera y dejar atrás el campo en el que había estado trabajando durante diez años. Hubo muchos días en los que podía verse que salía de casa con el peso del mundo sobre sus hombros. Como él no es de los que tienen conversaciones profundas sobre sus sentimientos, a menudo sentía que no tenía forma de apoyarlo para que transitara el estrés emocional y financiero de proveer para su familia y encontrar un trabajo nuevo en una economía en declive. Una de las formas en que busqué ser fuerte para él en ese tiempo fue a través de la intimidad y el sexo. Y fue maravilloso ver cómo se disipaban los efectos del día. Era como si soplaran vida y fuerzas nuevas sobre él. Este es una de las maneras en que el poder que Dios nos confió como mujeres da vida.

Aunque el Cantar de los Cantares habla más que nada del poder sexual de la mujer dentro del matrimonio, este poder se extiende más allá del sexo. Como discutimos antes, nuestro poder tiene muchas facetas. Está incrustado profundamente en nuestra mística femenina y en nuestra capacidad de influenciar a otros para hacerles bien o para dañarlos. La imagen de Dios en nosotras tiene la capacidad única de traer vida, gozo, fuerza, ánimo y prosperidad a los demás a través del contexto de las relaciones. Esta intimidad relacional es una expresión del poder de la sexualidad femenina en la misma medida que las relaciones sexuales físicas. Cuando les llevas todo lo que eres (tus fuerzas, talentos, experiencias de vida y personalidad) a los demás de una forma sana, les permites crecer y convertirse en quienes Dios quiere que sean. Esa es una demostración justa del poder de Dios manifestado a través nuestro.

Vemos muchas mujeres en la Escritura que usan su poder de formas que redimen y dan vida de acuerdo con su individualidad única y en cualquier etapa o circunstancia en la que se encuentren. Ester hace uso de su influencia con el rey y, aunque eso supone un gran riesgo para ella, salva la nación de Israel. Rut hace uso de su influencia y no solo logra proveer el sustento que tanto necesitaban ella y Noemí, sino que también le da un heredero a Noemí y la libera de su vergüenza y desesperación. Muchas mujeres como Febe, Lidia y Priscila hacen uso de su influencia para la edificación y el avance de la iglesia primitiva.

LA IMAGEN DE DIOS EN NOSOTRAS TIENE LA CAPACIDAD ÚNICA DE TRAER VIDA, GOZO, FUERZA, ÁNIMO Y PROSPERIDAD A LOS DEMÁS A TRAVÉS DEL CONTEXTO DE LAS RELACIONES.

Es posible que tú hagas uso de tu poder para influenciar a otros e incentivarlos a amar y a hacer buenas obras (Hebreos 10:24). Quizás lo uses para enseñar a otros o para que crezcan. Tal vez lo uses para envalentonar y animar a tu esposo. O es posible que lo uses para alentar a otros cuando se sienten agobiados, asustados o desesperados. Quizás lo uses para que otros se sientan vistos, conocidos y amados: para ayudarlos a que sepan que importan. O tal vez lo uses para inspirar a la siguiente generación. El punto es que cuando ejerces mayordomía de forma devota sobre el poder que te dio Dios, otras personas prosperan.

EJERCER MAYORDOMÍA SOBRE NUESTRO PODER COMO CIUDADANAS DEL CIELO

A lo largo de este capítulo, aprendimos que Dios nos ha confiado un poder único: la capacidad de influenciar a quienes nos rodean, para hacerles bien o para dañarlos. También vimos las formas en que podemos usar mal nuestro poder. Como creyentes, somos ciudadanas de otro reino: el reino de Dios. Y el propósito de Dios es establecer su reino en la tierra *como* en el cielo. Esto significa que, como ciudadanas del reino, debemos aprender cómo es que Dios quiere que vivamos como ciudadanas del cielo en la tierra y cómo administrar todo lo que nos confió, incluido nuestro poder.

Es aquí donde nos volvemos a Jesús para ver lo que él tiene para enseñarnos sobre el poder en el reino de Dios:

> Entonces Santiago y Juan, hijos de Zebedeo, se le acercaron y dijeron:
>
> —Maestro, queremos que nos hagas un favor.
>
> —¿Cuál es la petición? —preguntó él.
>
> Ellos contestaron:
>
> —Cuando te sientes en tu trono glorioso, nosotros queremos sentarnos en lugares de honor a tu lado, uno a tu derecha y el otro a tu izquierda.
>
> Jesús les dijo:
>
> —¡No saben lo que piden! ¿Acaso pueden beber de la copa amarga de sufrimiento que yo estoy a punto de beber? ¿Acaso

> pueden ser bautizados con el bautismo de sufrimiento con el cual yo tengo que ser bautizado?
>
> —Claro que sí —contestaron ellos—, ¡podemos!
>
> Entonces Jesús les dijo:
>
> —Es cierto, beberán de mi copa amarga y serán bautizados con mi bautismo de sufrimiento; pero no me corresponde a mí decir quién se sentará a mi derecha o a mi izquierda. Dios preparó esos lugares para quienes él ha escogido.
>
> Marcos 10:35-40

Santiago y Juan saben que Jesús es el Mesías que habían estado esperando por tanto tiempo, quien gobernará y reinará sobre el reino. Quieren asegurarse lugares de honor y poder para ellos mismos. Aunque Jesús es completamente Dios y tiene el poder y la autoridad que el Padre le concedió, somete su propio poder al gobierno del Padre. Se restringe a sí mismo en gran manera al someterse continuamente a la voluntad del Padre. No usa su poder para cumplir propósitos egoístas, sino para servir a Dios y a los demás. Es fuerte para las personas que lo rodean, en lugar de guardarse su fuerza o ser fuerte por sobre ellos.

La petición de Santiago y Juan de tener un asiento de honor, una posición de poder, enoja a los otros discípulos, por lo que Jesús los reúne y les enseña cómo se ve el verdadero poder en el reino de Dios:

> Cuando los otros diez discípulos oyeron lo que Santiago y Juan habían pedido, se indignaron. Así que Jesús los reunió a todos y les dijo: «Ustedes saben que los gobernantes de este mundo tratan a su pueblo con prepotencia y los funcionarios hacen alarde de su autoridad frente a los súbditos. Pero entre ustedes será diferente. El que quiera ser líder entre ustedes deberá ser sirviente, y el que quiera ser el primero entre ustedes deberá ser esclavo de los demás. Pues ni aun el Hijo del Hombre vino para que le sirvan, sino para servir a otros y para dar su vida en rescate por muchos».
>
> Marcos 10:41-45

Jesús les enseña que los gobernantes de este reino, las personas en lugares de influencia, alardean de su poder y se sienten superiores *por sobre* los demás. En cambio, quienes creemos en Jesús pertenecemos a otro reino, por lo que debemos comportarnos de manera diferente. La que quiera ser líder deberá ser sirvienta, y la que quiera ser la primera deberá ser esclava. Los términos «sirvienta» y «esclava» no suelen asociarse con personas en posiciones de poder. Por el contrario, suelen usarse para describir a personas sometidas al poder. Sin embargo, Jesús explica que todo aquel que lo siga a su reino debe imitarlo: «Pues ni aun el Hijo del Hombre vino para que le sirvan, sino para servir a otros y para dar su vida en rescate por muchos» (Marcos 10:45). Jesús abandona sus privilegios divinos, renuncia a su poder divino y toma el lugar humilde de un esclavo (Filipenses 2:6-11).

Entonces, ¿cómo estamos usando nosotras nuestro poder? ¿Imitamos a la cultura que nos rodea? ¿Usamos nuestro poder para satisfacer nuestras necesidades? ¿Nos negamos a tener sexo o controlamos las circunstancias y exigimos que nuestros esposos hagan las cosas solo bajo nuestros propios términos? ¿Coqueteamos sin intención, solo con el propósito de alimentar nuestro propio ego? ¿Cómo usamos nuestro poder sobre otras mujeres? ¿Alardeamos de nuestro cuerpo? ¿Nos vestimos o comportamos o hablamos de tal manera que marginalizamos a otras mujeres y las hacemos sentir menos atractivas, valiosas o dignas? ¿O ponemos en práctica las virtudes del amor, la humildad, la generosidad, la amabilidad, la compasión y la comprensión? ¿Elegimos lo que es bueno para otra persona? ¿Buscamos el reino de Dios y sus propósitos por sobre los nuestros?

Según Jesús, en su reino, nuestras acciones deben ser diferentes. La autora y consejera Paula Rinehart explica que «Dios da vuelta el poder en las relaciones. Aquel que creó el mundo, el Rey de todos los reyes, deja de lado su poder y viene a nosotros con la vulnerabilidad máxima de un bebé y, al final, muere de forma cruel en una cruz. Deja de lado su poder a fin de amar».[2]

Jesús deja de lado su poder para servirnos en amor. Lo hace a pesar del riesgo que implica eso para él. Elige someter su poder a la autoridad de Dios el Padre y usarlo para liberarnos del poder del pecado y la muerte. Jesús pone a un lado sus derechos para que nosotras, como miembros de su reino, podamos prosperar, florecer y hallar vida. Jesús deja de lado su poder: es abusado, rechazado, herido, traicionado y burlado. Lo hace porque nos ama y porque se entregó a sí mismo a Dios. Jesús soportó el sufrimiento en la cruz porque estaba mirando el gozo que le seguía: glorificar al Padre a través de sus sacrificios, reunir a la comunidad de su reino con perfecta unidad y armonía, de una vez por todas.

Cuando elegimos seguir a Jesús de esta manera, pronto nos habremos unido a él en su sufrimiento. Cuando nosotras, como Jesús, dejamos de lado nuestro poder con el fin de amar, corremos grandes riesgos. Nos arriesgamos a ser vulnerables y a que nos hieran. Nos arriesgamos a perder el control. Nos arriesgamos a vernos, e incluso a sentirnos, débiles. Nos arriesgamos a ser diferentes y a recibir burlas.

Aquí es donde debe marcarse una distinción importante. De ninguna manera estoy diciendo que deberíamos soportar situaciones de abuso. Si estás en una situación de abuso, díselo a alguien y recibe ayuda de personas en tu vida en quienes confíes. Busca un pastor, un líder de un grupo de comunidad, un amigo en quien confíes o un consejero que pueda brindarte una dirección clara y el apoyo necesario. Esto tampoco significa que complazcamos los deseos pecaminosos de otras personas o que no tengamos límites sanos con los demás. Los límites son buenos, no solo para nosotras mismas sino también para los demás. Nos enseñan a respetar y a preocuparnos el uno por el otro.

Jesús nos llama a tener una vida de sacrificio, generosidad, solidaridad y amor por los demás como por nosotras mismas. Y el apóstol Pablo nos insta a tener la misma mente de Cristo, quien renunció a sus privilegios divinos y adoptó la posición humilde de un sirviente (Filipenses 2:6-7), quien no fue egoísta, sino que consideró a los demás como mejores que a sí mismo y quien se ocupó no solo de sus propios intereses, sino también de los intereses de los demás (vv. 3-4). Entonces, la pregunta delante de nosotras es esta: ¿usaremos nuestro poder para los demás o por encima de ellos? ¿Nos ocuparemos de que se cumplan nuestros deseos protegiéndonos y promoviéndonos a nosotras mismas? ¿O, como Jesús, someteremos nuestro poder femenino y sexual a la autoridad de Dios y ejerceremos mayordomía de tal manera que permita que quienes nos rodean se vuelvan más fuertes?

Preguntas para reflexionar

1. ¿De qué maneras específicas contuvo Jesús su poder? ¿Cómo es que entender esto puede ayudarnos?

2. Describe un momento en que alguien usó o contuvo su poder con el fin de servirte y ayudarte (fuerte para). ¿De qué manera alguien hizo mal uso de su poder y te hizo daño (fuerte por encima o retener)?

3. ¿De qué maneras has experimentado el poder de tu sexualidad en formas redentoras y saludables que hayan influenciado a otros para bien?

4. ¿Cómo describirías lo que sucede en tus relaciones o dentro de ti misma cuando haces mal uso de tu poder?

HISTORIA DE UNA MUJER
La fractura del adulterio

Cuando conocí a mi esposo, rápidamente pasó a ser mi caballero de armadura reluciente. Ninguna de las relaciones que había tenido en mi vida antes de conocerlo a él había sido sana, por lo que su amabilidad y bondad genuinas, además de sus ojos azul mar, hicieron que caiga a sus pies. Lo puse en un pedestal toda mi vida y, poco después de casarnos, llegué a preguntarme cómo es que Dios esperaba que lo amara a él más que a mi esposo. En ese momento, no me di cuenta de cómo esa mentalidad podía afectar nuestro matrimonio. Adelantémonos diez años. A eso agrégale tres bebés, una recesión, una reducción de los ingresos, problemas de salud y dificultades con el comportamiento de uno de nuestros hijos, y tendrás la tormenta perfecta para demostrar por qué Dios tiene que ir antes de cualquier cosa o persona.

En medio de los gigantes que estábamos enfrentando, lo único que yo quería era el amor de mi esposo. Sin embargo, él estaba en modo supervivencia. Estaba luchando para resistir el peso de las circunstancias y, para sobrellevarlo, se encerraba en sí mismo frente a la televisión por las noches. Yo era invisible. Anhelaba tener una conexión con él: que me viera, me escuchara, me deseara, se deleitara en mí, me conociera, quisiera y amara. Pero no podría llegar a donde él estaba. Mientras más lo buscaba, más se retraía él. Me sentía sola, rechazada y herida, lo que me llevó a tener un espíritu de pelea, resentimiento, enojo y odio. Se me endurecía el corazón mientras aceptaba que él ya no me amaba, que se conformaría con cualquier mujer que cuidara la casa y los niños. Levanté un muro tan alto y ancho que, aún si él intentaba cruzarlo, le habría costado llegar a donde yo estaba. Sin embargo, no lo intentó, lo que reafirmó las mentiras que yo creía.

No tenía idea de cuán vulnerable me hacía esto. Confiaba en que mi propia moralidad me mantendría por el buen camino, pero tras un año así, dejó de ser suficiente. Me pasé de la raya y compartí mi situación con un hombre que estaba dispuesto a consolarme. Tuve un amorío y quedé embarazada de inmediato. A causa del miedo, la vergüenza y las penurias financieras y de salud, aborté y me convertí en una muerta viviente. Él era la única persona que lo sabía, el único lugar al que pensé que podía llevar mi dolor. Así que quedé atrapada en un ciclo horrible en el que, simultáneamente, acudía a él para que me consuele y, a la vez, intentaba terminar con la relación, con la intención de hallar paz por ese pecado que me destrozaba el alma. La doble vida me estaba destruyendo cada vez más, por lo que cuando mi esposo lo descubrió, me sentí aliviada.

Las repercusiones fueron atroces. Intentamos varias veces ir a terapia de pareja e individual. Mi esposo estaba más que destruido por mi pecado. Me detestaba y yo estaba desesperada por recibir alivio. Nuestro consejero sugirió que nos separáramos y eso hicimos. Había renunciado a la idea de que él pudiera perdonarme o amarme de nuevo. Veía el divorcio como la única opción y reconecté con otros hombres, con la esperanza de comenzar una vida con ellos.

En ese momento, comencé a asistir a una iglesia nueva. El pastor predicó sobre la vida de Abraham. Explicó que Isaac era el REGALO de Dios para Abraham y, sin embargo, estuvo dispuesto a sacrificarlo. ¡Y algunos de nosotros no podemos sacrificar ni nuestro propio pecado! Ese fue un momento clave para mí; sentí la convicción del Espíritu Santo. Me vi obligada a mirarme en el espejo y ver mis pecados por lo que eran, a dejar de huir de mi daño, a enfrentarlo y hacerme cargo. Fue un tiempo de arrepentimiento para mí, de noches oscuras, dolor y rendición. Cuando busqué a Dios, me encontré con su paz y consuelo indescriptibles. La sanación llegó paso a paso. La Palabra fue mi espada y escudo para luchar con lo que el enemigo me susurraba constantemente al oído. Me volví dependiente por completo de Jesús. Mi esposo vio que mi vida estaba cambiando. El Señor estaba trabajando también en él. De una forma que solo Dios podía hacer funcionar, él resucitó y restauró nuestro matrimonio. Ahora él es el primero de nuestras vidas ¡y nunca querríamos que fuera de otro modo!

Aunque puedo decir con honestidad que nuestro matrimonio está más sano y fuerte que nunca, todavía experimentamos cosas que destapan recuerdos malos y el dolor que viene con ellos. Cada vez que compartimos nuestra historia se siente como una lucha libre entre mi necesidad de esconderme y mi deseo de darle gloria a Dios. Cuando revivimos la devastación de nuevo, la vergüenza es como un aguijón en mi alma que me hace luchar con la parálisis y por lo que debo obligarme a decir las palabras que me atemorizan. Pero luego, está Jesús. La verdad de quién es él y de cómo me ha liberado me inunda. Sí, los susurros del enemigo todavía llegan a mis oídos, pero quedan silenciados más rápido, pues he aprendido a anclarme profundamente en la identidad que tengo en él. Me aferro a esta verdad con tanta firmeza que me estabiliza. Y agradezco tanto saber que siempre lo hará.

07

EJERCER MAYORDOMÍA SOBRE NUESTRA SEXUALIDAD

No estamos creados para ser adoradores de nosotros mismos, sino personas que proclaman. Tenemos un potencial inmenso para reflejar la gloria de Dios cuando vivimos en armonía con lo que, en última instancia, es verdadero y hermoso. Estamos hechos a imagen de Dios, puestos en un lugar único para demostrar sus atributos en un mundo que está mirando.

Lindsey Carlson, *Identity Theft*
[Robo de identidad]

Somos mujeres creadas y diseñadas a imagen de Dios, acreedoras de un inmenso poder. El desafío no está solo en aprender cómo usar ese poder, sino también cómo y cuándo restringirlo. Así podremos seguir con fidelidad a Jesús con nuestra sexualidad. Si Dios nos dio este poder para que cumplamos con sus propósitos, debemos aprender a ser buenas mayordomas.

Ejercer mayordomía de algo empieza por reconocer que eres una mera encargada, no una dueña. Esto significa que lo administras con el beneficio del dueño en mente, no el tuyo. Lamentablemente, ese no siempre es el caso. A muchas mujeres que crecieron en la iglesia, como yo, no les enseñaron sobre el sexo de esta manera. Solo les dieron una lista de reglas sin muchos fundamentos bíblicos del diseño de Dios para el sexo. Algunas aceptan las modificaciones del comportamiento y se esfuerzan por alcanzar la pureza. Sin embargo, eso puede producir en ellas una moralidad farisaica, pues están atravesando un mundo lleno de daño sexual. Otras, que crecieron en este ambiente, lo rechazan todo junto, oscilan hacia el otro lado del espectro y enarbolan nuestra cultura sexualmente indulgente. Sin duda, ese es el camino que yo seguí. A menudo, para las mujeres que no crecieron en la iglesia, la cultura y su propio compás moral moldean en gran manera lo que entienden del sexo y la sexualidad. Ese compás está sujeto a cambios basados en el contexto, el humor y la dirección que siga el viento de lo que es aceptable culturalmente. Aunque lo que entendemos del sexo y la sexualidad haya sido moldeado, podemos aprender a ejercer mayordomía como seguidoras de Cristo de maneras que lo honren y glorifiquen a él y fortalezcan a los demás.

Ejercer mayordomía de tu sexualidad no es solo una etapa particular de tu vida: es responsabilidad de todo creyente, sin importar si estás soltera o casada. Cada etapa trae diferentes desafíos y tentaciones. Para las personas solteras, es fácil pensar que solo ellos deben contenerse y abnegarse. Sin embargo, eso no puede estar más lejos de la verdad. Estemos casadas o solteras, todas tenemos que rendir tanto nuestros deseos legítimos como ilegítimos al Señor. Todas tenemos que negarnos a los deseos de la carne. Todas tenemos anhelos sin cumplir. Y, como creyentes, todas somos llamadas a seguir con fidelidad a Jesús con nuestra sexualidad en toda etapa y circunstancia.

La obediencia y la autoridad no son ideas populares en nuestra cultura actual, la cual rechaza toda noción de que alguien tenga autoridad sobre otra persona. La autonomía personal tiene el valor máximo. Nadie tiene el derecho de decirle a nadie lo que está mal. La verdad es relativa y cada individuo la determina. Como no hay ningún estándar de verdad aceptado universalmente, todos hacen lo que es bueno a sus propios ojos (Jueces 17:6; 21:25). Y a la ética sexual bíblica se la considera hipócrita, arcaica y opresiva. Sin embargo, esa mentalidad, esa manera de ver el mundo, no está solo en la cultura en general: también está presente en la iglesia.

No necesitamos obligar a tener una ética sexual bíblica a las personas que no son creyentes, a quienes no profesan una fe en Cristo. Si una persona no cree en Cristo, ¿por qué habría de someter su sexualidad a la autoridad de él? En cambio, como creyentes, nosotras reconocemos que Cristo es el único que tiene toda la autoridad y creemos que las Escrituras son su verdad y definen todos los aspectos de nuestra vida. Lamentablemente, nuestro analfabetismo bíblico le abrió paso a todo tipo de ideas no bíblicas para que sean el marco de nuestra ética sexual. Y así, nuestras vidas cada vez se parecen más a las de la cultura que nos rodea. Ejercer mayordomía de nuestra sexualidad con fidelidad significa, en parte, que vamos a preguntarnos si nuestros pensamientos y acciones están arraigados con firmeza a la verdad de las Escrituras, o si son más bien híbridos compuestos de cierta verdad espiritual y ciertas prácticas y creencias culturales.

No hay nada nuevo bajo el sol. La iglesia siempre ha nadado tanto a favor como en contra de la corriente cultural. Es sumamente fácil relajarnos y dejarnos llevar por la corriente cultural. Sin embargo, es por eso que es tan importante que leamos la verdad de la Palabra de Dios con regularidad y que luchemos con lo que eso significa para nuestra vida diaria. Necesitamos seguir las exhortaciones de Pablo a las iglesias romanas:

> Por lo tanto, amados hermanos, les ruego *que entreguen su cuerpo a Dios por todo lo que él ha hecho a favor de ustedes. Que sea un sacrificio vivo y santo*, la clase de sacrificio que a él le agrada. Esa es la verdadera forma de adorarlo. No imiten las conductas ni las costumbres de este mundo, más bien dejen que Dios los transforme en personas nuevas al cambiarles la manera de pensar. Entonces aprenderán a conocer la voluntad de Dios para ustedes, la cual es buena, agradable y perfecta.
>
> Romanos 12:1-2 (énfasis añadido)

Pablo nos insta, a la luz de todo lo que Dios ha hecho por nosotros en Cristo, a entregarle nuestro cuerpo como sacrificio vivo y santo, como un acto de adoración. Esta es la motivación justa detrás de la mayordomía de nuestra sexualidad. No se trata de ganarnos la justicia delante de Dios o de ganarnos su amor, sino de abrazar la justicia y el amor que él ya nos extendió en Cristo y, en agradecimiento, ofrecerle nuestro cuerpo y seguirle en todo lo que hacemos, incluida nuestra sexualidad.

Dios nos transforma a través de su Palabra cambiando nuestra manera de *pensar*. Y, en la medida en que nuestros pensamientos se alinean con la verdad de su Palabra, *vivimos* de forma diferente. Así, el camino para ejercer mayordomía en nuestra sexualidad con fidelidad comienza con lo que la Palabra de Dios dice sobre por qué seguir a Jesús con nuestra sexualidad es importante.

Hay cuatro verdades significativas de la Palabra de Dios que, como mayordomas de su regalo, debemos considerar:

- Dios es el Creador y nosotras somos su creación.
- Jesús nos liberó del castigo y el poder del pecado.
- Estamos unidas a Cristo.
- El pecado sexual es un pecado contra el cuerpo.

Cada una de estas verdades cumple un papel significativo a la hora de entender cómo es que nuestra relación con Dios y nuestra relación con el sexo están conectadas.

VERDAD #1: DIOS ES EL CREADOR Y NOSOTRAS SOMOS SU CREACIÓN

La primera verdad y quizás la más fundamental es la distinción entre Creador y criatura. En la Biblia leemos que, en el principio, Dios creó los cielos y la tierra. Antes de que existiera todo lo demás, antes del firmamento y del suelo, antes del sol y la luna, antes de todo ser humano, existió Dios.

Cristo es la imagen visible del Dios invisible.
Él ya existía antes de que las cosas fueran creadas y es
supremo sobre toda la creación
porque, por medio de él, Dios creó todo lo que existe
en los lugares celestiales y en la tierra.
Hizo las cosas que podemos ver
y las que no podemos ver,
tales como tronos, reinos, gobernantes y autoridades del
mundo invisible.
Todo fue creado por medio de él y para él.
Él ya existía antes de todas las cosas
y mantiene unida toda la creación.
Cristo también es la cabeza de la iglesia,
la cual es su cuerpo.

COMO CREYENTES, ENTENDERNOS BIEN A NOSOTRAS MISMAS A LA LUZ DE DIOS PRODUCE HUMILDAD EN NOSOTRAS. LA HUMILDAD MOLDEA LA FORMA EN QUE VEMOS EL LUGAR QUE TENEMOS EN LA CREACIÓN DE DIOS.

> Él es el principio,
> supremo sobre todos los que se levantan de los muertos.
> Así que él es el primero en todo.
> Pues a Dios, en toda su plenitud,
> le agradó vivir en Cristo,
> y por medio de él, Dios reconcilió consigo
> todas las cosas.
> Hizo la paz con todo lo que existe en el cielo y en la tierra,
> por medio de la sangre de Cristo en la cruz.
>
> Colosenses 1:15-20

Todo lo que existe fue creado por medio de él, por él y *para* él. Como Creador, él tiene la autoridad máxima sobre toda creación. Solo él tiene el derecho de determinar el propósito de todas las cosas: eso incluye el sexo y nos incluye a nosotras. Como creyentes, entendernos bien a nosotras mismas a la luz de Dios produce humildad en nosotras. La humildad moldea la forma en que vemos el lugar que tenemos en la creación de Dios.

Podemos llevar este principio de humildad al inicio de todo. Cuando Eva mira el fruto del árbol prohibido, ve que el árbol es hermoso y su fruto parece delicioso y quiere la sabiduría que le daría. Mientras más tiempo mira el fruto, más atrayente se vuelve. Comienza a creer que Dios está reteniendo algo que es bueno para ella, por lo que Eva se convierte en su propia autoridad: determina qué está bien y qué está mal ante sus propios ojos. Así que toma el fruto y lo come. La desobediencia de Eva se debe, en parte, a que olvida cuál es su lugar en la creación de Dios.

En un mundo que valora los derechos individuales, rendir tus derechos a vivir la vida que quieres es contracultural. Cuando tenemos una mirada demasiado alta de nosotras mismas, nos volvemos vulnerables a la mentira de que sabemos qué es lo mejor. Y olvidamos que Dios está para nosotras y que sus límites son para nuestra prosperidad y para nuestro bien. Entonces, al igual que a Eva, nos tienta tomar el fruto prohibido. Nos ponemos en una posición más elevada y elegimos nuestro propio camino.

Sin embargo, así como no nos toca determinar el propósito o la disposición del sol o la luna en el orden creado por Dios, tampoco nos toca determinar el propósito de los límites del sexo en la creación de Dios. Entender la distinción entre Creador y criatura y aceptar esta verdad toma una gran humildad. Implica dejar ir tus propios deseos, lo que hace que sea tan difícil. A veces, los deseos que somos llamadas a rendir son legítimos y buenos, como el deseo de amar y ser amadas. Por ejemplo, una mujer a la que solo le atraen otras mujeres tiene el deseo legítimo de amar y ser amada. Sin embargo, como creyente, permitir que la Palabra de Dios defina y guíe su modo de vivir significa que tendrá que rendir sus deseos de experimentar una relación de amor *de la manera* que ella más desea. Para ella, esta rendición es extremadamente costosa y dura. No obstante, no debe sucumbir ante la mentira de que todos los demás sí logran cumplir sus deseos. Por ejemplo, una mujer que se ve tentada a tener un amorío emocional o físico con un hombre porque en su matrimonio no recibe el amor y el acompañamiento que anhela también tiene el deseo legítimo de amar y ser amada. Sin embargo, permitir que la Palabra de Dios defina y guíe su modo de vivir significa que también tendrá que rendir sus deseos de experimentar una relación de amor *de la manera* que ella más desea.

Todas somos llamadas a rendir nuestros deseos ante Dios y a orientar nuestra vida en torno a su verdad. Algunas mujeres rinden sus deseos de que sus esposos las busquen de maneras específicas, o de que sus esposos las busquen en sí. Otras rinden sus deseos de estar casadas. Algunas rinden sus deseos de recibir atención y validación por parte de su compañero de trabajo que está casado o de tener relaciones sexuales con sus novios. El punto es que todas tenemos deseos que Dios decidió no cumplirnos o que no encajan dentro de su voluntad para nuestra vida. Y aunque quizás esto se sienta como la muerte (porque lo es), ese es el camino que conduce a la vida.

Lo vemos en el Libro de Deuteronomio. Luego de ser rescatados de la esclavitud en Egipto y de dar vueltas por el desierto durante 40 años, los israelitas por fin se encuentran a la entrada de la tierra prometida. Aunque ese es el momento que han estado esperando, no estará libre de adversidades. Los rodearán las prácticas culturales de otras naciones y se verán tentados a olvidarse de su identidad como el pueblo elegido de Dios. Así que, a fin de prepararlos para ingresar a la tierra, Moisés les recuerda quién es Dios y quiénes son ellos en relación a él. Les recuerda qué significa vivir en una relación de pacto con Dios como su pueblo apartado. Y les recuerda que seguir a Yahvéh es el camino de la vida.

Hoy te doy a elegir entre la vida y la muerte, entre el bien y el mal. Hoy te ordeno que ames al Señor tu Dios, que andes en sus caminos, y que cumplas sus mandamientos, preceptos y leyes. Así vivirás y te multiplicarás, y el Señor tu Dios te bendecirá en la tierra de la que vas a tomar posesión.

Pero, si tu corazón se rebela y no obedeces, sino que te desvías para adorar y servir a otros dioses, te advierto hoy que serás destruido sin remedio. No vivirás mucho tiempo en el territorio que vas a poseer luego de cruzar el Jordán.

Hoy pongo al cielo y a la tierra por testigos contra ti, de que te he dado a elegir entre la vida y la muerte, entre la bendición y la maldición. *Elige, pues, la vida*, para que vivan tú y tus descendientes. Ama al Señor tu Dios, obedécelo y sé fiel a él, porque *de él depende tu vida*, y por él vivirás mucho tiempo en el territorio que juró dar a tus antepasados Abraham, Isaac y Jacob.

Deuteronomio 30:15-20, NVI (énfasis añadido)

Nosotras también somos el pueblo «apartado» de Dios. Nuestra vida se define en relación a él. Es la naturaleza invertida de la cruz y del reino. Vivir de forma autónoma y resistirse a él lleva a la muerte, aunque al inicio, se siente como la vida. En contraste, descansar y confiarle a él nuestras decisiones y anhelos del presente se siente como la muerte, pero es el camino que lleva a la vida. Simplemente, necesitamos humillarnos a nosotras mismas como criaturas suyas y confiar en él como nuestro Creador.

Pregunta para reflexionar

1. ¿Cuáles son los deseos (tanto pecaminosos como legítimos) con los que luchas para rendírselos a Dios? ¿De qué manera te genera tensión la realidad de que, como tu Creador, solo Dios tiene el derecho de gobernar tu vida?

VERDAD #2: JESÚS NOS LIBERÓ DEL CASTIGO Y EL PODER DEL PECADO

Cristo murió para liberarnos de nuestro pecado, tanto del castigo como de su poder. Adán era nuestro representante en el jardín. Cuando él pecó, toda la humanidad quedó infectada con el pecado (Romanos 5:12). Forma parte de nuestro ADN, transmitido a cada generación desde Adán. Es por eso que todas somos culpables ante Dios. Apartadas de Cristo, estábamos muertas en nuestro pecado y sujetas a la ira de Dios (Efesios 2:1-3). Sin embargo, Dios, a causa de su gran amor por nosotras, mandó a Cristo para que fuera nuestro representante nuevo.

> Debido a que los hijos de Dios son seres humanos —hechos de carne y sangre— el Hijo también se hizo de carne y sangre. Pues solo como ser humano podía morir y solo mediante la muerte podía quebrantar el poder del diablo, quien tenía el poder sobre la muerte. Únicamente de esa manera el Hijo podía libertar a todos los que vivían esclavizados por temor a la muerte.
>
> Hebreos 2:14-15

En donde Adán falló, Cristo tuvo éxito. Cuando Cristo se hizo carne, se volvió como nosotras en todo sentido para así poder cumplir la ley de Dios. Se convirtió en el segundo Adán. Si a todas se nos contó entre los culpables por Adán, ahora a todas se nos cuenta entre los justos por Cristo (Romanos 5:18-19). En la cruz, Dios puso todos nuestros pecados sobre Cristo y toda la justicia perfecta de Cristo sobre nosotras. Ahora, como destinatarias de la gracia de Dios a través de Cristo, estamos liberadas del *castigo* del pecado.

¡Todos nuestros pecados (pasados, presentes y futuros) son perdonados en Cristo! La buena noticia del evangelio es que nunca vamos a pecar más allá de lo que la magnífica gracia de Dios en Cristo cubrió, pues donde el pecado abundó, sobreabundó la gracia (Romanos 5:20b). Sin embargo, debemos tener cuidado de no abusar de la gracia de Dios y de no usarla como nuestra tarjeta espiritual de «salga de la cárcel gratis».

Ahora bien, ¿deberíamos seguir pecando para que Dios nos muestre más y más su gracia maravillosa? ¡Por supuesto que no! Nosotros hemos muerto al pecado, entonces, ¿cómo es posible que sigamos viviendo en pecado? ¿O acaso olvidaron que, cuando fuimos unidos a Cristo Jesús en el bautismo, nos unimos a él en su muerte? Pues hemos muerto y fuimos sepultados con Cristo mediante el bautismo; y tal como Cristo fue levantado de los muertos por el poder glorioso del Padre, ahora nosotros también podemos vivir una vida nueva.

Romanos 6:1-4

Reconocer que la magnífica gracia de Dios es costosa significa que no daremos por sentado que estará allí ni usaremos la libertad que tenemos en Cristo para satisfacer nuestra propia naturaleza pecaminosa. Más bien, según Pablo, deberíamos usar nuestra libertad para servir a otros en amor (Gálatas 5:13). Esto abarca cómo seguimos a Jesús con nuestra sexualidad. No significa que será fácil; seguiremos luchando contra deseos pecaminosos, anhelos sin cumplir y expectativas no satisfechas. Sin embargo, Jesús no nos liberó solo del castigo del pecado, sino también nos liberó de su *poder*.

Sabemos que nuestro antiguo ser pecaminoso fue crucificado con Cristo para que el pecado perdiera su poder en nuestra vida. Ya no somos esclavos del pecado. Pues, cuando morimos con Cristo, fuimos liberados del poder del pecado; y dado que morimos con Cristo, sabemos que también viviremos con él. Estamos seguros de eso, porque Cristo fue levantado de los muertos y nunca más volverá a morir. La muerte ya no tiene ningún poder sobre él. Cuando él murió, murió una sola vez, a fin de quebrar el poder del pecado; pero ahora que él vive, vive para la gloria de Dios. Así también ustedes deberían considerarse muertos al poder del pecado y vivos para Dios por medio de Cristo Jesús.

No permitan que el pecado controle la manera en que viven; no caigan ante los deseos pecaminosos. No dejen que ninguna parte de su cuerpo se convierta en un instrumento del mal para servir al pecado. En cambio, entréguense completamente a Dios, porque antes estaban muertos pero ahora tienen una vida nueva. Así que usen todo su cuerpo como un instrumento para hacer lo que es correcto para la gloria de Dios.

Romanos 6:6-13

Como fuimos crucificadas con Cristo, el pecado ya no es más nuestro amo: Jesús lo es. Fuimos sepultadas con Cristo en su muerte y resucitadas para caminar en una vida nueva en su resurrección. Como esto es cierto, Pablo nos anima a usar todo nuestro cuerpo (incluida nuestra sexualidad) como un instrumento para hacer lo que es correcto para la gloria de Dios.

No obstante, eso no significa que vaya a ser fácil o que ya no tendremos más deseos contrarios a Cristo. De hecho, ahora tienes dos naturalezas: la pecaminosa y la nueva. Según las Escrituras, estas dos naturalezas están en guerra entre sí (Gálatas 5:16-17). Como creyentes, muchas de nosotras conocemos ese conflicto interno: la lucha entre querer cumplir con los deseos de nuestra carne y también querer seguir al Señor.

Antes de que te convirtieras en creyente, tenías una sola naturaleza: la del pecado. La naturaleza pecaminosa quiere seguir los deseos de la carne. Te mantiene separada de Dios y esclava del pecado. Eso no significa que, como alguien que no cree en Dios, nunca hiciste cosas buenas o no eras una buena persona «en el exterior». Es posible que te hayan enseñado, de pequeña, a tomar decisiones buenas a través de la disciplina formativa de tus padres. De adulta, quizás hayas seguido tu propia consciencia, tu compás moral o las normas culturales aceptadas. Y aun como persona que no creía en Dios, la gracia común de Dios se extendió hacia ti para que el mal no te superara por completo. Sin embargo, a pesar de todo eso, por dentro seguías siendo esclava de tu naturaleza pecaminosa.

Eso cambió cuando aceptaste a Cristo como tu salvador. Fuiste liberada del poder del pecado y recibiste una nueva naturaleza, una llena del Espíritu Santo, quien te da tanto el deseo como el poder para ser obediente a Cristo.

Por eso les digo: dejen que el Espíritu Santo los guíe en la vida. Entonces no se dejarán llevar por los impulsos de la naturaleza pecaminosa. La naturaleza pecaminosa desea hacer el mal, que es precisamente lo contrario de lo que quiere el Espíritu. Y el Espíritu nos da deseos que se oponen a lo que desea la naturaleza pecaminosa. Estas dos fuerzas luchan constantemente entre sí, entonces ustedes no son libres para llevar a cabo sus buenas intenciones, pero cuando el Espíritu los guía, ya no están obligados a cumplir la ley de Moisés.

Cuando ustedes siguen los deseos de la naturaleza pecaminosa, los resultados son más que claros: inmoralidad sexual, impureza, pasiones sensuales, idolatría, hechicería, hostilidad, peleas, celos, arrebatos de furia, ambición egoísta, discordias, divisiones, envidia, borracheras, fiestas desenfrenadas y otros pecados parecidos. Permítanme repetirles lo que les dije antes: cualquiera que lleve esa clase de vida no heredará el reino de Dios.

En cambio, la clase de fruto que el Espíritu Santo produce en nuestra vida es: amor, alegría, paz, paciencia, gentileza, bondad, fidelidad, humildad y control propio. ¡No existen leyes contra esas cosas!

Los que pertenecen a Cristo Jesús han clavado en la cruz las pasiones y los deseos de la naturaleza pecaminosa y los han crucificado allí. Ya que vivimos por el Espíritu, sigamos la guía del Espíritu en cada aspecto de nuestra vida.

Gálatas 5:16-25

La batalla contra la carne es dura. Aunque Jesús nos liberó del *poder* y el *castigo* del pecado, eso no significa que no vayamos a sentir el *dolor* del pecado. Sin embargo, podemos hallar consuelo en saber que Jesús entiende. Dado que él fue de carne y sangre, entiende nuestra debilidad. Como fue tentado de la misma manera que nosotras, entiende el poder del pecado. Pero no pecó, sino que venció el pecado y la muerte en la cruz de una vez por todas. Es por eso que la Escritura dice que él hizo que fuera posible para nosotras acercarnos con toda confianza al trono de Dios para recibir misericordia y hallar gracia que nos ayude en tiempos de necesidad (Hebreos 4:14-16).

¡Esta verdad alentadora impulsa nuestra obediencia llena de fe! Nos libera tanto de nuestras tendencias legalistas de intentar las cosas con nuestros esfuerzos, como de la tentación de dar por sentado el sacrificio de Cristo y usarlo como una licencia para pecar. La victoria de Cristo se convirtió en nuestra victoria. Nos confió su poder a través del Espíritu Santo para empoderar nuestra obediencia a Dios. Ahora estamos liberadas tanto del castigo como del poder del pecado, lo que significa que somos *capaces* de seguir con fidelidad a Cristo con nuestra sexualidad. Y sabemos que aun cuando tropecemos, habrá misericordia y gracia para ayudarnos en nuestro tiempo de necesidad.

Pregunta para reflexionar

1. Si eres creyente, la verdad es que Jesús te liberó del poder y el castigo del pecado. La magnitud de esta verdad tiene implicaciones inmensas. ¿De qué manera te anima y te desafía esto respecto al daño sexual pasado o presente de tu vida?

VERDAD #3: ESTAMOS UNIDAS A CRISTO

Estás en Cristo. Esto significa que cuando Cristo murió, moriste tú. Tu vida vieja se acabó. Tu vida nueva, tu identidad, está ahora en Cristo (2 Corintios 5:17). Su obediencia, su justicia y su fidelidad cuentan como tuyas. En Cristo, eres amada, perdonada, aceptada, considerada intachable y sin condenación, adoptada y acreedora de una herencia invaluable. Aunque las cosas de esta vida se sientan más tangibles y más reales, la verdad de quién eres tú y de qué te dio Dios en Cristo es lo más real, verdadero y sustancial sobre ti. Tanto es así que Pablo afirma que tu *verdadera* vida está escondida con Cristo en Dios (Colosenses 3:1-4). La interconectividad entre Cristo y nosotras es misteriosa. No solo estamos en Cristo, sino que Cristo está en nosotras. Esta gloriosa verdad llenó la mente de Cristo poco antes de que lo traicionaran, arrestaran y crucificaran, y lo hizo orar al Padre:

> No te pido solo por estos discípulos, sino también por todos los que creerán en mí por el mensaje de ellos. Te pido que todos sean uno, así como tú y yo somos uno, es decir, como tú estás en mí, Padre, y yo estoy en ti. Y que ellos estén en nosotros, para que el mundo crea que tú me enviaste.
>
> Les he dado la gloria que tú me diste, para que sean uno, como nosotros somos uno. Yo estoy en ellos, y tú estás en mí. Que gocen de una unidad tan perfecta que el mundo sepa que tú me enviaste y que los amas tanto como me amas a mí. Padre, quiero que los que me diste estén conmigo donde yo estoy. Entonces podrán ver toda la gloria que me diste, porque me amaste aun antes de que comenzara el mundo.
>
> Oh Padre justo, el mundo no te conoce, pero yo sí te conozco; y estos discípulos saben que tú me enviaste. Yo te he dado a conocer a ellos y seguiré haciéndolo. Entonces tu amor por mí estará en ellos, y yo también estaré en ellos.
>
> Juan 17:20-26

Cuando un gran sufrimiento y la crucifixión le pisaban los talones a Cristo, oró no solo por sus discípulos, ¡sino por ti y por mí! Oró para que estemos *en* él y para que él esté *en* nosotras. Hay una realidad espiritual que trasciende este mundo físico. Estás en Cristo y Cristo está en ti. Es esta unión exacta lo que llevó a Pablo a cuestionar la inmoralidad sexual de la iglesia en Corinto:

> ¿No se dan cuenta de que sus cuerpos en realidad son miembros de Cristo? ¿Acaso un hombre debería tomar su cuerpo, que es parte de Cristo, y unirlo a una prostituta? ¡Jamás! ¿Y no se dan cuenta de que, si un hombre se une a una prostituta, se

hace un solo cuerpo con ella? Pues las Escrituras dicen: «Los dos se convierten en uno solo». Pero la persona que se une al Señor es un solo espíritu con él.

1 Corintios 6:15-17

Nuestra unión espiritual con Cristo tiene implicaciones físicas. ¡Ahora nuestros cuerpos en realidad son miembros de Cristo! Estamos «unidas a Cristo» y somos un espíritu con él. Vuelve a leer el versículo 15. Pablo no está perdiendo el tiempo. Para ser claro, nos da una analogía gráfica y declara con audacia que, si tienes sexo con una prostituta, estás metiendo a Cristo en esa cama contigo. Es por eso que seguir con fidelidad a Jesús con nuestra sexualidad importa y hace que Pablo nos suplique algo teológico con tan profunda pasión:

> ¡Huyan del pecado sexual! Ningún otro pecado afecta tanto el cuerpo como este, porque la inmoralidad sexual es un pecado contra el propio cuerpo. ¿No se dan cuenta de que su cuerpo es el templo del Espíritu Santo, quien vive en ustedes y les fue dado por Dios? Ustedes no se pertenecen a sí mismos, porque Dios los compró a un alto precio. Por lo tanto, honren a Dios con su cuerpo.
>
> 1 Corintios 6:18-20

Pablo le suplica a la iglesia de Corinto (y a nosotras) que huyan, que literalmente se escapen del pecado sexual. ¿Por qué? *Porque* somos la creación amada de Dios: creadas por Dios y para él, compradas por el alto precio de la sangre de Cristo para ser liberadas del castigo y el poder del pecado y unidas a Cristo a través de su Espíritu Santo, quien ahora reside en nosotras. Estas son las verdades fundamentales de por qué Pablo nos insta a honrar a Dios con nuestros cuerpos.

Pregunta para reflexionar

1. Estás unida a Cristo. Esta es una verdad misteriosa y difícil de entender. ¿Cuáles podrían ser algunas implicaciones de estar unidas a Cristo? ¿Qué cosas te hace preguntarte esta verdad?

VERDAD #4: EL PECADO SEXUAL ES UN PECADO CONTRA EL CUERPO

La última verdad que vamos a analizar es que el pecado sexual es un pecado contra el cuerpo: tanto nuestro cuerpo como el cuerpo de Cristo. En 1 Corintios 6:18, Pablo afirma: «Ningún otro pecado afecta tanto el cuerpo como este, porque la inmoralidad sexual es un pecado contra el propio cuerpo».

¿Qué tiene el pecado sexual que hace que sea mucho más destructivo que otros pecados como la gula, la pereza o la adicción? ¿Acaso esos no afectan el cuerpo también? La razón por la que el pecado sexual es tan destructivo es que ocurre algo misterioso durante las relaciones sexuales: según Pablo, dos se hacen uno solo (1 Corintios 6:16). Ocurre tanto una unión física como espiritual y eso es parte del buen diseño de Dios para el sexo. El sexo tiene el propósito de «alimentar la intimidad en un matrimonio y forjar un vínculo entre las almas».[1] Esta conexión entre almas significa que no hay tal cosa como el sexo inofensivo.

Esta puede ser una verdad difícil de entender tanto para las mujeres casadas como para las solteras. Sin embargo, no tenemos que entenderla para que sea verdadera. Muchas mujeres solteras que son sexualmente activas intentan convencerse a sí mismas de que no importa, de que sus decisiones no las afectarán y de que no habrá efectos secundarios espirituales y emocionales a corto y a largo plazo. De la misma manera, muchas mujeres casadas tratan esta verdad como si no fuera relevante y descartan la importancia del sexo o detestan y rechazan los deseos sexuales de sus esposos. Al igual que las otras mujeres, piensan que sus decisiones no tendrán efectos secundarios espirituales y emocionales a corto y a largo plazo.

Como una drogadicta y alcohólica en recuperación, entiendo el impacto destructivo que tuvo la adicción sobre mi cuerpo. De hecho, hay consecuencias psicológicas de mi adicción con las que todavía lidio hoy. Sin embargo, ninguna de esas cosas me afectó tanto como el pecado sexual (tanto los daños que otros me hicieron como los daños hechos por mí). Somos seres holísticos (cuerpo, mente y alma), lo que significa que no podemos separar el acto físico del sexo de los aspectos emocional, espiritual y psicológico de nuestra vida. La promiscuidad de mi pasado, así como los pecados cometidos en mi contra, dejaron una huella en mí. Hay rostros familiares, lugares, nombres y sucesos que todavía despiertan recuerdos en mí hoy, sin importar si ocurrieron hace quince, veinte o incluso treinta años. Todavía debo lidiar con la culpa, la vergüenza, el dolor y los recuerdos. A veces, me invaden incluso durante los momentos de intimidad con mi esposo. Estas cosas simplemente no se van cuando te casas; solo traen otra capa para escudriñar a fin de que disfrutes de la intimidad como Dios la diseñó.

En su libro *Eden Derailed* [El Edén descarrilado], Matt Williams usa la analogía de un cable eléctrico. El sexo es una corriente poderosa que fluye entre dos personas, similar a un cable que conduce electricidad entre el tomacorriente y el objeto al que está conectado. Gracias a la aislación o la cubierta que protege el cable, la electricidad fluye sin que te electrocutes al tocarlo. El diseño de Dios para el sexo es esa cubierta protectora. Cuando tenemos sexo por fuera de esa cubierta protectora, nos quemamos.[2] Esto abarca todas las formas de inmoralidad sexual, aun el pecado sexual dentro del matrimonio. ¡Es por eso que Pablo lo toma tan en serio y que nos ruega que huyamos del pecado sexual!

Sin embargo, hay otro modo por el que el pecado sexual es un pecado contra el cuerpo. Cuando te conviertes en seguidora de Cristo, mueres a ti misma. Ahora formas parte de un cuerpo de creyentes, la iglesia, quienes juntos conforman el cuerpo de Cristo.

El cuerpo humano tiene muchas partes, pero las muchas partes forman un cuerpo entero. Lo mismo sucede con el cuerpo de Cristo. Entre nosotros hay algunos que son judíos y otros que son gentiles; algunos son esclavos, y otros son libres. Pero todos fuimos bautizados en *un* solo cuerpo por un mismo Espíritu, y todos compartimos el mismo Espíritu.

Así es, el cuerpo consta de muchas partes diferentes, no de una sola parte. Si el pie dijera: «No formo parte del cuerpo porque no soy mano», no por eso dejaría de ser parte del cuerpo. Y si la oreja dijera: «No formo parte del cuerpo porque no soy ojo», ¿dejaría por eso de ser parte del cuerpo? Si todo el cuerpo fuera ojo, ¿cómo podríamos oír? O si todo el cuerpo fuera oreja, ¿cómo podríamos oler?

Pero nuestro cuerpo tiene muchas partes, y Dios ha puesto cada parte justo donde él quiere. ¡Qué extraño sería el cuerpo si tuviera solo una parte! Efectivamente, hay *muchas partes, pero un solo cuerpo*. El ojo nunca puede decirle a la mano: «No te necesito». La cabeza tampoco puede decirle al pie: «No te necesito».

De hecho, algunas partes del cuerpo que parecieran las más débiles y menos importantes, en realidad, son las más necesarias. Y las partes que consideramos menos honorables son las que vestimos con más esmero. Así que protegemos con mucho cuidado esas partes que no deberían verse, mientras que las partes más honorables no precisan esa atención especial. Por eso Dios ha formado el cuerpo de tal manera que se les dé más honor y cuidado a esas partes que tienen menos dignidad. Esto hace que haya armonía entre los miembros a fin de que los miembros se preocupen los unos por los otros. Si una parte sufre, las demás partes sufren con ella y, si a una parte se le da honra, todas las partes se alegran.

> Todos ustedes *en conjunto* son el cuerpo de Cristo, y cada uno de ustedes es parte de ese cuerpo.
>
> 1 Corintios 12:12-27 (énfasis añadido)

Aunque quizás no entendamos por completo como funciona todo esto, la verdad sigue en pie: en el terreno espiritual, somos miembros una de la otra. Cada una de las partes afecta al todo, para bien o para mal. Pablo profundiza su ilustración en su carta a la iglesia de Éfeso:

> Ahora bien, Cristo dio los siguientes dones a la iglesia: los apóstoles, los profetas, los evangelistas, y los pastores y maestros. Ellos tienen la responsabilidad de preparar al pueblo de Dios para que lleve a cabo la obra de Dios y edifique la iglesia, es decir, el cuerpo de Cristo. Ese proceso continuará hasta que todos alcancemos tal unidad en nuestra fe y conocimiento del Hijo de Dios que seamos maduros en el Señor, es decir, hasta que lleguemos a la plena y completa medida de Cristo.
>
> Entonces ya no seremos inmaduros como los niños. No seremos arrastrados de un lado a otro ni empujados por cualquier corriente de nuevas enseñanzas. No nos dejaremos llevar por personas que intenten engañarnos con mentiras tan hábiles que parezcan la verdad. En cambio, hablaremos la verdad con amor y así creceremos en todo sentido hasta parecernos más y más a Cristo, quien es la cabeza de su cuerpo, que es la iglesia. Él hace que todo el cuerpo encaje perfectamente. Y cada parte, al cumplir con su función específica, ayuda a que las demás se desarrollen, y entonces todo el cuerpo crece y está sano y lleno de amor.
>
> Efesios 4:11-16

Aunque este pasaje no se refiere específicamente al pecado sexual, en un sentido más amplio se entiende que, juntas, hacemos un solo cuerpo y que, cuando seguimos a Jesús con fidelidad en todas las áreas de nuestra vida, nuestra sexualidad incluida, el cuerpo entero de Cristo se vuelve más sano, crece y se llena de amor. Es por eso que Pablo se toma el pecado sexual tan en serio. Pertenecemos la una a la otra. Estamos

JUNTAS, HACEMOS UN SOLO CUERPO. CUANDO SEGUIMOS A JESÚS CON FIDELIDAD EN TODAS LAS ÁREAS DE NUESTRA VIDA, NUESTRA SEXUALIDAD INCLUIDA, EL CUERPO ENTERO DE CRISTO SE VUELVE MÁS SANO, CRECE Y SE LLENA DE AMOR.

interconectadas y somos interdependientes. Lo que yo hago te afecta, y lo que tú haces me afecta. Esto significa que, aunque el pecado sexual sea personal, definitivamente no es privado. Vemos las consecuencias comunales del pecado sexual en todos lados. Tráfico sexual, pornografía, agresión, adulterio, abuso, promiscuidad... ninguno de estos son pecados sin víctimas. Y aunque el individuo más cercano al pecado absorbe el impacto mayor, las oleadas se expanden a lo largo y a lo ancho. El divorcio, la vergüenza, el miedo, la traición, el arrepentimiento, los embarazos no planeados, el aborto y la pornografía dejan el cuerpo de Cristo herido y debilitado.

Aunque el pecado sexual es redimible, eso no significa que no tenga consecuencias. Es destructivo para el cuerpo: el nuestro y el cuerpo de creyentes. Mientras que, para nuestra cultura, la libertad personal de cada individuo tiene el máximo valor, Dios nos pide que le rindamos nuestros deseos a él y que cada una nos sometamos al bien común de la otra en amor. Y al hacerlo, todo el cuerpo se vuelve más fuerte. Es por eso que, como seguidoras de Cristo, no podemos permitirnos coquetear con el pecado sexual. ¡Debemos huir!

Pregunta para reflexionar

1. La verdad de que estamos unidas a Cristo significa que las decisiones que tomamos con nuestro propio cuerpo nos impactan de múltiples formas. ¿De qué manera impactan tus decisiones a tu relación con Dios, contigo misma y con el cuerpo de Cristo? ¿Se te ocurren ejemplos de tu propia experiencia o de las personas que conoces?

CONCLUSIÓN

A lo largo del último capítulo, vimos cuatro verdades:
- Dios es el Creador y nosotras somos su creación.
- Jesús nos liberó del castigo y el poder del pecado.
- Estamos unidas a Cristo.
- El pecado sexual es un pecado contra el cuerpo.

Estas verdades son nuestra base y nos ayudan a ejercer mayordomía sobre nuestra sexualidad de formas que honran a Dios. El sexo no nos pertenece a nosotras; le pertenece a Dios. Sin embargo, él nos lo confió a nosotras. No debe ser utilizado a nuestra propia manera o para cumplir nuestros propios propósitos. Más bien, es nuestra responsabilidad como creyentes usarlo sabiamente para el beneficio de Dios, del cuerpo de Cristo y de nuestro propio bienestar mental, emocional y espiritual en cada etapa de nuestra vida.

Pregunta para reflexionar

Completa este cuadro para revisar y aplicar las cuatro verdades. ¿Cuál de estas verdades te resulta más difícil creer y por qué?

CUATRO VERDADES QUE GOBIERNAN NUESTRA SEXUALIDAD

VERDAD	ESCRITURAS	LO QUE SIGNIFICA	CÓMO PODRÍA MOLDEAR LA FORMA EN QUE PIENSO Y VIVO
Dios es el creador y nosotras somos su creación.			
Jesús nos liberó del castigo y el poder del pecado.			
Estamos unidas a Cristo.			
El pecado sexual es un pecado contra el cuerpo.			

HISTORIA DE UNA MUJER
La fractura del sexo doloroso

El sexo siempre ha sido algo que nos llevó trabajo. Todo comenzó en nuestra noche de bodas, cuando intentamos tener sexo por primera vez, pero no funcionó. El dolor que sentí fue atroz y me dejó adolorida por días. Aunque seguimos intentándolo, se sentía como si, simplemente, mi cuerpo no estuviera hecho para el sexo. Si bien lo hablamos un poco, la mayoría de las veces cerraba los ojos para impedir que salieran las lágrimas, apretaba los dientes e intentaba soportar el dolor. ¿Quizás solo necesitaba tiempo? ¿Practicar? ¿Hacer estiramientos? Me sentía sola y avergonzada por cómo mi cuerpo no funcionaba de la forma en que debía. Había imaginado que el sexo era una experiencia sencilla, divertida y placentera que acercaba a las parejas. Sin embargo, no tardó en convertirse en algo que padecí, temí y, al final, odié.

Durante los siguientes 18 meses, el Señor puso personas en nuestra vida que hicieron preguntas difíciles sobre nuestro matrimonio y nuestra vida sexual, por lo que no podía ignorar el tema. Estas preguntas me desafiaron a pensar en la forma en que veía el sexo. Crecí sin hablar del sexo en absoluto y sin entenderlo. Solo había experimentado las consecuencias negativas y no había pensado con profundidad en sus bondades. Tuve que trabajar para creer que Dios tenía un diseño del sexo mejor que el que había imaginado. Tuve que creer que el propósito principal del sexo no es solo el placer, sino que, además, es una unidad más profunda entre marido y mujer que termina glorificando a Dios, y que es algo por lo que vale la pena trabajar.

También tuve que hablar del tema. Hablé con otras mujeres sobre sus experiencias, pedí una cita con el médico e incluso leí libros al respecto. No obstante, lo que es más importante, hablé con mi esposo. Tuve que hacerle saber lo profunda que era mi lucha con el dolor y el sexo en general. Fue necesario que me abriera para que la sanidad comenzara. Necesité ser sensible con mi esposo: con mis palabras y con mi cuerpo. Me sentía rara e incómoda al hablar sobre los detalles de lo que dolía y lo que no, al admitir que me sentía inadecuada. Incluso luché con sentirme «sucia» cuando tuvimos que ser creativos por lo doloroso que era el coito. Sin embargo, en mi fragilidad, me encontré con gracia y paciencia. Mi esposo no me apuró ni criticó ni me hizo sentir que era una mala esposa. Nunca se quejó ni pareció estar irritado. Simplemente, dio los pasos pequeños junto a mí a medida que descubría cómo ser susceptible con él en más de una manera.

Luego de cinco años y dos bebés, el sexo sigue llevándonos trabajo. Hay muchos días en los que mi cuerpo se rebela y no podemos tener coito. Pero hay muchos más días en los que nos reímos en lugar de llorar al respecto. Estoy agradecida por el camino que el Señor tiene para nosotros mientras sigue haciéndonos crecer juntos para su gloria.

08

MAYORDOMÍA FIEL EN TODA ETAPA

El matrimonio fiel, así como la soltería fiel, es el camino de la cruz. La fidelidad, tanto en el matrimonio como en la soltería, requiere que muramos a nosotros mismos una y otra vez. Así, el matrimonio y la soltería fiel pasan a ser espacios que nos forman para el discipulado.

Beth Felker Jones, *Faithful: A Theology of Sex*
[Fiel: una teología del sexo]

A mis casi 50 años, he sobrellevado muchas etapas de sexualidad: el descubrimiento inicial en mi juventud, la avalancha de hormonas adolescentes, el tiempo de salir con chicos y la adultez joven, un extenso periodo de soltería en la adultez, el sexo de recién casados, el matrimonio con un hijo pequeño y el sexo marital como mujer posmenopáusica que envejece. Si bien cada etapa trajo desafíos distintos, todas trajeron, de manera consistente, el desafío de serle fiel al diseño de Dios para el sexo y la sexualidad. Toda mujer debe lidiar con la tentación, con los deseos no cumplidos y con el anhelo de sentir una conexión, amor y pertenencia. Enfrenté todos estos desafíos mientras estaba soltera y enfrento esos mismos desafíos mientras estoy casada. Así que, antes de indagar en los desafíos más específicos de cada etapa, hablemos de las cosas que tenemos en común.

LA LUCHA CONTRA LA TENTACIÓN

Según Santiago, «La tentación viene de nuestros propios *deseos*, los cuales nos seducen y nos arrastran. De esos deseos nacen los *actos* pecaminosos, y el pecado, cuando se deja crecer, da a luz la *muerte*» (Santiago 1:14-15). Estos versículos están sumamente repletos de poder. La tentación aflora cuando nuestros deseos (buenos o malos) nos seducen para que busquemos satisfacerlos por fuera de la voluntad de Dios para nosotras. Cuando dejamos que nuestros deseos fluyan sin controlarlos, dan a luz actos pecaminosos. Y cuando dejamos el pecado crecer, al final conduce a la muerte espiritual, emocional y relacional.

Aunque es fácil, para una mujer soltera, pensar que el matrimonio es la solución a la tentación sexual, eso no es completamente cierto. Si bien el matrimonio ofrece una manera legítima de canalizar el deseo sexual y la conexión, la tentación no desaparece al decir: «Sí, quiero». Eso solo trae desafíos nuevos. Tal vez la *clase* de tentación se vea diferente en las distintas etapas de la vida, o tal vez no. Sin embargo, al fin y al cabo, tentación es tentación. Una mujer soltera puede verse tentada a tener sexo premarital, a masturbarse o a ver pornografía, mientras que a una mujer casada puede tentarle fantasear con tener sexo con alguien que no es su esposo, buscar satisfacer sus deseos de tener una conexión emocional por fuera de su matrimonio o incluso repudiar el deseo sexual de su esposo.

La tentación es común a todas nosotras; es parte del camino que hace el creyente. A lo largo de los años, muchas mujeres me han dicho que pensaban que nosotras no luchábamos con la pornografía o la masturbación y que creían que esas eran luchas solo de los hombres. Ya que no se aborda este tema como algo común a las mujeres, aquellas que enfrentan esta lucha se sienten llenas de miedo y vergüenza por creer que hay algo quebrado exclusivamente en ellas. También he oído a las jóvenes que intentan atravesar con fidelidad la intimidad en el noviazgo, pero siguen cruzando los límites que se pusieron a ellas mismas. Como las paraliza la vergüenza, la culpa y el miedo de cómo responderán los demás, deciden que la próxima vez se esforzarán más y les irá mejor. Así es que sufren, luchan y batallan solas.

Quienes se enfrentan a la atracción hacia el mismo sexo también temen estar solas en esa lucha y, por desgracia, la iglesia no siempre es el lugar más seguro para que encuentren ayuda. En lugar de hallar comunión en un cuerpo de creyentes, sabedores y entendedores de que nadie alcanza el estándar de justicia de Dios, capaces de identificarse con ellas en la lucha contra el pecado (aun si no es el mismo pecado) y dispuestos a caminar junto a ellas en su lucha, a menudo se las entiende y caracteriza mal, se las politiza o se las tilda de las que están «realmente quebradas». Así es que sufren, luchan y batallan solas.

¿Y qué hay de la mujer casada a quien su esposo no ama como ella desea ser amada? Anhela que él la vea, la disfrute, la aprecie, la conozca por completo y la ame profundamente. Quizás ella cargue con ese dolor en silencio y, cuando otro hombre la note y comience a llenar los espacios de su alma, ella descubra que se siente atraída hacia él. Su mente y corazón están cautivados por el gozo que él parece encontrar en su presencia. Así es que ella comienza a soñar despierta cómo sería su vida si ese hombre fuera su esposo. ¿O qué pasa con la mujer que lee novelas románticas para escaparse y trascender a la cotidianidad de su vida como esposa y madre? ¿O con la mujer que ama a su esposo, pero no disfruta del sexo? Se siente culpable por decirle siempre que no o por tener relaciones de forma mecánica, pero no sabe qué hacer, por lo que hace su mejor esfuerzo para evitar tener momentos íntimos. ¿O con la mujer a la que la intimidad con su esposo le parece insulsa, por lo que le tienta ver pornografía o masturbarse? No obstante, muchas mujeres cristianas simplemente no hablan de esta clase de luchas. Así es que sufren, luchan y batallan solas.

Entonces, ¿qué debemos hacer en nuestra batalla contra los anhelos no cumplidos, la tentación y el pecado?

1. RECONOCE QUE NO ESTÁS SOLA

En su carta a la iglesia de Corinto, Pablo les recuerda a los creyentes que las tentaciones que enfrentan en su vida no son distintas de las que otros atraviesan (1 Corintios 10:13a). ¡Qué idea tan alentadora! Esto significa que estamos todas en la misma tormenta, aun si estamos en distintos botes. Tus luchas no son exclusivas tuyas, peores o distintas de las de cualquier otro creyente. La tentación es común a todas nosotras. Es una parte natural de la experiencia humana. Esto significa que podemos hallar comunión real entre nosotras en nuestra lucha contra el pecado y la tentación.

Sin embargo, es aún más reconfortante la verdad de que Jesús entiende nuestra debilidad porque él fue tentado *de la misma manera* que nosotras (Hebreos 4:15a). Nos resulta tan fácil perder de vista la humanidad de Jesús y enfocarnos solamente en su deidad. Sin embargo, Jesús era completamente Dios y completamente hombre. Esto significa que él sabe lo que es ser tentado por los deseos de la carne. La tentación no hace a Jesús menos santo, en absoluto. Enfrentar la tentación es parte de vivir encarnadas en un mundo caído. Aunque Jesús fue tentado de la misma manera que nosotras, no pecó, sino que se mantuvo fiel y obediente al diseño de Dios para el sexo. Es decir, él entiende lo que significa enfrentar la tentación incluso mejor que nosotras mismas, pues él lo soportó sin rendirse. Jesús conoce el poder de la tentación, pero también conoce la debilidad de nuestra carne. Y aunque quizás a nosotras nos sorprenda nuestra debilidad, a él, no (Mateo 26:40-41).

Es por eso (porque Jesús sufrió la tentación de la misma manera que nosotras, pero no pecó) que podemos acercarnos con confianza al trono de gracia de nuestro Dios, donde hallaremos la misericordia y la gracia que nos ayudará cuando más la necesitemos (Hebreos 4:16). No tenemos que sufrir la tentación solas. Jesús nos entiende y tiene compasión por nosotras; empatiza con nosotras porque él mismo lo experimentó. Así que podemos acudir a él en nuestras faltas, debilidad, necesidad y vergüenza y encontrar un Salvador dispuesto a ayudarnos en tiempos de necesidad.

2. DELATA LO QUE HICISTE

Muchas crecimos en hogares en los que era raro que se hablara del sexo y la tentación sexual o fuimos a iglesias donde la mayor parte de las discusiones sobre la tentación sexual estaban dirigidas a los hombres y eran sobre la pornografía. Es por eso que las mujeres no hemos aprendido a hablar de nuestras luchas sexuales entre nosotras. Lo más cerca que estamos de hacerlo es cuando las mujeres solteras se compadecen por *no tener* sexo y las casadas, por el *deber de tener* sexo. Sin embargo, estas conversaciones se quedan sumamente cortas: no llegan a ser diálogos fructíferos sobre las cuestiones sexuales que enfrentamos como mujeres.

PODEMOS ACUDIR A ÉL EN NUESTRAS FALTAS, DEBILIDAD, NECESIDAD Y VERGÜENZA Y ENCONTRAR UN SALVADOR DISPUESTO A AYUDARNOS EN TIEMPOS DE NECESIDAD.

Por eso, ante la tentación y el pecado sexual, las mujeres luchamos en secreto o nos escondemos detrás de generalizaciones difusas. Sin embargo, una parte crucial para que seamos capaces de luchar contra la tentación es dialogar de forma abierta y honesta con otro creyente, pues el secreto, el miedo a la humillación o al rechazo y la soledad son algunas de las mejores armas que el enemigo usa contra nosotras. En tiempos de tentación, te susurra que hay algo quebrado exclusivamente en ti, que eres peor que todos los demás y que, si alguien supiera de las luchas a las que te enfrentaste, te rechazaría.

Las acusaciones del enemigo y nuestra propia consciencia nos condenan, lo que hace que sintamos vergüenza, culpa, orgullo, miedo y soledad. Como tememos exponernos y ser rechazadas, nos escondemos, nos tapamos o desviamos nuestra mirada de la mirada conocedora de los demás. No obstante, Jesús nos desafía a ir a la luz y hallar libertad.

> La luz de Dios llegó al mundo, pero la gente amó más la oscuridad que la luz, porque sus acciones eran malvadas. Todos los que hacen el mal odian la luz y se niegan a acercarse a ella porque temen que sus pecados queden al descubierto, pero los que hacen lo correcto se acercan a la luz, para que otros puedan ver que están haciendo lo que Dios quiere.
>
> Juan 3:19b-21

El pecado crece en la oscuridad, pero muere en la luz. La oscuridad del secreto es tierra fértil para que la tentación le abra paso al pecado. Participar de forma activa en la lucha contra la tentación implica aprender a delatar tus acciones, temprano y a menudo. Reconoce las malezas del pecado cuando comiencen a aflorar en tus pensamientos y arráncalos antes de que se arraiguen y crezcan.

Recuerdo que, cuando dejé de beber por primera vez, me dijeron que yo no era responsable de lo primero que pensaba, pero sí de lo segundo. Esto significa que, aunque no sea capaz de controlar los pensamientos que vengan a mi mente (como el deseo de beber algo), soy responsable de lo que piense y haga después. Si tenía un pensamiento sobre la bebida, no era necesario que lidiara con eso de forma ingenua, pasiva o apática. Necesitaba mantenerme alerta si quería permanecer sobria. Y eso significaba llamar a alguien, delatarme, buscar sabiduría y ayuda. El alcohol y las drogas casi me destruyeron, por lo que entendía que estaba en una batalla de por vida. La mayoría de nosotras no nos tomamos la tentación tan en serio. Sin embargo, la batalla contra el pecado no deja de ser una batalla de vida o muerte. Si entendemos el poder que tienen la tentación y el pecado para destruir, sabemos que no podemos permitirnos dejar que el miedo por las reacciones de los demás o los deseos de mantener nuestra «reputación» nos impidan ir a la luz. Ten valor y sé honesta contigo misma y con los demás.

3. EJERCITA LA SABIDURÍA

Aunque la Escritura sea clara con que Dios nos llama a una obediencia fiel, puede ser difícil de distinguir cómo se ve esa obediencia en diferentes situaciones. Ese era el caso de la iglesia de Corinto. Como entendían mal la libertad que tenían en Cristo, la aplicaban mal en sus decisiones diarias.

> Ustedes dicen: «Se me permite hacer cualquier cosa», pero no todo les conviene. Y aunque «se me permite hacer cualquier cosa», no debo volverme esclavo de nada. Ustedes dicen: «La comida se hizo para el estómago, y el estómago, para la comida». (Eso es cierto, aunque un día Dios acabará con ambas cosas). Pero ustedes no pueden decir que nuestro cuerpo fue creado para la inmoralidad sexual. Fue creado para el Señor, y al Señor le importa nuestro cuerpo. Y Dios nos levantará de los muertos con su poder, tal como levantó de los muertos a nuestro Señor.
>
> 1 Corintios 6:12-14

Según los corintios, todas las cosas (incluso el sexo con prostitutas del templo y la comida ofrecida a los ídolos) se habían vuelto lícitas bajo la gracia del evangelio. Es por eso que Pablo les recuerda que sus cuerpos no fueron hechos para satisfacer sus propios apetitos, sino para servir al Señor. Sin embargo, eso no era todo.

Ustedes dicen: «Se me permite hacer cualquier cosa», pero no todo les conviene. Dicen: «Se me permite hacer cualquier cosa», pero no todo trae beneficio. No se preocupen por su propio bien, sino por el bien de los demás.

1 Corintios 10:23-24

Pablo no solo desafía a los corintios a someter sus cuerpos a Cristo en obediencia a él, sino también a someter la libertad que tienen como cristianos a sus compañeros de fe. Es decir, que al tomar decisiones sobre lo que deberían o no hacer, no se preocupen solo por su propio bien, sino que consideren también el bien de sus hermanos en la fe. No fuimos liberadas del castigo y el poder del pecado solo para que el pecado nos vuelva a esclavizar: nuestra libertad es para servir al Señor y trabajar para el bien de los demás.

Como creyentes, hay muchas decisiones que somos libres de tomar. Sin embargo, eso no significa que todas nos convengan. Pablo desafió a los corintios con un nuevo paradigma: es posible que sea lícito, es decir, que seas libre de hacerlo, pero ¿te traerá beneficio? Esa es la clase de sabiduría que necesitamos en nuestra batalla contra la tentación.

- ¿Es la decisión delante de ti algo que le traerá beneficio a tu relación con Dios?
- ¿Le traerá beneficio a tu crecimiento en madurez espiritual?
- ¿Le traerá beneficio a tu propio bienestar mental, emocional y físico?
- ¿Le traerá beneficio al cuerpo de Cristo?

Este paradigma ha sido de suma ayuda en mi propia vida. Solían encantarme las películas cursis, en especial las comedias románticas. Al mirar hacia mis años de soltería, puedo ver cómo es que eso no solo revelaba, sino que, además, aumentaba el deseo que tenía de ser amada y deseada y de estar en una relación. Los clásicos como *The Notebook* [El diario de Noah / Diario de una pasión / El cuaderno] y *Titanic* a menudo me dejaban llorando un charco de lágrimas de lástima por mí misma. De hecho, durante o después de ver películas como estas me hallaba más tentada a masturbarme, pues era sumamente profundo el anhelo que tenía de que alguien me amara, deseara y tomara, no necesariamente en un sentido sexual, sino de una forma que me validara como persona digna de ser amada y buscada. Y al final, la masturbación solo amplificaba mi soledad.

No fue hasta después de casarme que comencé a darme cuenta del impacto que películas como esas tuvieron sobre mí y cómo moldearon mi manera de pensar, mis expectativas y mis experiencias. Cada vez que miraba una película cursi, me sentía frustrada con mi propio matrimonio. Eran como lupas sobre las aparentes imperfecciones de Ken y mis deseos sin cumplir. Mi descontento llegó a un punto crítico luego de leer una popular ficción cristiana basada en la historia de Oseas. El personaje principal masculino (quien representaba a Dios) y la mujer a la que toma como esposa (quien representaba a la humanidad pecaminosa) retrataban la historia del amor osado y generoso que tiene Dios por nosotras como hijas suyas. Y yo sabía eso. Sin embargo, mientras más leía sobre la manera incesante e incondicional en que este «hombre» amaba y buscaba a esta mujer quebrada, más fantaseaba con que un hombre me buscara de ese modo y más resentida, triste y descontenta me volvía con la manera en que mi propio esposo me buscaba y amaba. Desde entonces, prometí que dejaría todas las películas cursis, las comedias románticas e incluso las novelas de romance cristianas.

No hay nada en la Palabra de Dios que diga: «No mirarás comedias románticas». Yo no las dejé porque mi consciencia me hacía sentir culpable. Las dejé porque, aunque quizás eran lícitas, el Espíritu Santo permitió que reconozca que no traían beneficio: ni a mí, ni a mi esposo, ni a mi matrimonio, ni a mi relación con Dios. No cerraba los libros ni me iba del cine sintiéndome más feliz, más alegre y más agradecida ni como una persona que amaba más y adoraba más. Más bien, me sentía amarga, desconectada, resentida y desagradecida. Así que eliminé esas cosas de mi vida. Y el tiempo ha demostrado que esa fue una buena decisión para mí.

Ya sea que se trate de romances, de envío de mensajes sexuales o de mirar pornografía, ten en cuenta con qué estás alimentando tu mente y tus emociones. Pablo nos instruye no solo a no imitar las conductas y costumbres de este mundo, sino a dejar que Dios nos transforme en personas nuevas al cambiarnos la manera de pensar (Romanos 12:1-2). No podemos permitirnos buscar entretenernos sin pensarlo. Más bien, debemos estar dispuestas a hacernos preguntas difíciles sobre nuestras decisiones diarias.

¿Qué significa esto para ti? ¿Qué cosas haces o escuchas o ves o lees que están minando tu alma, tu contentamiento con la soltería o tu amor por tu esposo? ¿Cómo sería si dejaras ir eso a cambio de algo mejor? Para algunas, se tratará de las reuniones para mirar la última serie de televisión de la vida real. Para otras, serán las noches de chicas que se vuelven tóxicas. O quizás será escuchar canciones de amor. Ninguna de estas cosas es necesariamente pecaminosa. Sin embargo, esa no es la pregunta. La pregunta es: ¿me traerá beneficio?

En mi caso, se trató de las películas cursis. Y si bien esa fue la decisión que yo tomé, quizás no sea la decisión que toda mujer necesita tomar. Cuando se trate de una decisión amoral, resiste a la tentación de convertir lo que es sabio para ti en una regla para alguien más. Cada mujer es diferente. Cada etapa y circunstancia trae desafíos distintos. Y cada matrimonio es diferente. No podemos prescribir un talle único de soluciones espirituales para los demás.

Así como no es necesario que convirtamos lo que es sabio para nosotras en una regla para los demás, tampoco podemos permitir que las libertades y decisiones de los demás gobiernen sobre las nuestras. Tenemos que hacernos responsables de nuestra propia vida espiritual. Eso incluye hacer el trabajo necesario en nuestra alma para discernir cómo es que lo que consumimos (lo que leemos, vemos y escuchamos) nos impacta a nosotros y a quienes nos rodean. Esto significa que tendremos que tomar la decisión dura de negarnos a nosotras mismas libertades que otras personas se sienten libres de disfrutar. Y eso está bien porque, a fin de cuentas, el fruto que viene de seguir a Jesús con el paso del tiempo es mejor que cualquier cosa que puedas negarte a ti misma aquí y ahora. Sin embargo, eso no significa que será fácil.

4. BUSCA LA INTIMIDAD

La Biblia nos ofrece una imagen sólida de la intimidad. De hecho, la naturaleza y esencia mismas de Dios están marcadas por la relación íntima dentro de la Deidad. Padre, Hijo y Espíritu Santo están entrelazados de tal manera que cada uno conoce de manera profunda y personal al otro y cada uno tiene afecto por el otro. Y Dios, quien nos creó como seres relacionales, nos invita a experimentar esa clase de intimidad también. Si bien a menudo creemos que la intimidad solo se encuentra en las relaciones de noviazgo o matrimonio, la intimidad sexual no es la única forma de intimidad. La Escritura nos muestra una amplia variedad de relaciones íntimas devotas que están disponibles para nosotras:

- Dios y la humanidad (Génesis 1-3, Salmos 139)
- Hombre y hombre (David y Jonatán, Pablo y Timoteo)
- Mujer y mujer (Ruth y Noemí)
- Mujer y hombre (María Magdalena, María y Marta con Jesús; Febe y Lidia con Pablo)
- Marido y mujer (Cantar de los Cantares)
- Miembros de la iglesia entre sí (Efesios 4; Romanos 12, 1 Corintios 12-13)

Estamos diseñadas para las relaciones íntimas; es parte de lo que significa estar hechas a imagen de Dios. Sin importar la etapa o circunstancia en la que estés, la intimidad relacional es una parte importante y necesaria de la experiencia humana. Esto significa que es algo que podemos y debemos buscar. La intimidad relacional tiene muchas facetas: emocional, intelectual, espiritual, experiencial y física. Cada una de estas facetas puede buscarse de maneras fieles de acuerdo a la etapa y circunstancia en la que estés.

En primer lugar, debemos buscar una relación personal con Dios. Podemos conocer y comprender a Dios al leer su Palabra con regularidad. Podemos conectar con él en lo espiritual y lo experiencial a través de la oración, los cantos y sacramentos como el bautismo y la comunión. Podemos profundizar en nuestro afecto hacia él mediante la oración y el cultivo de gratitud. Podemos experimentar más de él obedeciéndolo, sacrificándonos y sirviendo a otros. Buscar tener una relación personal con Dios incluye hacer que él sea parte de lo emocional, intelectual, espiritual, experiencial y físico.

Aunque tal vez la intimidad sexual no esté disponible para ti en este momento, la intimidad relacional con otras personas sí lo está. Sin embargo, requiere intencionalidad; debe cultivarse. Incluso si estás casada y tienes intimidad sexual, eso no quiere decir que también estés experimentando la amplitud de tipos de intimidad relacional que tienes a tu disposición a través de otras relaciones. Me di cuenta de esto cuando la pandemia de COVID19 hizo que la gente guardara cuarentena y distancia social. Amo abrazar a mis amigos, pero, a causa de la pandemia, no podía hacerlo. Aunque estoy casada y podía abrazar a Ken todos los días, extrañaba el afecto no sexual que pueden compartir los amigos o los seres queridos. Extrañaba poder consolar a una amiga herida tomándole la mano y orando con ella o poder rodear su hombro con mi brazo mientras ella lloraba. Extrañaba poder intercambiar una sonrisa cálida con extraños.

Cuando estaba soltera, a menudo anhelaba tener intimidad relacional. Estaba carente en gran manera de contacto físico y solía pasar semanas sin que alguien me rodeara el hombro con su brazo, me abrazara o me tocara la mano. Además, vivía sola y anhelaba tener conexiones relacionales con otras personas y saber que alguien me veía, conocía y amaba. Con frecuencia, este vacío de intimidad le daba lugar a la tentación de hallar intimidad en una conexión sexual, ya sea en una relación sexual con otra persona o en la masturbación. Buscaba llenar mi tanque vacío por medios sexuales, en lugar de buscar y cultivar otras formas de intimidad. Con frecuencia, esto me dejaba sintiéndome más vacía y sola que antes.

Toda persona tiene el deseo de conectarse relacionalmente con otros: conocer y que la conozcan, que la vean, escuchen, entiendan, amen, disfruten, experimenten e incluso toquen. Jesús era profundamente íntimo con sus seguidores y amigos, aunque era célibe. Se relacionaba con los demás con contacto físico, conversaciones espirituales, comida y comunidad, servicio, risas y penas. Sin importar la etapa o circunstancia en la que te encuentres, Jesús da un festín íntimo para ti y te invita a tener conexiones profundas y personales con él y con los demás.

Dirígete al apéndice A para más información sobre la intimidad relacional.

5. RÍNDELE TUS DESEOS A DIOS

Por último, ríndele tus anhelos no satisfechos, tu dolor y tus deseos (legítimos e ilegítimos, buenos y malos) a Dios.

Luego Jesús dijo a sus discípulos: «Si alguno de ustedes quiere ser mi seguidor, tiene que abandonar su propia manera de vivir, tomar su cruz y seguirme. Si tratas de aferrarte a la vida, la perderás, pero si entregas tu vida por mi causa, la salvarás. ¿Y qué beneficio obtienes si ganas el mundo entero pero pierdes tu propia alma? ¿Hay algo que valga más que tu alma? Pues el Hijo del Hombre vendrá con sus ángeles en la gloria de su Padre y juzgará a cada persona de acuerdo con sus acciones».

Mateo 16:24-27

A muchos creyentes, profesar fe en Cristo no les cambió muchas cosas de sus vidas; no les costó mucho. Para otros, sin embargo, seguir a Jesús significó que su vida entera tenía que cambiar. Para muchos, sobre todo en el sur de Estados Unidos, Jesús fue un «adicional», algo que agregarle a una vida que ya era buena. Para otros, sus vidas enteras tuvieron que cambiar. Sin embargo, nadie quedará libre de esta acusación de Jesús en el capítulo 16 de Mateo. Si queremos seguirlo, debemos morir: morir a nosotras mismas, morir a nuestros deseos y morir a nuestro derecho de vivir como sea que decidamos hacerlo. No obstante, la ironía de la muerte es que solo si morimos podemos comenzar a vivir de verdad. Así es como lo hace el reino: al revés.

Muchas nos rendimos ante la ganancia a corto plazo (la gratificación inmediata de la carne) y, como resultado, soportamos el dolor a largo plazo de nuestras decisiones. Sin embargo, cuando decidimos seguir a Jesús con nuestra sexualidad, estamos eligiendo el dolor a corto plazo (el dolor de morir a nosotras mismas en obediencia a Cristo) a fin de recibir la ganancia a largo plazo de una recompensa celestial. Lo que Jesús nos advierte en Mateo es que nada hace que valga la pena perder el alma, no importa qué tan bien pueda sentirse en el momento.

Quienes le rindan sus vidas, sus deseos, sus tentaciones y sus anhelos no satisfechos a Cristo al final descubrirán que él es inmensamente más satisfactorio que los placeres temporales de este mundo. Si deseamos permanecer fieles en toda etapa, debemos vivir con nuestra mirada en la eternidad. Habrá un día, afirma Jesús, en que él *vendrá con sus ángeles en la gloria de su Padre* y juzgará a cada persona de acuerdo con sus

QUIENES LE RINDAN SUS VIDAS,

SUS DESEOS, SUS TENTACIONES Y

SUS ANHELOS NO SATISFECHOS A

CRISTO AL FINAL DESCUBRIRÁN

QUE ÉL ES INMENSAMENTE MÁS

SATISFACTORIO QUE LOS PLACERES

TEMPORALES DE ESTE MUNDO.

acciones. Ese es el momento por el que morimos; ese es el momento por el que vivimos. Habrá un día en que los deseos más profundos de nuestro corazón se verán satisfechos en Cristo. Habrá un día en que todo nuestro dolor y sufrimiento serán transformados y todas nuestras lágrimas serán secadas. Y hará que valga la pena todo lo que soportamos en el nombre de Jesús.

Sin embargo, mientras esperamos, mientras aguardamos y anhelamos el regreso de Jesús, el día en que el espíritu y la carne por fin dejarán de luchar entre sí, seguimos ejerciendo mayordomía sobre nuestra sexualidad con fidelidad. Y para hacerlo, nos recordamos a nosotras mismas que no estamos solas, nos delatamos, ejercitamos la sabiduría y le rendimos nuestros anhelos no satisfechos, nuestro dolor y nuestros deseos al Señor.

Ya hemos analizado algunas de las tentaciones comunes que tenemos tanto las mujeres solteras como las casadas. Ahora, enfoquémonos en los desafíos, los mitos y el trabajo que debemos hacer a fin de ejercer mayordomía sobre nuestra sexualidad con fidelidad.

Preguntas para reflexionar

1. ¿Cómo te consuela o alienta la verdad de que no estás sola?

2. ¿Hay algún pecado sexual que necesites confesar para que puedas salir de la oscuridad, entrar a la luz y hallar perdón y libertad?

3. ¿Hay alguna situación en la que necesites actuar de forma sabia y tomar una decisión diferente?

4. Ya sea que estés soltera o casada, ¿hay algún tipo de intimidad relacional que estés descuidando con tus amigos o con tu cónyuge y que podrías buscar de forma más intencional?

5. ¿Cuáles son los deseos y anhelos no satisfechos de esta etapa que necesitas llamar por sus nombres y confiárselos a Dios? ¿Cómo lo vas a hacer?

DESAFÍOS, MITOS Y TRABAJOS DE LA SOLTERÍA

Estés casada o soltera y seas más joven o más mayor, habrá desafíos que enfrentar, mitos que derribar y trabajo que hacer. Si bien es mucho más lo que tenemos en común que aquello en lo que diferimos, no hay que negar las complejidades únicas de cada etapa. En esta sección, exploraremos los desafíos, mitos y trabajos para quienes están solteras.

DESAFÍOS

La soltería abarca muchas etapas y circunstancias. Algunas mujeres están solteras por decisión y otras, no (quizás a causa de una pérdida como el divorcio o la muerte o porque nunca se casaron). Aunque hay similitudes entre las mujeres solteras de menor y mayor edad, los desafíos de cada etapa suelen ser distintos y es necesario ver sus matices.

Las mujeres solteras mayores a menudo enfrentan desafíos variados dentro de la iglesia. Al matrimonio se le suele dar una posición elevada y, de hecho, los líderes le dedican al tema series enteras de sermones los domingos por la mañana. En cambio, rara vez se habla del valor de la soltería en los contextos más generales de la iglesia. Esto hace que muchas mujeres solteras mayores sientan que las pasan por alto y no tengan visión alguna de una vida fructífera y sólida por fuera del matrimonio. Otro desafío que enfrentan las mujeres solteras mayores es que los grupos comunitarios y de discipulado a menudo se organizan según las etapas de la vida y las mujeres solteras mayores comparten grupo con mujeres jóvenes en edad universitaria. Sin embargo, las conversaciones que necesitan tener una mujer de 45 años que nunca se casó o una de 55 que se divorció son inmensamente diferentes a las de una estudiante universitaria de 22 años. No obstante, ser la única persona soltera de un grupo de hombres y mujeres casados puede ser igual de difícil. Con frecuencia, esto hace que las mujeres solteras mayores se sientan como nómades espirituales sin un lugar al que pertenezcan en verdad.

Otro desafío de las mujeres solteras mayores es la forma bien intencionada en que sus amigas casadas tratan de animarlas. Dado que no me casé hasta que tuve 35 años, frases como «No entiendo cómo es que nadie te pescó todavía» o «Quizás tienes estándares demasiado altos» o incluso «Tal vez los hombres se sienten intimidados por ti» a menudo hacían que me sintiera no querida, confundida, frustrada e impotente. Aunque sabía que la intención era darme ánimo, frases como esas me hacían sentir como si tuviera la enfermedad de la soltería y fuera un problema para arreglar en lugar de una oportunidad para aprovechar.

La soledad es otro desafío para muchas mujeres solteras mayores, aunque no todas. Cuando tenía 34 años, quería casarme con desesperación y no había candidato alguno en el horizonte. Los domingos en la mañana, la iglesia se sentía como el lugar más solitario de todos, lleno de parejas felizmente casadas que me rodeaban. No había enseñanzas sólidas sobre el valor, el propósito y la oportunidad de seguir a Jesús como mujer soltera, ni guía alguna sobre cómo hallar una intimidad que honre a Dios dentro de la comunidad bíblica. Por lo tanto, era difícil no ver el matrimonio como la solución a mi problema de soledad y mi deseo de tener intimidad.

Las mujeres solteras jóvenes deben enfrentarse al desafío único de navegar lo que les enseñaron o no sobre el sexo en sus casas y en la iglesia. La ausencia de enseñanzas bíblicas sólidas y prácticas genera vergüenza, miedo, soledad y secretos en muchas adultas jóvenes. Muchos pastores, maestros y padres con buenas intenciones les enseñan a las jóvenes, sin advertirlo, que su pureza es lo más valioso que tienen. Esto lleva a todo tipo de sistemas de creencias y prácticas defectuosos. Tal vez una joven que idealiza su pureza luche en su matrimonio para no ver el sexo como algo sucio, pervertido o impuro. Le será difícil cambiar el chip de «no lo hagas» a «hazlo». Otro tema que surgió por la cultura de la pureza es el de la virginidad técnica: la idea de que siempre y cuando no hayas tenido sexo, sigues siendo pura. Hay mujeres jóvenes que se engañan a ellas mismas para creer que el sexo oral, la manipulación manual y otras formas de actividad sexual no cuentan como sexo y que, por lo tanto, han preservado su pureza.

Quizás el concepto que más daño les hizo a las mujeres que crecieron en la cultura de la pureza es la idea de que si ya no son vírgenes, entonces son bienes dañados. Esta mentira pervierte el evangelio y hace que las mujeres pierdan la esperanza, se desesperen y crean que están más allá de la gracia redentora y transformadora de Dios. Sin embargo, en el Libro de Marcos, Jesús nos recuerda que no son las personas sanas quienes necesitan de un médico, sino las enfermas. Él no vino a llamar a los que se creen justos, sino a los que saben que son pecadores (Marcos 2:17).

No importa tu experiencia con la cultura de la pureza, la falta de un marco bíblico sano y tu pasado de pecado sexual, heridas y daño: vuelve a mirar tus creencias y experiencias a través del lente del evangelio y de la verdad de la Palabra de Dios.

MITOS

Hay un par de mitos dominantes que rodean a quienes están en la etapa de soltería. Pareciera que muchas mujeres jóvenes que se abstienen de tener sexo antes del matrimonio creen que, como recompensa, tendrán una vida sexual satisfactoria y sólida con sus cónyuges. La idea de que se están absteniendo de tener buen sexo ahora para tener gran sexo después tiene sus raíces tanto en una teología defectuosa como en expectativas defectuosas. En primer lugar, esta mentalidad nace de una relación transaccional con Dios: «Si me mantengo pura hasta el matrimonio, Dios me dará una gran vida sexual con mi esposo». Aunque hay recompensas por obedecer a Dios, no todas se hacen realidad en esta vida. De hecho, muchas mujeres «se guardaron para el matrimonio» solo para encontrarse con que la vida sexual es dolorosa, decepcionante y mucho más desafiante de lo que habrían esperado. Es cierto: no te estás absteniendo *de* algo, sino *por* algo. Pero no se trata de un sexo estupendo. Es posible que el sexo estupendo sea o no la realidad de tu matrimonio. Te estás absteniendo por el gozo de obedecer al Señor, quien te creó, te ama y murió por ti, y te estás absteniendo por una recompensa futura en el cielo.

Muchas mujeres solteras mayores (en especial quienes ya han tenido sexo, ya sea en el contexto de un matrimonio o en una relación anterior de noviazgo) sucumben ante el mito de que, como ya han tenido sexo, el llamado a la pureza no aplica más a ellas. Si confundes la pureza con la virginidad, entonces tal vez te resulte fácil justificar actividades sexuales como la masturbación o incluso el sexo fuera del matrimonio. Sin embargo, el llamado a ejercer la mayordomía de nuestra sexualidad de maneras que honren a Dios es para toda la vida, aun si ya has tenido sexo.

Hay algunos otros mitos que se han filtrado en la iglesia:

- Tienes que saber si son compatibles sexualmente antes de casarse.
- Vivir juntos antes los ayudará a saber si son compatibles.
- Siempre y cuando estés bien con tu soltería, Dios traerá a alguien a tu vida.
- La soltería es una etapa de espera hasta que recibas el bien máximo, que es el matrimonio.

- La intimidad solo puede hallarse en el contexto de un matrimonio o de un noviazgo.
- Tu valor como mujer depende de tu estado civil.
- Si estás soltera, quieres casarte con desesperación.
- Si eres una mujer soltera mayor, estás arruinada.

Cada uno de estos mitos es destructivo a su manera. Sin embargo, antes de pasar a otra cosa, me gustaría que nos tomemos unos momentos para abordar otro mito de la soltería que es particularmente dañino. La soltería no es una enfermedad, un castigo o un tema de valor. Con frecuencia, la iglesia enseña cómo es que el matrimonio es una imagen de Cristo y la iglesia, cosa que es cierta. No obstante, al hacerlo, erramos por no hablar también de cómo la soltería es una imagen de lo que significa vivir para Cristo y depender solo de él como todo lo que quieres en la vida. Ambas imágenes son importantes y necesarias. Ambas pueden enseñarnos cosas valiosas. Ambas son importantes para formarnos como personas y como iglesia. De hecho, el apóstol Pablo, quien puso el matrimonio en un lugar elevado al afirmar que es una imagen de Cristo y su iglesia (Efesios 5:21-33), también puso la soltería en un lugar elevado al afirmar que tiene gran valor para el reino (1 Corintios 7). Para Pablo, tanto el matrimonio *como* la soltería eran regalos (v. 7). Sin embargo, él prefería la soltería porque las personas solteras pueden dedicarse de todo corazón a la obra del reino. ¡No solo hacer de niñeras de los hijos de personas casadas (vv. 32-35)! De la misma manera, Jesús no solo validó el matrimonio (Mateo 19:4-6). También validó la soltería y le dio un lugar elevado por ser algo que trae beneficio para el reino del cielo (v. 12). Si estás soltera (ya sea por decisión o por las circunstancias), la soltería no es una maldición y el matrimonio no es un indicador de tu valor, estatus o propósito. La soltería es un regalo de gran valor que debe administrarse para el reino de Dios y la iglesia.

Solo la palabra de Dios puede traernos claridad para que discernamos un mito de una verdad. Debemos evaluar con regularidad lo que oímos, pensamos y creemos a través de las Escrituras y alinearnos a la Palabra de Dios en lugar de a las normas culturales y religiosas de nuestro tiempo.

TRABAJO

El deseo y la energía sexuales son cosas buenas, pero, como a todos los regalos buenos, debemos administrarlos con fidelidad. Cuando estaba soltera, la necesidad de tener una relación que afirmara mi valor y el deseo que tenía de casarme a menudo me hacía batallar con la frustración, con sentimientos de que tenía derecho a ciertas cosas, con la soledad y con la inseguridad. Es tan fácil hacer un ídolo de la idea de una relación matrimonial. Tu valor e importancia no dependen de que estés en pareja con alguien. Tu importancia radica en que fuiste creada a imagen de Dios, con dones, contribuciones y talentos únicos para entregarlos al mundo. Todas esas cosas ocurren estés en una relación o no.

Pablo instó al joven pastor Timoteo a que no incluya a las viudas más jóvenes en la lista de personas que debían recibir benevolencia de la iglesia. Lo que le preocupaba sobre las viudas más jóvenes era que sus deseos sexuales pudieran más que su compromiso con Cristo y se volvieran perezosas, entrometidas y chismosas (1 Timoteo 5:11-15). Este es un tema de exceso de energía que se vuelve tóxica y conduce al pecado. No es solo un tema de las mujeres solteras; todas debemos usar bien nuestra energía a fin de que no seamos disruptivas ni destructivas, ni para nosotras mismas ni para el cuerpo de Cristo. Es posible que nos resulte útil controlar nuestros anhelos con modificaciones de conducta, como, por ejemplo, añadiéndole filtros a los resultados que puede arrojarnos internet o asistiendo a un grupo de rendición de cuentas. Sin embargo, con eso no es suficiente. No se trata solo de negarnos a nuestros anhelos, sino también de asignarle nuevos destinos a nuestra energía de maneras fructíferas. Es decir, se trata de cargar con peso real, de ser responsables de algo distinto a nosotras mismas y de ayudar a otros a llevar sus cargas. Al canalizar tu energía hacia cosas que mantengan ocupados tanto tu cuerpo como tu mente, tendrás mucha menos energía para enfocarte en el descontentamiento, la soledad y los deseos no cumplidos y para meterte con cosas como la pornografía, la masturbación y otros pecados sexuales.

Cuando una mujer soltera pasa a estar en pareja, debe afrontar un entorno completamente nuevo en el que deberá honrar a Dios con su sexualidad. Aunque mantener límites físicos en una relación es desafiante, es parte del trabajo de ejercer la mayordomía de la sexualidad con fidelidad.

Tal vez salir dentro de la comunidad, tener citas grupales, decidir no quedarse solos de noche mirando películas o salir en lugares públicos no sean decisiones populares o fáciles. Sin embargo, pueden ayudar a evitar la tentación. Hay muchas concesiones pequeñas que hacemos en nuestra vida amorosa que ponen en riesgo nuestra fidelidad a Cristo con nuestra sexualidad. Hacemos estas concesiones porque no queremos sentirnos mojigatas o tener que trabajar duro para crear buenos límites o porque, simplemente, queremos hacer lo que queramos. Cuando estaba luchando contra mi adicción a las drogas y al alcohol, mi padre y yo peleábamos con regularidad por mi problema. Él solía cuestionarme y decirme que no estaba dispuesta a hacer el trabajo necesario para mantenerme sobria, a lo que yo le decía que no se trataba de estar dispuesta, sino de tener fuerza de voluntad. Y al igual que con muchas cosas, resultó ser que mi papá tenía razón. No se trata de tener fuerza de voluntad. Se trata de estar dispuesta. ¿Estás dispuesta a hacer lo necesario para serle fiel a Jesús con tu sexualidad?

Por último, es importante reconocer que manejar la intimidad (relacional, física, emocional y espiritual) es importante porque, a medida que la intimidad aumenta, la objetividad disminuye. Esto significa que mientras más cercana te vuelves con quien estás saliendo, que seas capaz de pensar objetivamente en esa persona pasará a ser algo sumamente desafiante. Si quieres ser libre para evaluar de manera objetiva el carácter o la madurez espiritual de una persona, tendrás que tomarte el trabajo de dejar que la intimidad se construya lentamente con el paso del tiempo. Quizás esto signifique que no compartirás cada detalle de tu vida en la primera cita o incluso en el primer mes. Tal vez signifique que verás el tiempo de salir con alguien como si se tratara de una cocción lenta en lugar de un microondas y que limitarás la cantidad de tiempo que pasen juntos el primer par de meses o que limitarás hasta la frecuencia con la que se comuniquen por mensajes de textos. Este es un ejercicio tanto de sabiduría como de restricción. Necesitarás rodearte de una comunidad fuerte y madura de creyentes para que te ayuden y guíen. Mientras reflexionas y te relacionas con otras personas, considera las siguientes preguntas:

- ¿Qué tipo de intimidad (emocional, espiritual, experiencial, intelectual o física) está disponible para ti? Dirígete al apéndice A para una explicación mayor.

- ¿Cuáles parecen ser los tipos de intimidad que valoras más y que, cuando los tienes, impactan sobre ti?
- ¿Cuáles de esos cinco tipos de intimidad relacional son los que te faltan? ¿Cómo impacta eso sobre ti?
- ¿Alguna de tus relaciones actuales es íntima de una forma que no es sana? ¿Eres codependiente de esta persona, al punto de confiar más en él o ella que en Cristo?
- En la etapa en la que estás, ¿con quién te conectas en lo emocional? ¿En lo espiritual? ¿En lo experiencial? ¿En lo intelectual? ¿En lo físico mediante contactos no sexuales?
- ¿De qué dos o tres maneras puedes buscar y cultivar la intimidad relacional en alguna de esas áreas?

DESAFÍOS, MITOS Y TRABAJOS DEL MATRIMONIO

DESAFÍOS

Hay muchos desafíos que rodean el matrimonio y la intimidad marital. Cuando dos personas se casan, ambas traen sus daños, heridas, expectativas e insanas perspectivas del sexo, la intimidad y la relación marital. El matrimonio puede ser una herramienta santificadora y refinadora si nos encomendamos a su buena obra. Sin embargo, con frecuencia genera tensión, conflictos sin resolver y amargura, y mientras esas cosas crecen, la intimidad sufre. Es posible que en algunas etapas sea necesario ser intencional con ciertos esfuerzos a fin de resolver algunos temas. Quizás esto incluya recibir consejería pastoral o ir a terapia individual o de parejas. Seguir con fidelidad a Jesús con tu sexualidad en el matrimonio es, en parte, estar comprometida a enfrentar estos desafíos juntos con el fin de buscar ser uno.

Algunas mujeres se enfrentan al desafío de que sus esposos no están interesados en ellas en el nivel físico y no las buscan ni solicitan sexualmente. Las mujeres con un deseo sexual mayor que el de sus cónyuges suelen batallar con sentirse avergonzadas, inseguras e inadecuadas, sobre todo cuando les enseñaron que los hombres son más sexuales y que están programados para tener sexo. Hay muchos motivos por lo que un esposo podría no iniciar el sexo: estrés laboral, cuestiones fisiológicas como un bajo nivel de testosterona, depresión, obsesión con sus pasatiempos u otros intereses, uso de pornografía, masturbación y cuestiones mentales o emocionales. Tal vez para hacerle frente a situaciones como estas sea necesario hacer trabajos que incluyan visitar al pastor, al médico, a un consejero o a un amigo de confianza para recibir apoyo adicional.

Otras mujeres se enfrentan al desafío de que sus esposos no están interesados en ellas en los niveles emocional y relacional. Ellas también se sienten aisladas y solas. Es posible que sus deseos no satisfechos de conectar con sus esposos en un nivel relacional significativo hagan que se sientan amargas, descontentas y heridas. A veces, esto lleva a que una esposa se niegue a darle intimidad física a su esposo en represalia y espere a que él satisfaga sus necesidades antes de estar dispuesta ella a satisfacer las suyas. El punto es que buscar intimidad en el matrimonio (sea relacional o física) es difícil. Tendrán que ser pacientes, honestos y compasivos entre ustedes. Y habrá momentos en que tendrán que recibir ayuda externa.

Las limitaciones externas también pueden ser desafíos para la intimidad marital. Nuestros cuerpos están quebrados y no siempre funcionan como deberían hacerlo. Además, se deterioran con la edad. Hay temas como la discapacidad, la infertilidad, el dolor crónico, el dolor al tener sexo, la libido baja y anhelos sexuales desparejos que no solo crean obstáculos que las parejas deben superar, sino que también generan obstáculos emocionales (sentimientos de tristeza, pérdida, decepción, confusión y frustración). Algunos de estos desafíos son para toda la vida del matrimonio, mientras que otros son temporales. La depresión, la ansiedad, las enfermedades mentales o físicas, los largos periodos de separación, los embarazos, la recuperación posparto, el cansancio por lidiar con hijos pequeños y, simplemente, los asuntos de la vida diaria en un mundo caído siguen descascarando la intimidad marital. El punto es este: el sexo no ocurre de forma natural y sin dificultades en el matrimonio. Es algo sobre lo que debemos trabajar, así como debemos trabajar para cultivar disciplinas espirituales, como la oración o la lectura de la Escritura, o disciplinas físicas, como el ejercicio frecuente y la ingestión de alimentos apropiados. Esto nos lleva a los mitos que rodean la intimidad marital.

SOMOS SERES HUMANOS QUEBRADOS Y PECAMINOSOS: TU CÓNYUGE NUNCA ESTARÁ A LA ALTURA DE TUS ESTÁNDARES Y TÚ NUNCA ESTARÁS A LA ALTURA DE LOS SUYOS. NO HAY NINGUNA PERSONA QUE PUEDA SATISFACER TODAS TUS NECESIDADES.

MITOS

A veces nos convertimos en víctimas de los muchos mitos sobre la intimidad marital sexual, cosa que puede generar frustración, descontento y amargura dentro del matrimonio. Estos son solo algunos de los mitos que se han filtrado en la iglesia:

- El sexo es fácil y el deseo de tenerlo llega de forma natural.
- El sexo debería ser espontaneo, nunca programado.
- El esposo debería ser el iniciador.
- El sexo es un deber.
- Una esposa no debe decir nunca que no.
- El consentimiento ya no es necesario cuando están casados.
- Una esposa debe someterse a lo que sea que su esposo quiera que haga sexualmente.
- Si antes de casarme deseaba tener sexo, lo desearé de igual o mayor manera después de casarme.

Quizás haya muchos más mitos que podríamos añadir a la lista. Sin embargo, tomémonos algunos minutos para explorar ciertos mitos con más profundidad.

Cuando Ken y yo estábamos recibiendo asesoría prematrimonial, el pastor nos dio algunos mensajes para que los escucháramos. El primero se titulaba *Now That I Know I've Married the Wrong Person* [Ahora sé que me he casado con la persona equivocada]. No registramos la importancia de su sabiduría hasta mucho después. Con el tiempo, la burbuja de la luna de miel explota y, junto con ella, tus expectativas. Mi mentor me dijo una vez que llega un día en la vida de toda novia en el que se lamenta por haberse casado con quien lo hizo. Ese día, te das cuenta de que él nunca dará la talla para colmar las expectativas que tienes de él. Llegamos al matrimonio con muchas expectativas tácitas e irreales: expectativas del matrimonio, de nuestro cónyuge, de nosotras mismas e incluso de Dios. Sin embargo, a menudo, las expectativas no son más que resentimientos premeditados. Somos seres humanos quebrados y pecaminosos: tu cónyuge nunca estará a la altura de tus estándares y tú nunca estarás a la altura de los suyos. No hay ninguna persona que pueda satisfacer todas tus necesidades. No se supone que tu esposo deba cargar con el peso de tu alma y es injusto hacerle llevar esa carga.

Hay otro mito al que alimentaron las escenas sexuales de Hollywood. En la realidad, el sexo no es como el de las películas. Tu cuerpo y el de tu esposo hacen ruidos raros. Alguien tiene mal aliento. Uno de ustedes no está allí con su mente a causa de las pérdidas que dejó el día. Sus hijos están colapsando con todo en la cocina. Puede ser raro, torpe y desordenado. A veces es hilarante, a veces es tierno, a veces es genial, a veces es ordinario y a veces es horrible.

Los cuerpos del hombre y la mujer, además, funcionan de manera sumamente distinta. Es posible que el hombre tenga un orgasmo cada vez que tienen sexo mientras que la mujer lo tenga solo algunas veces. Sin embargo, para que una mujer tenga un orgasmo, debe complacerse también su cerebro. Si le preocupa que sus hijos vayan a tocar la puerta o un proyecto del trabajo que debe terminar o si está pensando en la gran pila de ropa en el suelo, le será mucho más difícil estar presente en el momento. Tal vez esto signifique que tengas que planificar algunas cosas de antemano o que debas expresar lo que necesitas antes de tiempo a fin de estar disponible de forma física y emocional. No obstante, aun si la intimidad no tiene como resultado un orgasmo, hay gran valor en conectar físicamente con el otro: renuevas tu compromiso e inviertes en tu matrimonio.

Por último, algunos grupos religiosos más tradicionales promueven la idea de que la mujer siempre debería decirle que sí a su esposo cuando se le acerque para tener sexo. Suelen apoyar esa idea con las palabras de Pablo para la iglesia de Corinto:

> El esposo debe satisfacer las necesidades sexuales de su esposa, y la esposa debe satisfacer las necesidades sexuales de su marido. La esposa le da la autoridad sobre su cuerpo a su marido, y el esposo le da la autoridad sobre su cuerpo a su esposa.
>
> No se priven el uno al otro de tener relaciones sexuales, a menos que los dos estén de acuerdo en abstenerse de la intimidad sexual por un tiempo limitado para entregarse más de

lleno a la oración. Después deberán volverse a juntar, a fin de que Satanás no pueda tentarlos por la falta de control propio.

1 Corintios 7:3-5

Lamentablemente, cónyuges abusivos y egoístas que utilizan la Biblia para dominar y someter a sus parejas han hecho abuso de este pasaje y lo han utilizado mal. El punto de la intimidad marital no es la subyugación: es la alegría mutua, el sacrificio mutuo y el respeto mutuo. La intimidad marital no se trata de deberes y obligaciones, sino de que los cónyuges entreguen sus cuerpos el uno al otro por amor y honor a fin de ser uno.

Si bien la intimidad sexual es importante dentro del matrimonio, no te corresponde someterte a cada antojo o fantasía sexual de tu esposo, así como tampoco a él le corresponde someterse a los tuyos. Si te pide que participes de algo que implique pecar o que podría tentarlos a alguno o a ambos a pecar, tienes el derecho e incluso la responsabilidad de decir que no. Esto incluye invitar a alguien más a tu habitación, ya sea a través de la pornografía o de la fantasía o en la vida real. Si él todavía persiste y exige que participes, tienes derecho a negarte y a pedirle ayuda a un pastor, a un consejero o al líder de un grupo pequeño.

También hay momentos en los que no te sientes bien, estás adolorida, en los que estás exhausta físicamente, momentos en los que quizás estás procesando el trauma emocional de un abuso pasado, o momentos en los que estás sumida en la confusión emocional porque tu esposo usó pornografía o tuvo una amante. El punto es que hay momentos en los que un no es una respuesta perfectamente aceptable. Sin embargo, la intimidad sexual es una actividad tan delicada y sensible que, con frecuencia, quizás una se sienta rechazada cuando le digan «no», aunque esa no haya sido la intención. Si tu cónyuge te dice que no, busca entendimiento en lugar de creer lo peor o de criticar. De la misma manera, si le dices que no a tu cónyuge, es esencial que te comuniques con claridad y compasión.

Hay momentos en mi matrimonio en los que inicio la intimidad y Ken me dice que no, y eso duele. Una vez me acerqué a Ken y él no estuvo receptivo. Por fortuna, en lugar de sentirme rechazada o de creer lo peor de él, pude responder con compasión y preguntarle qué sucedía. Él logró decirme que había tenido un día duro. Había perdido un cliente y se estaba sintiendo un poco desanimado. Esto me permitió comprenderlo mejor en ese momento en lugar de retraerme para protegerme a mí misma y de resentirme.

Sin embargo, aunque hay momentos en los que un no es una respuesta aceptable, también es importante recordar el valor y la importancia de la intimidad sexual dentro del matrimonio. Cuando usamos la libertad que tenemos para decir que no como excusa para evadir el trabajo duro y la energía que toma estar disponible emocional y físicamente, estamos deshonrando a Dios y a nuestro cónyuge. El sexo es esencial dentro de un matrimonio. Tiene poderes restauradores aun cuando nos sentimos desconectados el uno del otro. Cuando es difícil, cuando se siente como algo más para hacer al final de un día largo, puedes pedirle a Dios que te dé una actitud de amor y generosidad hacia tu esposo y que te ayude a recordar que el sexo como un regalo de Dios no es solo para tu esposo, es para ti también.

TRABAJO

Es claro que el sexo marital no es algo que, simplemente, ocurre. Requiere intencionalidad, esfuerzo, disposición, humildad, amor y compasión; es trabajo. Trabajar para tener una intimidad sana y satisfactoria implica tener diálogos constantes, abiertos y sensibles el uno con el otro. Las conversaciones sobre el sexo (expectativas, necesidades, deseos, lo que es agradable y lo que no) son importantes para construir una atmósfera de confianza, sensibilidad y unidad.

He oído decir antes que, para que un esposo llegue al cuerpo de su esposa, debe atraer su corazón y, para que una mujer llegue al corazón de su esposo, debe atraer su cuerpo. Para muchas personas, conectarse emocionalmente le abre la puerta a la unidad física. Para otras, la unidad física le abre la puerta a la conexión emocional. Tienes que conocer a tu compañero. Es aquí donde la comunicación es clave. Las preguntas correctas pueden ayudarlos a entender mejor cómo amarse y servirse mutuamente. También es importante que recuerden la sabiduría que hay en hacer las cosas en el momento oportuno y que tengan estas conversaciones cuando ninguno de ustedes lleve cargas emocionales. Consideren hacerse algunas de estas preguntas el uno al otro:

- ¿Qué te hace sentir conectado emocionalmente? ¿Qué puedo hacer para que te sientas amado y alentado esta semana?
- ¿Qué te hace sentir conectado físicamente? ¿Qué es lo mejor que puedo hacer para atraerte hacia el sexo o la intimidad esta semana?
- ¿Qué tan satisfecho estás con la frecuencia con que tenemos sexo? ¿Cómo podemos apoyarnos el uno al otro en este tema?
- ¿Qué puedo hacer para que te resulte más fácil tener tiempo para ser íntimos? ¿Qué necesitas para que eso suceda? (Por ejemplo, limpiar después de la cena, dejar a los niños listos para dormirse, darle a tu cónyuge tiempo para sí mismo o misma o tiempo para que haga ejercicio y se bañe antes de cenar). Esto los ayudará a ver con claridad cómo pueden servirse mutuamente a fin de conectar mejor.
- Cuando no sientes deseos de tener sexo, ¿qué otra cosa podríamos hacer que ambos disfrutaríamos y que nos ayudaría a conectarnos?
- En cuanto a la intimidad sexual, ¿con qué cosas te sientes cómodo y qué cosas te hacen sentir incómodo? ¿Cuáles son las cosas que te parecen bien y cuáles son las que no? Recuerda, el consentimiento también es necesario en el matrimonio para que puedas honrar a tu cónyuge.

Trabajar para tener una intimidad física significativa con tu esposo implica ser intencional. A veces, es necesario programar un horario. Tal vez tengas que hacer espacio en tu día o hacer un plan. Sin embargo, no todo es trabajar para poder conectar sexualmente. Diviértanse. Coqueteen. Sedúzcanse. Provóquense. No tengan miedo de ser creativos o de experimentar. Es posible que sea raro, o quizás sea fabuloso.

Recuerda, la intimidad sexual no es la única clase de intimidad en el matrimonio. Si bien la intimidad emocional y la física están entrelazadas, hay muchos otros tipos de intimidad de los que se puede disfrutar en el matrimonio. Y es importante que conozcas y priorices el tipo de intimidad que tu cónyuge valora más.

Dirígete al apéndice A para más información sobre la intimidad relacional.

CONCLUSIÓN

Al comenzar este capítulo, hablamos sobre algunas de las cosas que todas tenemos en común y luego vimos algunos de los desafíos únicos que cada etapa trae consigo. Sin embargo, en toda etapa hay dolor, desafíos, anhelos sin cumplir y noches de soledad. No podemos confiar en que una relación futura o presente será la solución. Más bien, confiamos en un Dios que nos ve, nos conoce, nos ama y promete no dejarnos nunca. Y algunas noches, con eso tiene que bastar.

Pregunta para reflexionar

Utiliza esta cuadrícula para nombrar los desafíos específicos, los mitos y los trabajos de la etapa específica en la que te encuentras ahora.

¿Cómo describirías la etapa en la que estás?

Desafíos de esta etapa:

Mitos que me veo tentada a creer:

Trabajo que necesito hacer para ejercer mayordomía en mi sexualidad:

HISTORIA DE UNA MUJER
La fractura de la masturbación

Cuando estaba en la escuela primaria, invité a una amiga a nadar a mi casa. Ella me mostró que los chorros de agua podían generar placer, y descubrí que tenía razón. Al principio, esa era la única forma de placer sexual que practicaba. Era algo bastante inocente, pero igual lo escondía de mi familia, por lo que debo haber sabido que no estaba bien. Poco después, convencida tras haber escuchado a mis pares hablar del sexo y a causa de mi propia curiosidad sexual, descubrí que podía obtener ese mismo sentimiento por mi cuenta. No había ninguna fantasía sexual que asociara con la masturbación en ese tiempo. La practicaba sin restricciones y accedía a este placer tan seguido como quería. Sí, sentía vergüenza por hacerlo y lo mantenía en secreto. De hecho, cuando mis amigas me preguntaban si me masturbaba, lo negaba.

Poco después de convertirme al cristianismo a los quince años de edad, comencé a sentir más culpa asociada con la masturbación. Empecé a intentar cambiar el hábito; intenté parar. Incluso tenía un calendario en el que marcaba los días que pasaba sin pecar en esta área. Comencé a pedirle a Dios que me ayudara a cambiar, pero, aun así, no podía parar. Bueno, podía hacerlo por algunos días o incluso por una semana, pero luego volvía a caer. Estaba disgustada conmigo misma. Parecía que aquello que solía hacer porque quería ahora sucedía casi en contra de mi voluntad. Permíteme ser clara: cada vez que me masturbaba, decidía de forma activa pecar contra mí misma y contra Dios. Sin embargo, a medida que el tiempo pasaba, más me costaba resistirme. Con el tiempo comencé a acudir a la masturbación para hallar consuelo cuando me sentía estresada, enojada, aburrida o sola. No entendía por qué Dios simplemente no me quitaba ese pecado para que me dejara vivir con libertad.

Durante los años que pasé en la universidad, la masturbación progresó y pasó a incluir fantasías sexuales. Como no tenía sexo con hombres, creía que, de cualquier modo, mi pecado era algo mejor que el pecado de mis pares, pues por lo menos no arrastraba a otra persona a pecar también. Era algo solo entre Dios y yo.

Mientras estaba en la universidad, hice mi primer gran descubrimiento desde que estaba en la escuela primaria. Por fin llegué al punto de romper con el silencio y confesarle mi pecado a una mentora cristiana en quien confiaba y quien me ayudó orando por mí, ofreciéndome material de lectura sobre el tema, siendo alguien a quien tenía que rendirle cuentas y dándome amor incondicional. Me mantuve pura en esta área por un año, pero luego volví a sucumbir ante mi propio deseo. Me odié por haberlo hecho. El odio hacia mí misma fue algo que me asoló a causa de este pecado sin controlar en mi vida. Varias veces, mientras estaba en la escuela secundaria y en la universidad, consideré suicidarme, pues pensaba que no estar más en este mundo sería mejor que seguir pecando.

Desearía poder decir que, gracias a mi participación en el liderazgo cristiano, en estudios bíblicos y en la comunidad cristiana, y gracias a que les confesé de forma continua esta área de pecado de mi vida a otros creyentes, llegué al punto en el que ya no lucho ni caigo más. Sin embargo, no es así. Sé que tengo herramientas, verdades bíblicas y amigos que me ayudan a resistirme cuando estoy tentada. Y sé que tengo más momentos de victoria que en el pasado. No obstante, esta es una batalla que sigue activa. Encuentro fuerza y claridad en 1 Corintios 10:13 y uso ese versículo como herramienta para reconocer que estoy siendo tentada en el momento y que hay una salida. Luego, solo tengo que actuar para dar el siguiente paso: llamar a una amiga de confianza, salir a caminar, etc.

Esta lucha de toda la vida hizo que me volviera sumamente consciente de la necesidad que tengo de la gracia y la misericordia de Dios. Hizo que fuera empática y compasiva con otras personas que siguen un patrón habitual o cíclico de pecado. Tengo la certeza de que no sería así si hubiera hecho un recorrido distinto. Ahora entiendo que odio mi estado quebrado, odio el pecado, pero que la gracia de Dios es suficiente para cubrir mi pecado, que él desea relacionarse conmigo y que me ha elegido a mí para completar su misión en este mundo.

09

EL HÁBIL REPARADOR

No había conocido el peso hasta que se sintió libre de él.

Nathaniel Hawthorne, *The Scarlet Letter*
[La carta escarlata]

No temas; ya no vivirás avergonzada. No tengas temor; no habrá más deshonra para ti. Ya no recordarás la vergüenza de tu juventud ni las tristezas de tu viudez. Pues tu Creador será tu marido; ¡el Señor de los Ejércitos Celestiales es su nombre! Él es tu Redentor, el Santo de Israel, el Dios de toda la tierra.

Isaías 54:4-5

Una amiga mía tiene un cuadro en su hogar en el que se lee: «Todos somos ruinas gloriosas». Amo la imaginería de esta frase. Repercute en mí. Somos criaturas gloriosas complejas: fuimos creadas a imagen de Dios y selladas con su semejanza; reflejamos aspectos de su gloria y lo representamos a él en el mundo. Y, sin embargo, también estamos fracturadas, marcadas por el pecado (el nuestro y el de otras personas) y por una mezcla de debilidad, heridas y terquedad. Cada una de nuestras historias está entretejida con un hilo tanto de belleza como de fragilidad. Es parte de la experiencia humana.

En el capítulo 2, hablamos un poco sobre la interacción de Jesús con la mujer samaritana junto al pozo, que se relata en el capítulo 4 de Juan. La mujer se había casado cinco veces. Vivía con un hombre que no era su esposo. Estaba aislada de su comunidad y había ido en el momento más caluroso del día a sacar agua por su cuenta. Sin duda, su vida era una combinación compleja de pecados cometidos en su contra, de sus propias decisiones pecaminosas y del hecho de vivir en un mundo caído donde la muerte, la enfermedad y la aflicción son una realidad que todos enfrentamos. Vivía en una zona a la que ningún rabí judío que se respetara iría, y mucho menos le hablaría a una mujer de su tipo. No obstante, ese es el lugar exacto al que Jesús estaba determinado a ir.

A medida que Jesús le habla, la va despojando de las capas que la cubren y expone su dolor, su daño, su vergüenza y su culpa. Sus palabras revelan que la conoce por completo. La ve de verdad y no le inmuta lo que vio. De hecho, ha venido por mujeres como ella, para que, en él, pueda tener vida (Juan 10:10). El agua que Jesús le ofrece la satisfará y llenará sus necesidades más profundas de maneras que ella nunca habría imaginado que eran posibles. Su interacción con Jesús no borra sus dolores, decisiones o quebrantamiento pasados, así como tampoco elimina las consecuencias residuales. Sin embargo, sí hace que su vida cambie. La mujer se encuentra cara a cara al Mesías, aquel que no solo es quien la creó, sino también quien va a liberarla de su pecado, vendar sus heridas, restaurarla en su comunidad, transformar su vergüenza en dolor y, al final, resucitarla en un cuerpo glorificado. ¡Este es el poder del evangelio!

El encuentro de Jesús con la mujer samaritana es una imagen hermosa de la postura de Dios hacia ti. Él te halla justo en medio de tu debilidad, tus heridas y tu terquedad. No necesita nada de ti; de hecho, tiene algo que tú necesitas: agua viva. El agua que ofrece Jesús nos fortalece y nutre en nuestra debilidad. Nos sana en nuestras heridas. Nos limpia en nuestra terquedad. Y nos restaura en todos los sentidos.

El agua que Jesús te brinda trae la plenitud de una vida nueva. ¿Tienes sed de esta agua? Si es así, hay buenas noticias. Jesús declaró que todo el que tenga sed puede ir a él, todo el que crea en él puede ir y beber (Juan 7:37-38a). Y prometió que quienes beban del agua que él ofrece, nunca volverán a tener sed (Juan 4:14). Él no promete una vida libre de tribulaciones, de tentación, de dolor. Pero sí promete que, cuando lo busquemos a él primero, hallaremos aquello que anhelamos por sobre todo: ¡a él!

No es fácil ir a Jesús para dejar que nos enmiende. Será incómodo y, a veces, hasta será doloroso. Sin embargo, valdrá la pena. Los desafíos

EL AGUA QUE OFRECE JESÚS NOS FORTALECE Y NUTRE EN NUESTRA DEBILIDAD. NOS SANA EN NUESTRAS HERIDAS. NOS LIMPIA EN NUESTRA TERQUEDAD. Y NOS RESTAURA EN TODOS LOS SENTIDOS.

inherentes que existen en dejar que Dios nos enmiende me recuerdan a dos historias. La primera está en el libro infantil *The Velveteen Rabbit* [El conejo de felpa]. A un niño pequeño le dan un conejo de felpa en Navidad. Aunque es un juguete espléndido, todos los otros juguetes de la guardería se le burlan y alardean de lo superiores que son ellos. Un día, el conejo de felpa le pregunta a un desgastado caballo de piel, el único juguete que es amable con él: «¿Qué es lo real?». El sabio y viejo caballo de piel le contesta:

—Lo real no es aquello de lo que estás hecho... Es algo que te sucede. Cuando un niño te quiere durante mucho, mucho tiempo, no solo para jugar contigo, sino que, además, REALMENTE te quiere, entonces te vuelves real.

—¿Duele? —preguntó el conejo.

—A veces —respondió el caballo de piel, porque era alguien que decía la verdad—. Cuando eres real, no te importa que algo te duela.

—¿Ocurre de repente, como cuando te dan cuerda —preguntó—, o poco a poco?

—No, no ocurre de repente —contestó el caballo de piel—. Te vas haciendo real; lleva mucho tiempo. Es por eso que no les sucede a las personas que se rompen con facilidad, o que tienen los bordes filosos, o que hay que guardar con cuidado. En general, para cuando te vuelves real, la mayor parte del pelo se te ha gastado por tanto que te quisieron, los ojos se te han caído, las articulaciones se te han aflojado y luces sumamente raído. Sin embargo, esas cosas no importan en absoluto, porque una vez que eres real, no puedes volverte feo, excepto para la gente que no entiende».[1]

El amor de Dios es severo y doloroso a veces. Nos ama tanto que nos da vida, nos completa y nos da cierta REALidad que solo puede conseguirse mediante la exposición, la vulnerabilidad y la incomodidad. Sin embargo, al final, ser quienes Dios desea que seamos sobrepasa ampliamente el dolor de volvernos así.

El hábil reparador

La segunda historia a la que esta verdad me recuerda es *La travesía del viajero del alba* de C. S. Lewis. El libro narra la historia de Eustace, un joven petulante, arrogante, egocéntrico y fastidioso. Un día, encuentra la guarida de un dragón, llena de tesoros de oro, y la codicia se apodera de él. Se pone un brazalete de oro en el brazo y se queda dormido. Cuando despierta, descubre que se ha convertido en dragón. No importa cuánto intente quitarse las escamas, no puede volverse un niño otra vez; no hasta que se encuentra con Aslan, el león feroz que representa a Cristo en la serie *Las crónicas de Narnia* de Lewis.

—Levanté la mirada y vi lo último que esperaba ver: un enorme león que se me acercaba despacio. Y algo realmente raro era que no hubo luna anoche, pero, donde estaba el león, brillaba la luna. Así que se acercó cada vez más. Sentía un miedo terrible. Quizás pienses que, como dragón, podría haber derribado a cualquier león con facilidad. Sin embargo, no era esa clase de miedo. No temía que fuera a comerme: simplemente, le tenía miedo, si es que puedes entenderme. Bueno, se me acercó y me miró directo a los ojos. Y yo los cerré bien. Pero no sirvió de nada porque me dijo que lo siguiera.

—¿Quieres decir que habló?

—No lo sé. Ahora que lo mencionas, no creo que lo haya hecho. Pero da igual; me lo dijo. Y yo sabía que tenía que hacer lo que me dijera, por lo que me levanté y lo seguí. Y me guio por un largo camino entre las montañas... Había un jardín, con árboles y frutos y todo. En el medio, había un pozo... El agua era clara por completo y pensé que, si podía meterme y bañarme, se aliviaría el dolor de mi pata. Sin embargo, el león me dijo que me desvistiera primero... Así que comencé a rascarme y las escamas empezaron a caer por todos lados... Pero justo cuando estaba por meter los pies en el agua, bajé la mirada y vi que estaban duros y ásperos y arrugados y escamosos, igual que como estaban antes... Luego el león dijo, aunque no sé si habló: «Tendrás que dejarme desvestirte». Me daban miedo sus garras, te lo aseguro, pero ya estaba casi desesperado. Así que me acosté de espalda, bien estirado, para que lo hiciera. El primer desgarrón fue tan profundo que creí que había llegado hasta mi corazón. Y cuando empezó a arrancarme la piel, sentí un dolor peor que cualquier otro que haya sentido alguna vez. Lo único que hizo que lo soportara fue el placer de sentir que toda esa cosa se desprendía. Sabes, como cuando te arrancas la costra de una herida. Duele a más no poder, pero es tan divertido ver cómo se desprende.

—Sé exactamente a qué te refieres —añadió Edmund.

—Bueno, arrancó toda esa cosa bestial, tal como yo pensaba que yo mismo lo había hecho las otras tres veces, solo que entonces no me había dolido. Y allí estaba, sobre el césped, aunque mucho más gruesa y oscura y con un aspecto más nudoso que las otras. Y allí estaba yo, suave y liso, como una rama a la que le quitaron la corteza, y más pequeño que nunca. Entonces me tomó (cosa que no me gustó mucho porque mi cuerpo estaba realmente delicado ahora que ya no tenía piel) y me arrojó al agua. Me ardió una barbaridad, pero solo por unos momentos. Luego pasó a ser una sensación perfectamente deliciosa y, en cuanto comencé a nadar y chapotear, descubrí que se me había ido todo el dolor del brazo. Y luego vi por qué. Había vuelto a ser un niño.[2]

Aquí también se ilustra con claridad el proceso de sanidad y restauración que debemos atravesar. Si queremos conocer la sanidad de Dios, debemos dejar que nos quite todas las costras: las costras de nuestro propio pecado, las costras que generamos para protegernos de los demás y las costras que formamos en respuesta a nuestro dolor. Si queremos ser reales y si queremos librarnos del pecado y el daño que nos enceguecen, debemos dejar que el amor de Dios haga lo que quiera hacer en nosotras.

Preguntas para reflexionar

6. ¿Con cuál de estos dos personajes te sientes más conectada? ¿Con el conejo de felpa o con Eustace, el niño dragón?

7. ¿Por qué crees que nos resistimos tanto a recibir y someternos a la transformación radical que Dios nos ofrece a través de Cristo?

El camino que seguí hacia la sanidad ha sido un proceso largo. Es como quitarle sus capas a una cebolla. Con cada capa, me acercaba más y más al núcleo de lo que Dios me creó para ser. Justo cuando creo que terminé, Dios comienza a quitar otra capa y empieza la siguiente etapa de mi proceso de restauración. He estado recorriendo el camino hacia la sanidad y la restauración por 24 años ya. Cada capa eliminada trajo consigo una importante libertad y sanidad. Sin embargo, hay mucho más trabajo para hacer en mí.

Hace poco, Dios comenzó a quitar una nueva capa de la cebolla de mi vida. Reveló todas las fracturas y fisuras que aún no habían sido enmendadas. Ha sido necesario que esté dispuesta a poner todas las cosas sobre la mesa de nuevo y que las mire con ojos nuevos. He descrito este proceso como si se tratara de desenterrar una cápsula de tiempo, sacar todos los objetos, mirarlos y admitir que no son tal como los recordaba. Implicó volver a abrir heridas viejas para que pudieran volver a sanar de la forma apropiada.

Este proceso me está convenciendo de que, a menudo, nos conformamos con la sanidad «suficiente», cuando lo que Dios desea es transformarnos de forma total y completa. Y si bien esto no es algo que veremos de este lado de la eternidad, Dios tiene más para nosotras si nos rendimos a él. Tendremos que tener valentía y disposición y ser sensibles y resistentes. Sin embargo, el resultado es una hermosa imagen del amor transformador de Dios.

ENCARA TU HISTORIA

En el camino que hemos hecho, invitamos a Dios a que redima la sexualidad en nuestras vidas. Descendimos hasta lo más bajo de nuestras historias y examinamos las maneras en que nuestras heridas, terquedad y debilidad han influenciado la forma en que vemos y experimentamos el sexo. Analizamos cómo es que el dolor, la vergüenza, el pecado y el daño nos impactaron a nosotras y a quienes nos rodean. Son muchos los temas que hemos cubierto. Sin embargo, en un sentido, el camino recién empieza, pues ahora debemos empezar con el viaje a casa, el lugar donde el Padre nos espera, listo para transformar nuestra vergüenza en honor, el aislamiento en el que vivimos en pertenencia, nuestro cautiverio en libertad.

Entonces, ¿cómo llegamos allí? En primer lugar, encara tu historia con honestidad. Yo siempre he sido sumamente abierta con mi historia, por lo que una pensaría que soy honesta conmigo misma y con los demás. Sin embargo, estoy aprendiendo con cuánta rapidez paso por alto o desestimo ciertos aspectos de mi vida en lugar de enfrentarlos. Es un mecanismo de autodefensa. Pero eso, en lugar de protegerme, hace que no pueda alcanzar esa clase de sanidad holística que está disponible para mí en Cristo. En su libro *Unwanted* [Indeseado], Jay Stringer afirma: «Sanamos al punto de poder volvernos a enfrentar y llamar por su nombre a aquello que nos está matando».[3]

LLAMA A LO ROTO POR SU NOMBRE

¿Qué implica encarar tu historia con honestidad? En primer lugar, implica llamar por su nombre a lo quebrado. Esto abarca los pecados cometidos contra ti, los pecados que cometiste tú y las formas en que el mundo quebrado ha impactado sobre tu vida. No podemos sanar aquello que todavía negamos o ignoramos. Eso a lo que nos resistimos persiste. Llamar a lo quebrado por su nombre significa ser honesta contigo misma, con los demás y con Dios. Es compartir tu historia sin pulirla, sin hacer excusas, sin sentir la necesidad de protegerte a ti o a los demás. Este tipo de honestidad, aunque es dura, hace que brille la luz. Es entonces cuando la verdadera sanidad comienza. La terapeuta Diane Langberg afirmó:

«Nuestro Dios es un Dios de verdad y luz. Las mentiras quedan expuestas cuando se habla la verdad. La oscuridad se desvanece cuando se deja a la luz brillar. Contar tu historia no es una pérdida de tiempo. Es un medio para llegar a un objetivo. De por sí, el sencillo acto de contar tu historia no traerá sanidad. Sin embargo, darle una voz a la verdad de tu vida para que la luz de Dios pueda brillar en todos los espacios sí traerá sanidad».[4]

A lo largo de este estudio, ¿cuáles son las áreas que Dios te reveló que estaban quebradas? ¿Dónde reveló o dónde te recordó de las heridas y el dolor que experimentaste (ya sea que se trate de la traición de un cónyuge, una agresión sexual, abuso, exposición temprana a contenido sexual en tu infancia o heridas de tu familia de origen)? ¿Dónde expuso tu propio pecado y rompimiento en cuanto al sexo (tentaciones de mirar pornografía, masturbarte, ser infiel, abortar, ser promiscua, tener fantasías, negarte a tener intimidad con tu esposo)? ¿Qué reveló en cuanto a la forma en que el daño del mundo se manifestó en tu vida sexual (coito doloroso, infertilidad, soltería no deseada, dolor crónico o enfermedad)?

A fin de comenzar con el camino hacia la sanidad, debes llamar por su nombre a lo que está roto.

En segundo lugar, encarar tu historia con honestidad también significa que tendrás que ser honesta con el impacto que tuvo sobre tu vida, tanto pasada como presente. Hace poco, oí a Jay Stringer decir que, como cristianos, vivimos «una teología de viernes a domingo».[5] El viernes es sobre la crucifixión: allí experimentamos el aguijón del pecado, la muerte y el sufrimiento. El sábado es ese espacio en el medio en el que hay silencio, duelo, desesperación, miedo e incredulidad. Y el domingo es el día en que experimentamos la redención, el poder de la resurrección y la alegría de la restauración. El punto de su mensaje es que, como personas cristianas, nos apuramos mucho por llegar a la resurrección: aplicamos el lenguaje redentor a la vergüenza y las consecuencias de nuestro propio pecado, al dolor que experimentamos por el pecado de otra persona y al modo en que vivir en un mundo caído ha impactado sobre tus experiencias sexuales en la vida. Quizás nos apresuremos a decir cosas como «Dios hace que todas las cosas obren para nuestro bien» o «Dios es bueno». Sí, ambas cosas son ciertas. Sin embargo, en el afán de tranquilizarnos con una verdad redentora, nos perdemos lo que Dios tiene para enseñarnos el sábado.

El sábado es sobre el duelo; es cuando empiezas a ser honesta sobre el impacto que el daño sexual tuvo sobre tu vida y llamas por sus nombres al dolor, al sufrimiento, a la pérdida y a la adversidad. Es trabajo duro, pero santo. Son sentimientos incómodos y no sabemos bien qué hacer con ellos. Revelan los puntos delicados, los lugares donde somos más vulnerables (no solo a nuestro propio pecado, sino también a las mentiras, la incitación al miedo, las burlas, las acusaciones y la condenación del enemigo).

Así que, en lugar de ponerle nombre a estos sentimientos y experimentarlos y dejar que nos dirijan a Dios para hallar libertad y sanidad, los evitamos, controlamos, negamos, medicamos, calmamos o reprimimos. Sin embargo, al encararlos con honestidad e integridad, dejamos que Dios comience su obra de quitar de nuestro corazón otra capa de escamas.

No es que al llamar por su nombre al daño y al impacto que tuvo sobre ti, vayas a ser una víctima perpetua de las circunstancias de tu vida. De hecho, ocurre lo contrario. Solo cuando lo hagas dejarás de estar atada a ello.

Para algunas, quizás este ejercicio no sea más que palabrería psicológica y terapéutica, algo fútil y sin sentido. Sé que esa era mi tendencia en el pasado. Sin embargo, una reunión reciente con un terapeuta le dio inicio a una nueva fase en mi camino hacia la sanidad. Un día, mientras estaba hablando sobre un aspecto de mi historia con mi terapeuta, insistió y me pidió que involucrara mis emociones: que me diera permiso a mí misma para nombrar con honestidad el daño y sentir la pérdida de cuidado y seguridad que experimenté como resultado. Me resistí, pero él siguió insistiendo y metiendo el dedo en mis puntos delicados hasta que, al final, le solté, inquieta: «Bueno, te escucho. ¿Pero qué se supone que deba hacer con eso? No puedo cambiarlo; no puedo hacer nada al respecto». Se sentía como un esfuerzo en vano que simplemente perpetuaba la mentalidad de víctima y hacía que me sintiera impotente. Y ahí fue cuando me di cuenta de que se trataba de algo importante.

Al nombrar con sinceridad y sentir el daño y el impacto que eso tuvo en tu vida, se revela tu vulnerabilidad, las formas en que eres o eras impotente. Y la mayoría odiamos sentirnos impotentes, por lo que desarrollamos estrategias de supervivencia a fin de mitigar el sentimiento. Una de mis estrategias ha sido cortar aspectos enteros de mi vida, considerarlos irrelevantes para mis pensamientos, sentimientos y acciones actuales y guardarlos en una caja para no volver a tocarla nunca (excepto, claro, para hablar de mis caprichosos años pródigos). Esa parte me resulta fácil porque sé que hacer con mi pecado, lo cual, en cierto sentido, me da una ilusión de control. En cambio, no sé qué hacer con la impotencia que siento ante las pérdidas, los vacíos y las heridas que otras personas crearon en mi vida.

Preguntas para reflexionar

1. ¿Puedes nombrar las capas específicas de daño que este estudio te ayudó a descubrir en tu vida?

2. La tentación es a desestimar y minimizar las partes dolorosas y pecaminosas de nuestra historia. ¿De qué nos perdemos cuando hacemos eso?

3. Tenemos muchas estrategias que usamos para lidiar con el daño sexual o para mitigarlo en nuestra vida. ¿De qué manera han impactado sobre ti y tus relaciones las estrategias que has usado?

LAMENTO

Cuando nombras con honestidad el daño y te permites experimentar el impacto de vivir en este mundo caído, eso empuja a tu corazón hacia la disciplina espiritual del lamento. Lamentarse es hacer un duelo. Es llevarle tus penas, aflicciones y pérdidas crudas y sin dignidad al Señor. Es el niño que corre hacia su madre o padre cuando está dolido y busca consuelo, seguridad y confianza en la presencia de su padre. En el lamento, lo único que puedes hacer es clamar y recibir.

La Escritura nos ofrece imágenes hermosas del lamento. Así como arrepentirnos es volvernos al Señor con nuestro pecado, lamentarnos es volvernos a menudo al Señor con nuestro sufrimiento. Job era un hombre al que las Escrituras llamaban «intachable» y «de absoluta integridad». Sin embargo, su vida estaba envuelta en una historia cósmica mucho más grande que la suya propia, y el Señor permitió que el sufrimiento entrara a su vida. Job lo perdió todo: sus hijos, su ganado, su seguridad financiera e incluso su propia salud. Cuando al final sucumbe ante el dolor de su inmensa desolación, Job se lamenta y maldice el día en que nació:

>«Que sea borrado el día en que nací,
>   y la noche en que fui concebido.
>Que ese día se convierta en oscuridad;
>   que se pierda aun para Dios en las alturas,
>   y que ninguna luz brille en él.
>Que la oscuridad y la penumbra absoluta reclamen ese día
>   para sí;

ASÍ COMO ARREPENTIRNOS ES VOLVERNOS AL SEÑOR CON NUESTRO PECADO, LAMENTARNOS ES VOLVERNOS A MENUDO AL SEÑOR CON NUESTRO SUFRIMIENTO.

que una nube negra lo ensombrezca
y la oscuridad lo llene de terror.
Que esa noche sea borrada del calendario
y que nunca más se cuente entre los días del año
ni aparezca entre los meses.
Que esa noche sea estéril,
que no tenga ninguna alegría.
Que maldigan ese día los expertos en maldiciones,
los que, con una maldición, podrían despertar al Leviatán.
Que las estrellas de la mañana de ese día permanezcan en oscuridad;
que en vano espere la luz
y que nunca llegue a ver la aurora.
Maldigo ese día por no haber cerrado el vientre de mi madre,
por haberme dejado nacer para presenciar toda esta desgracia.

¿Por qué no nací muerto?
¿Por qué no morí al salir del vientre?
¿Por qué me pusieron en las rodillas de mi madre?
¿Por qué me alimentó con sus pechos?
Si hubiera muerto al nacer, ahora descansaría en paz;
estaría dormido y en reposo.
Descansaría con los reyes y con los primeros ministros del mundo,
cuyos grandiosos edificios ahora yacen en ruinas.
Descansaría junto a príncipes, ricos en oro,
cuyos palacios estuvieron llenos de plata.
¿Por qué no me enterraron como a un niño que nace muerto,
como a un niño que nunca vivió para ver la luz?
Pues una vez muertos, los malvados no causan más problemas
y los cansados encuentran reposo.
Aun los cautivos logran tranquilidad en la muerte,
donde no hay guardias que los maldigan.

> El rico y el pobre están allí,
> y el esclavo se libera de su dueño.
> Oh, ¿por qué dar luz a los desdichados,
> y vida a los amargados?
> Ellos desean la muerte, pero no llega;
> buscan la muerte con más fervor que a tesoro escondido.
> Se llenan de alegría cuando finalmente mueren,
> y se regocijan cuando llegan a la tumba.
> ¿Por qué dar vida a los que no tienen futuro,
> a quienes Dios ha rodeado de dificultades?
> No puedo comer a causa de mis suspiros;
> mis gemidos se derraman como el agua.
> Lo que yo siempre había temido me ocurrió;
> se hizo realidad lo que me horrorizaba.
> No tengo paz ni tranquilidad;
> no tengo descanso; solo me vienen dificultades».
>
> Job 3:3-26

Las penas, aflicciones y pérdidas de Job son profundas, reales y no tienen censura. Él no las limpia ni se apresura a reclamar la bondad de Dios en medio de ellas. Incluso lidia con su dolor con gran integridad. Simplemente, clama y espera que Dios le responda. Cuando experimentamos el daño del mundo y su impacto sobre nuestras vidas, nos vemos tentadas a creer que eso no es algo que Dios sepa o que le preocupe y que él no puede hacer nada al respecto. Sin embargo, cuando nos permitimos experimentar la disciplina santa de lamentarnos, eso nos lleva a Dios, a implorar respuestas, consuelo, paz, sanidad y restauración.

Una vez leí esta frase en las redes sociales que habla del proceso poderoso del duelo y el lamento y de encontrar a Dios en medio de nuestro dolor:

> «Al final, el suave zumbido de la aflicción de la condición humana encuentra el camino hacia arriba. Podemos intentar escondernos de él, evitarlo o pretender que la muerte es, de algún modo, algo normal o aceptable. Sin embargo, en cierto

punto, se llevará a alguien o algo que no podemos soportar perder. Ser humano no es huir de la aflicción y la ira, sino poseerlas y convertirlas en oración. Entonces Dios se hizo carne, hecho de carne, formado en el vientre de la carne, donde la aflicción tenía su refugio. Pues como a Dios no le asusta nuestra aflicción y nuestro dolor, sino que se volvió humano para experimentar esas cosas, puede estar en comunión con nosotros».[6]

¿Qué cosas (inocencia, elección, poder, seguridad, confianza) has perdido como resultado del daño sexual del mundo? ¿Qué dolor y consecuencias residuales (duelo por un aborto, un divorcio, relaciones rotas, una enfermedad de transmisión sexual, una reputación manchada) has experimentado, ya sea por tu propio pecado o por los pecados que otros cometieron contra ti? ¿Qué deseos buenos no fueron satisfechos (el deseo de tener un compañero y un matrimonio, el deseo de que tu esposo te busque en la intimidad, el deseo de tener una experiencia sexual libre de dolor con tu esposo, el deseo de ser vista, conocida y amada)?

El lamento te permite llevarle tus temores, aflicciones, sufrimientos, pérdidas y dolores a Dios, quien se hizo carne para volverse como nosotras en todo sentido, a fin de que pudiera empatizar con nosotras en nuestras heridas y debilidad. Conoció la traición, el trauma grave, el abandono, la tentación, el dolor, la soledad, los deseos no satisfechos y la tristeza agonizante. Conoce lo que has atravesado porque él estuvo allí antes que tú. Y como estuvo allí antes que tú (pues fue tentado de la misma manera que tú, pero no pecó; soportó la debilidad del cuerpo, pero la superó; experimentó el aguijón de la muerte, pero triunfó sobre él), ha comenzado a revertir la maldición y a enmendar todo lo que el pecado quebrantó. Entonces, en lugar de añadir una capa más de escamas protectoras o de huir del Padre en tu aflicción, dolor, pérdida y debilidad, corre hacia él, a sabiendas de que, en él, hallarás toda la gracia y misericordia para ayudarte en tiempos de necesidad.

Para progresar en el camino hacia la sanidad, debes lamentar el daño de tus experiencias sexuales y el impacto que tuvieron sobre ti.

Preguntas para reflexionar

1. Cuando llamamos por su nombre a nuestro daño y el impacto que tuvo sobre nosotras, le hacemos lugar al lamento. Antes de seguir avanzando, tómate un tiempo para hacer un inventario de lo que el daño te costó. ¿Qué has perdido?

2. El Salmo 77 nos ofrece una imagen de cómo puede verse el lamento. Abarca:

- Compartirle a Dios tu dolencia
- Pedirle ayuda
- Descansar en que su fidelidad te consolará y será suficiente

    Lee el Salmo 77 y considera escribir tu propia oración de lamento.

ARREPENTIMIENTO

Al nombrar lo que está quebrado y lamentar lo que hemos perdido, le hacemos lugar a otra parte del proceso en el camino hacia la sanidad: el arrepentimiento. Sin embargo, antes de hablar del arrepentimiento, quiero reiterar que, si el dolor con el que cargas es el resultado del daño causado por otra persona, eso no es tu culpa. No te estás arrepintiendo de eso. No obstante, es posible que tu dolor te haya llevado por un camino que hizo que pecaras de otras formas, de las cuales puedes y deberías hacerte responsable. Sin embargo, esto no es fácil. A menudo, el pecado que otra persona cometió contra ti está tan interconectado con el que cometiste tú, que puede ser difícil distinguir entre la parte del proceso en la que necesitamos arrepentirnos y la parte por la que debemos lamentarnos. Si esto ocurre en tu historia, busca un consejero o un creyente maduro que pueda caminar junto a ti en este proceso y ayudarte a discernir lo que es tuyo de lo que no lo es.

En 1 Corintios 6:18-20, el apóstol Pablo nos manda:

> «¡Huyan del pecado sexual! *Ningún otro pecado afecta tanto el cuerpo como este, porque la inmoralidad sexual es un pecado contra el propio cuerpo.* ¿No se dan cuenta de que su cuerpo es el templo del Espíritu Santo, quien vive en ustedes y les fue dado por Dios? Ustedes no se pertenecen a sí mismos, porque Dios los compró a un alto precio. Por lo tanto, honren a Dios con su cuerpo».

No puedes evitar la tentación sexual; es parte de la experiencia humana. Suprimir el deseo y la tentación sexual es solo una solución temporal. Tal vez seas exitosa a corto plazo, pero es probable que el deseo regrese con fuerzas acumuladas o que se muestre de una forma diferente. A menudo, privarnos nos lleva a sentir que nos ganamos ciertos derechos. Esos sentimientos llevan a la indulgencia. El resultado final de ser indulgentes con nuestros deseos pecaminosos es sentirnos avergonzadas, desesperadas y derrotadas. Una vez que estamos en el ciclo de la vergüenza, buscamos algo que vaya a calmarnos o a confirmar que tenemos de qué avergonzarnos: volvemos a tomar el fruto prohibido.

He visto este ciclo repetirse en mi propia vida en un sinnúmero de maneras, con el sexo y la comida como dos de las luchas principales que he visto a lo largo de mi vida. Es la mentalidad de la dieta yoyó. Anhelo una y otra vez y me privo una y otra vez. Pero luego, llega una temporada de agotamiento por haber trabajado duro o por haber sobrevivido a un periodo de pruebas emocionales, y empiezo a sentir que me merezco algo dulce o salado, por lo que actúo con indulgencia. Después, siento vergüenza y me pregunto: «¿Para qué me molesto?» y esa pasa a ser mi mentalidad. Persisto con mi indulgencia de glotonería hasta que el dolor de seguir siendo la misma es mayor que el temor y el esfuerzo necesarios para cambiar de dirección. Es un proceso de autosabotaje en el que estoy herida y vuelvo a herirme, una y otra vez.

Todo pecado hace daño, pero el pecado sexual es violencia contra tu propio cuerpo. No puedes progresar en el camino hacia la sanidad si sigues cometiendo pecados contra tu propio cuerpo. Aquí es donde el arrepentimiento entra en juego. Arrepentirse es elegir algo distinto. Es elegir volver del camino de la autodestrucción y acudir a Dios, cuyo camino conduce a la vida. Es elegir confiar en la suficiencia de Dios en tus momentos de debilidad y anhelos no satisfechos. Es elegir buscar la satisfacción que da Dios en lugar de confiar en las falsas promesas de satisfacción que ofrece el pecado sexual.

Arrepentirnos no es suprimir el deseo o actuar con indulgencia, sino abordar el deseo con curiosidad y compasión. Es preguntarte a ti misma: ¿Qué es lo que de verdad anhelo en este momento? C. S. Lewis habla de este tema en su famoso ensayo *The Weight of Glory* [El peso de la gloria]:

> El Nuevo Testamento tiene mucho que decir sobre la renuncia a uno mismo, pero como un fin en sí mismo. Se nos dice que nos neguemos a nosotros mismos y tomemos nuestras cruces a fin de seguir a Cristo; y casi todas las descripciones que acabamos encontrando contienen un llamado al deseo. Si en la mayoría de las mentes modernas acecha la idea de que desear nuestro propio bien y albergar la ferviente esperanza de disfrutar de este bien son cosas malas, sostengo que esta idea viene de Kant y los estoicos y que no es parte de la fe cristiana. De hecho, si consideramos las promesas sin reparo de que habrá recompensas y la naturaleza asombrosa de estas recompensas prometidas en los Evangelios, parecería que, para nuestro Señor, nuestros deseos no son demasiado fuertes, sino demasiado débiles. Somos criaturas de corazón poco entusiasta que pierden el tiempo con la bebida y el sexo y la ambición, cuando se nos ofrece una alegría infinita. Somos como un niño ignorante que quiere seguir haciendo pasteles

de barro en un suburbio porque no puede imaginar lo que significa la oferta de unas vacaciones en el mar. Nos conformamos con extrema facilidad.[7]

Con demasiada frecuencia, nuestro problema no es nuestro deseo. Es que lo diagnosticamos y tratamos mal. Antes de casarme, luchaba de forma periódica con la pornografía. Pareciera, en la superficie, que se trataba de deseos sexuales descarriados. Pensaba que necesitaba esforzarme más por luchar contra el deseo. Como entendía mal lo que de verdad quería en ese momento, reaccionaba o con indulgencia consumiendo pornografía, o con vergüenza negándome a mí misma. Quizás lo que en realidad necesitaba hacer era abordar el deseo con amabilidad y curiosidad. ¿Qué deseaba en verdad cuando la tentación me asaltaba? Mi deseo máximo en esos momentos era que alguien me acompañara y amara. Identificar el deseo con precisión me permitió ver cómo abordarlo de maneras que terminaran satisfaciendo el anhelo, en lugar de ofrecer una solución incompleta a un problema mal diagnosticado.

Cuando te tienta consumir pornografía, masturbarte, fantasear, tener un amorío emocional con un colega, ¿cuáles son las circunstancias de tu vida? ¿Estás en un periodo de soledad? ¿Tienes demasiado tiempo y no suficientes responsabilidades? ¿Estás haciendo el duelo por la pérdida de una amistad? ¿Estás saturada de trabajo y agotada? ¿Estás estresada? ¿Sientes que te pasan por alto y no te aprecian? ¿Cómo es que los factores actuales de tu vida te generan el deseo de hallar alivio y descanso? En esos momentos, el enemigo susurra que el alivio (o la alegría, o la satisfacción, o el sentido de pertenencia) llegará si eres indulgente con tu deseo. Sin embargo, él no ha venido a darte vida, descanso, consuelo, seguridad o paz: ha venido a robar, matar y destruir todos los aspectos de esas cosas en tu vida. Jesús, en cambio, afirma que ha venido para que puedas tener vida en abundancia (Juan 10:10). La promesa de la vida en abundancia no es la de una vida libre de tentaciones, penas, dolores o luchas. Es la promesa de que, en Cristo, a pesar de nuestra lucha o quizás incluso a causa de nuestra lucha, hallaremos lo que nuestro corazón desea en verdad: amor, pertenencia, propósito, dignidad, libertad, esperanza, seguridad, paz, descanso, alegría. De hecho, según el apóstol Pablo, Dios

El hábil reparador

puede hacer infinitamente más de lo que pudiéramos pedir o imaginar (Efesios 3:20).

Arrepentirnos empieza por darnos cuenta de que, en lugar de provocar un cortocircuito en nuestros deseos, intentar matarlos o ser indulgentes con ellos, debemos dejar que nuestros deseos nos lleven directo al Padre, el único que puede satisfacer nuestras necesidades y anhelos más profundos. Arrepentirnos también incluye elegir la vida antes que la muerte. Como alcohólica y drogadicta en recuperación, el deseo y la tentación de buscar alivio y satisfacción en las sustancias siguen allí. Sin embargo, sé que ese camino me conduce a la muerte: espiritual, emocional, relacional y, al final, física. Arrepentirnos significa que decidimos volvernos del alivio a corto plazo y buscar la libertad a largo plazo que nos da el agua viva de Dios.

Vemos esto en el Libro de Deuteronomio. Luego de dar vueltas por el desierto por 40 años, por fin los israelitas están a punto de cruzar el Jordán y entrar a la tierra prometida. En los capítulos 29-30, Moisés reúne al pueblo para una exhortación final. Les recuerda cómo Dios los rescató de Egipto, cómo les proveyó con fidelidad todo lo que necesitaron durante 40 años y el pacto que Dios hizo con ellos. En esencia, Moisés les recuerda de la gran narrativa de Dios y del lugar de ellos allí: quiénes son como pueblo de Dios, cómo Dios los recató e inició un pacto con ellos y la futura gloria que Dios quiere darles. Luego de hacer eso, Moisés les dice:

> «¡Ahora escucha! En este día, te doy a elegir entre la vida y la muerte, entre la prosperidad y la calamidad. Pues hoy te ordeno que ames al Señor tu Dios y cumplas sus mandatos, decretos y ordenanzas andando en sus caminos. Si lo haces, vivirás y te multiplicarás, y el Señor tu Dios te bendecirá a ti y también a la tierra donde estás a punto de entrar y que vas a poseer.

> Sin embargo, si tu corazón se aparta y te niegas a escuchar, y si te dejas llevar a servir y rendir culto a otros dioses, entonces te advierto desde ya que sin duda serás destruido. No tendrás una buena y larga vida en la tierra que ocuparás al cruzar el Jordán.

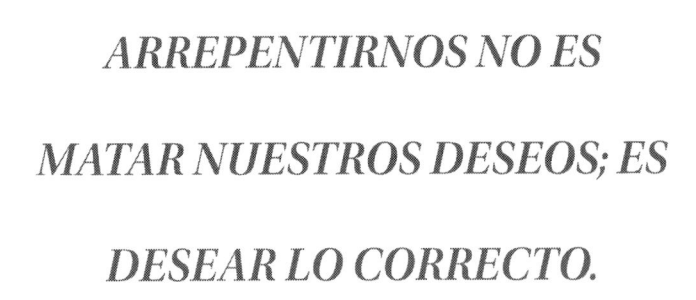

ARREPENTIRNOS NO ES MATAR NUESTROS DESEOS; ES DESEAR LO CORRECTO.

Hoy te he dado a elegir entre la vida y la muerte, entre bendiciones y maldiciones. Ahora pongo al cielo y a la tierra como testigos de la decisión que tomes. ¡Ay, si eligieras la vida, para que tú y tus descendientes puedan vivir! Puedes elegir esa opción al amar, al obedecer y al comprometerte firmemente con el Señor tu Dios. Esa es la clave para tu vida. Y si amas y obedeces al Señor, vivirás por muchos años en la tierra que el Señor juró dar a tus antepasados Abraham, Isaac y Jacob».

Deuteronomio 30:15-20

Moisés les dio a elegir entre la vida (amar al Señor con todo el corazón, el alma, la mente y las fuerzas) y la muerte (apartarse del Dador de vida y volverse a las cosas menores). Arrepentirnos no es matar nuestros deseos; es desear lo correcto. Empieza por cambiar nuestra mente: reconocer que lo que se ve como vida (ser indulgente con tus deseos) es en realidad muerte y lo que se ve como muerte (dejar de buscar el alivio a corto plazo y volvernos a Dios) lleva a la vida. También implica un cambio de dirección. En lugar de elegir ser indulgente con tus deseos de formas pecaminosas que perpetúan la destrucción, eliges ocuparte de lo que da vida.

Al comienzo de mi camino hacia la sobriedad, fue necesario que cambiara de compañeros de juego, zonas de juego y cosas con las que jugaba. En lugar de ir a bares y juntarme con gente que consumía drogas, empecé a pasar tiempo con personas que querían cambiar, que querían estar sobrias y que podían mostrarme cómo empezar a cuidar de mí misma en lugar de destruirme. Esto no erradicó de forma inmediata mi deseo de drogarme. De a momentos, mis ansias eran intensas y casi abrumadoras. Sin embargo, sí significó que tenía herramientas nuevas que podían ayudarme cuando me tentaba. Con el tiempo, mis deseos empezaron a cambiar. Comencé a desear las cosas que me traían vida, libertad, alegría y paz en lugar de caos, destrucción, vergüenza y remordimiento. Este es el proceso del arrepentimiento.

No obstante, recuerda: arrepentirnos no es solo apartarnos del deseo; es desear lo correcto. Esto también abarca nuestras actitudes y la postura de nuestro corazón. Es posible que signifique abandonar el desprecio y el desdén que sientes por tu esposo y desear acercarte al amor, el perdón, el respeto y la unidad. Quizás signifique dejar que Dios y la comunidad te ayuden a desmantelar los muros que construiste alrededor de tu corazón y que mantienen a tu esposo distante emocional y físicamente para que puedas avanzar hacia la intimidad y la unidad. Tal vez signifique abandonar la amargura, el descontento y el sentimiento de derechos adquiridos que tienes con Dios con respecto a la soltería y desear, en cambio, ser curiosa sobre lo que Dios tiene para ti en esta etapa específica y mantenerte fiel. O tal vez signifique abandonar la actitud de fariseísmo, comparación y orgullo que sientes cuando te relacionas con otras personas que luchan con el pecado sexual y, en cambio, desees conocerlas, tengas curiosidad por sus historias y te les acerques con una postura de cuidado y compasión.

Para progresar en la sanidad y la restauración, tengo que abandonar aquellas cosas que nos matan, roban y destruyen a mí y a los demás y volver en arrepentimiento a Dios, la fuente de vida verdadera.

Preguntas para reflexionar

1. ¿Cuáles son los deseos que te ves tentada a suprimir o a concederte? ¿Cómo sería si los abordaras con curiosidad para que pudieras entender más sobre lo que en verdad estás anhelando?

2. El arrepentimiento es el proceso de dejar atrás todo pecado o dolor a los que te estás aferrando y volverte a Jesús. ¿Qué sabes sobre Jesús que te permitiría volverte a él y confiar en él? ¿De qué maneras es él suficiente para darte lo que necesitas?

VE A JESÚS

Cuanto más sigo a Jesús, más me convence que la respuesta a todo nuestro pecado, daño y dolor es hallar la forma de ir a él y recibir todo lo que nos ofrece. Vemos esto a lo largo de todo el ministerio de Jesús. La mujer que luchaba con un sangrado crónico se abrió paso entre la multitud para tocar el fleco de la túnica de Jesús. Zaqueo trepó un árbol. El ciego Bartimeo gritó por encima de la multitud. Los amigos del paralítico abrieron un agujero en el techo. Cada uno de estos hombres y mujeres estaba consciente de su dolor, debilidad, pecado y necesidad y sabía que debía ir a Jesús. Así que se abrieron paso, llamaron, treparon y buscaron ayuda en su comunidad. Y cuando lo alcanzaron, encontraron más de lo que podrían haberse atrevido a esperar o imaginar: comunión, compasión, sanidad, perdón, restauración, libertad y vida.

Jesús los vio tal como eran, pero no se contentó con dejarlos como estaban. Las breves interacciones que tuvo con cada uno le dieron inicio al proceso de restauración y sanidad en sus vidas, proceso que no estará completo para ellos hasta que Jesús vuelva para marcar el inicio del nuevo cielo y la nueva tierra, cuando restaure por completo y finalmente todas las cosas. Ese día, se levantarán con todos los santos como trofeos de la gracia, la misericordia, el poder y la redención de Dios.

«Ya no habrá más maldición sobre ninguna cosa, porque allí estará el trono de Dios y del Cordero, y sus siervos lo adorarán. Verán su rostro y tendrán su nombre escrito en la frente. Allí no existirá la noche —no habrá necesidad de la luz de lámparas ni del sol— porque el Señor Dios brillará sobre ellos. Y ellos reinarán por siempre y para siempre».

Apocalipsis 22:3-5

Esta es también la respuesta para nosotras. Cuando te das cuenta de que Jesús es la solución para tus necesidades más profundas y quien satisface tus mayores deseos, haces lo que sea necesario para ir a él.

¿Estás frustrada y desesperada en tu lucha contra el pecado? ¿Te pesa el daño del mundo? ¿Estás cansada de tu dolor y sufrimiento? Ve a Jesús. No dejes que nada se interponga en tu camino. ¿Te da miedo ir a él porque piensas que está frustrado o avergonzado de ti o que ya acabó contigo? El corazón del Padre para contigo se manifiesta por medio de Cristo. Cuando entiendas eso, querrás correr a él tan rápido que no te darán las piernas.

- Él es el Padre que invita a todas las personas sedientas y cansadas y que desean ir a él (Isaías 55:1-3; Mateo 11:28-30; Apocalipsis 22:17).
- Él es el padre que corre a restaurar a su hijo pródigo (Lucas 15:11-32).
- Él es el Buen Pastor que deja a las 99 ovejas para buscar a la vulnerable y perdida (Lucas 15:17).
- Él es aquel que reemplaza tu manto de vergüenza por su túnica real de justicia y salvación (Isaías 61:10).
- Él es aquel que anhela y espera con paciencia a que todos se arrepientan (2 Pedro 3:9).
- Él es aquel que te ama con amor eterno (Jeremías 31:3).
- Él es aquel que renunció a sus privilegios divinos y se hizo carne para que pudiera restaurar tu relación con el Padre (Filipenses 2:7).
- Él es aquel que sufrió con fidelidad de todas las maneras, empatiza contigo en tu debilidad e hizo que fuera posible que te acercaras

con confianza al trono de Dios para recibir su misericordia, gracia y ayuda en tiempos de necesidad (Hebreos 4:14-16).

- Él es aquel que prometió no abandonarte ni dejarte huérfana (Juan 14:15-21).
- Él es aquel que prometió terminar la obra que comenzó en ti (Filipenses 1:6).
- Él es aquel que tiene que venir a hacer todas las cosas nuevas (Apocalipsis 21:5).

«Entonces vi un cielo nuevo y una tierra nueva, porque el primer cielo y la primera tierra habían desaparecido y también el mar. Y vi la ciudad santa, la nueva Jerusalén, que descendía del cielo desde la presencia de Dios, como una novia hermosamente vestida para su esposo.

Oí una fuerte voz que salía del trono y decía: "¡Miren, el hogar de Dios ahora está entre su pueblo! Él vivirá con ellos, y ellos serán su pueblo. Dios mismo estará con ellos. Él les secará toda lágrima de los ojos, y no habrá más muerte ni tristeza ni llanto ni dolor. Todas esas cosas ya no existirán más".

Y el que estaba sentado en el trono dijo: "¡Miren, hago nuevas todas las cosas!". Entonces me dijo: "Escribe esto, porque lo que te digo es verdadero y digno de confianza". También dijo: "¡Todo ha terminado! Yo soy el Alfa y la Omega, el Principio y el Fin. A todo el que tenga sed, yo le daré a beber gratuitamente de los manantiales del agua de la vida. Los que salgan vencedores heredarán todas esas bendiciones, y yo seré su Dios, y ellos serán mis hijos"».

Apocalipsis 21:1-7

Esta es la obra que Jesús está haciendo para enmendarnos y que continuará en nosotras.

Enmendar es un proceso lento; es necesario resistir con paciencia.

Sin embargo, lo que él comenzó parcialmente, un día será una realidad completa.

Y será glorioso lo que él creó.

Seremos trofeos de su gracia expuestos a plena vista.

Enmendadas por completo por sus manos hábiles de amor.

Y ahora, que toda la gloria sea para Dios, quien puede lograr mucho más de lo que pudiéramos pedir o incluso imaginar mediante su gran poder, que actúa en nosotros. ¡Gloria a él en la iglesia y en Cristo Jesús por todas las generaciones desde hoy y para siempre! Amén.

—Efesios 3:20-21

Preguntas para reflexionar

1. Revisa los versículos que se mencionan en estas últimas páginas: nos recuerdan del inmenso amor que Jesús anhela prodigarnos. El suyo es un amor que enmienda, redime y, al final, hace todas las cosas nuevas. Incluso ahora, está preparando un lugar para sus hijos, quienes un día estarán unidos a él. ¿Alguno de estos pasajes de la Escritura te anima y te da esperanza cuando consideras tu propia historia?

2. ¿De qué manera anclar tu esperanza en Jesús, quien satisface al máximo tus anhelos más profundos, hace que estés firme en esta vida, que es en parte decepcionante y dolorosa?

3. A lo largo de este libro, leíste historias reales de mujeres que lidiaron con cierto tipo de fractura. Sus historias nos invitan a abordar nuestras propias historias con honestidad, compasión y paciencia. Es posible que haya partes de tu historia por las que debas hacer duelo y lamentarte y otras partes en las que necesites reconocer su gracia y fidelidad. Tómate un tiempo para responder mientras Dios te guía. Recuerda que sanar lleva tiempo y que hay muchas capas. Busca destellos de su obra redentora en tu propia vida, debes saber que puedes pedirle con confianza que continúe con su obra sanadora.

HISTORIA DE UNA MUJER
La fractura de la traición

Aun hoy, cuando recuerdo ese día, me siento devastada. Un día, estaba trabajando desde la oficina en casa cuando encontré un correo dirigido a mi esposo en el que una mujer le ofrecía sus servicios de prostitución en Jacksonville, a donde él viajaba con frecuencia por trabajo. Al buscar, me encontré con una historia de múltiples encuentros, una sarta de infidelidades y mentiras. Mentiría si dijera que no hubo señales: las múltiples noches en las que no contestaba mis llamadas, su lenta desconexión y el que estaba a la defensiva, el secretismo, su falta de compromiso. Pasé por alto todas esas señales y creé excusas para él porque de verdad quería que mi matrimonio «cristiano» estuviera bien. Mandé a mis hijos a que durmieran en la casa de un amigo, le pedí a mi esposo que viniera, le mostré lo que había encontrado y me fui a ver a mi pastor y a su esposa para procesar lo inconcebible. Al final, mi pastor vino a casa conmigo y le pidió a mi esposo que se fuera de casa, así yo podía tener espacio para ver qué hacer. En uno de esos momentos de espacio, me senté sobre una pelota y lloré. Fue un llanto doloroso y a gritos que me partió el alma y duró mucho tiempo. No podía saber cuánto tiempo pasé destruida, completamente perdida, fría y sola. Le rogué a Dios; no recuerdo qué le pedí, pero le rogué y gemí. Y en un momento en que no me quedaba nada, ni aliento, ni esperanza, oí a Dios decir: «Déjame amarte». Fue claro y fuerte e hizo que me parara en seco.

Incluso antes de este momento en mi matrimonio, ya estaba increíblemente quebrada. Mi infancia estuvo llena de décadas de abuso sexual, negligencia y miedo. Jesús me capturó el corazón en la secundaria y comencé a asistir a la iglesia y a volverme más cercana a él. Pensaba que, si encontraba al joven cristiano correcto un día, mi vida mejoraría. Trabajé tan duro como me fue posible para que alguien pudiera amarme, pues creía que no era digna del amor de nadie. Entré a mi matrimonio con las etiquetas que me impuso mi infancia: rota, indigna de ser amada, necesitada, desechable. Como resultado, controlaba todo, me ponía nerviosa y hacía todo aquello que creía que garantizaría un buen resultado de parte de Dios. Era como una historia repetida: si hacía todo tan bien como era posible, quizás podía pasar desapercibida por un tiempo y evitar el abuso y el dolor. No me funcionó en la infancia y no me funcionó en el matrimonio. Tanto esfuerzo, preocupación y peso y, al final, oí a Dios desenmarañarlo en algo sumamente sencillo: «Déjame amarte».

Nadie había hecho eso en serio en mi vida: amarme sin condiciones, sin cargas, sin presión. No sabía cómo dejar que eso pasara. Me aterraban esas palabras abiertas. No sabía qué significaban, pero sabía sin duda alguna que había estado manteniendo a Dios a cierta distancia. Ese fue el día en que empecé a ver mi fe de una forma distinta y a intentar descubrir qué significaba confiar tanto en Dios como para dejarlo amarme. Fue difícil, fue sacrificado y todavía toma mucho tiempo. Esas palabras no salvaron mi matrimonio, aunque debieron pasar 12 años más para que lo dejara ir. Sin embargo, sí me salvaron a mí. Al final, he aprendido a aferrarme a él y no a mi propio control. Estoy aprendiendo a entregarle a él mis preocupaciones, mis cargas, las etiquetas del pasado. Más que nada, estoy aprendiendo a confiar en aquel que es en verdad digno de confianza, aquel de quien estoy aprendiendo que me ama con la mayor profundidad. Estoy aprendiendo a descansar en él, a dejar que me ame.

VERSÍCULOS PARA MEDITAR

Estos pasajes de la Escritura serán fuente de consuelo, esperanza y sanidad a medida que proceses las páginas de este libro. Te animamos a elegir algunos para meditar sobre ellos, copiarlos o memorizarlos.

ISAÍAS 49:14-16

> Sin embargo, Jerusalén dice: «El Señor me ha abandonado;
> el Señor me ha olvidado».
> «¡Jamás! ¿Puede una madre olvidar a su niño de pecho?
> ¿Puede no sentir amor por el niño al que dio a luz?
> Pero aun si eso fuera posible,
> yo no los olvidaría a ustedes.
> Mira, he escrito tu nombre en las palmas de mis manos.

SALMOS 131

> Señor, mi corazón no es orgulloso;
> mis ojos no son altivos.
> No me intereso en cuestiones demasiado grandes
> o impresionantes que no puedo asimilar.
> En cambio, me he calmado y aquietado,
> como un niño destetado que ya no llora por la leche de
> su madre.
> Sí, tal como un niño destetado es mi alma en mi interior.
> Oh Israel, pon tu esperanza en el Señor,
> ahora y siempre.

ISAÍAS 49:13

> ¡Oh cielos, canten de alegría!
> ¡Oh tierra, gózate!
> ¡Oh montes, prorrumpan en cantos!
> Pues el Señor ha consolado a su pueblo
> y le tendrá compasión en medio de su sufrimiento.

SALMOS 5:11-12

> Pero que se alegren todos los que en ti se refugian;
> que canten alegres alabanzas por siempre.
> Cúbrelos con tu protección,
> para que todos los que aman tu nombre estén llenos de alegría.
> Pues tú bendices a los justos, oh SEÑOR;
> los rodeas con tu escudo de amor.

SALMOS 30:4-12

> ¡Canten al SEÑOR, ustedes los justos!
> Alaben su santo nombre.
> Pues su ira dura solo un instante,
> ¡pero su favor perdura toda una vida!
> El llanto podrá durar toda la noche,
> pero con la mañana llega la alegría.
>
> Cuando yo tenía prosperidad, decía:
> «¡Ahora nada puede detenerme!».
> Tu favor, oh SEÑOR, me hizo tan firme como una montaña;
> después te apartaste de mí, y quedé destrozado.
>
> A ti clamé, oh SEÑOR.
> Le supliqué al Señor que tuviera misericordia,
> diciéndole:
> «¿Qué ganarás si me muero,
> si me hundo en la tumba?
> ¿Acaso podrá mi polvo alabarte?
> ¿Podrá hablar de tu fidelidad?
> Escúchame, SEÑOR, y ten misericordia de mí;
> ayúdame, oh SEÑOR».
>
> Tú cambiaste mi duelo en alegre danza;
> me quitaste la ropa de luto y me vestiste de alegría,
> para que yo te cante alabanzas y no me quede callado.
> Oh SEÑOR mi Dios, ¡por siempre te daré gracias!

SALMOS 31:6-8

> Yo confío en el Señor.
> Me gozaré y me alegraré en tu amor inagotable,
> porque has visto mis dificultades
> y te preocupas por la angustia de mi alma.
> No me entregaste a mis enemigos,
> sino que me pusiste en un lugar seguro.

SALMOS 25:16-21, NVI

> Vuelve a mí tu rostro y tenme compasión,
> pues me encuentro solo y afligido.
> Crecen las angustias de mi corazón;
> líbrame de mis tribulaciones.
> Fíjate en mi aflicción y en mis penurias,
> y borra todos mis pecados.
> ¡Mira cómo se han multiplicado mis enemigos,
> y cuán violento es el odio que me tienen!
> Protege mi vida, rescátame;
> no permitas que sea avergonzado,
> porque en ti busco refugio.
> Sean mi protección la integridad y la rectitud,
> porque en ti he puesto mi esperanza.

JEREMÍAS 17:14, NVI

> Sáname, Señor, y seré sanado;
> sálvame y seré salvado,
> porque tú eres mi alabanza.

SALMOS 62:5-8

> Que todo mi ser espere en silencio delante de Dios,
> porque en él está mi esperanza.
> Solo él es mi roca y mi salvación,
> mi fortaleza donde no seré sacudido.

Mi victoria y mi honor provienen solamente de Dios;
él es mi refugio, una roca donde ningún enemigo puede alcanzarme.
Oh pueblo mío, confía en Dios en todo momento;
dile lo que hay en tu corazón,
porque él es nuestro refugio.

SALMOS 71:18-22

Permíteme proclamar tu poder a esta nueva generación,
tus milagros poderosos a todos los que vienen después de mí.
Tu justicia, oh Dios, alcanza los cielos más altos;
¡has hecho cosas tan maravillosas!
¿Quién se compara contigo, oh Dios?
Has permitido que sufra muchas privaciones,
pero volverás a darme vida
y me levantarás de las profundidades de la tierra.
Me restaurarás incluso a mayor honor
y me consolarás una vez más.
Entonces te alabaré con música de arpa,
porque eres fiel a tus promesas, oh mi Dios.

OSEAS 6:1-3

«Vengan, volvámonos al SEÑOR.
Él nos despedazó,
pero ahora nos sanará.
Nos hirió,
pero ahora vendará nuestras heridas.
Dentro de poco tiempo él nos restaurará,
para que podamos vivir en su presencia.
¡Oh, si conociéramos al SEÑOR!
Esforcémonos por conocerlo.
Él nos responderá, tan cierto como viene el amanecer
o llegan las lluvias a comienzos de la primavera».

SALMOS 34:4-10

Oré al SEÑOR, y él me respondió;
   me libró de todos mis temores.
Los que buscan su ayuda estarán radiantes de alegría;
   ninguna sombra de vergüenza les oscurecerá el rostro.
En mi desesperación oré, y el SEÑOR me escuchó;
   me salvó de todas mis dificultades.
Pues el ángel del SEÑOR es un guardián;
   rodea y defiende a todos los que le temen.

Prueben y vean que el SEÑOR es bueno;
   ¡qué alegría para los que se refugian en él!
Teman al SEÑOR, ustedes los de su pueblo santo,
   pues los que le temen tendrán todo lo que necesitan.
Hasta los leones jóvenes y fuertes a veces pasan hambre,
   pero a los que confían en el SEÑOR no les faltará ningún bien.

SALMOS 139:1-18

Oh SEÑOR, has examinado mi corazón
   y sabes todo acerca de mí.
Sabes cuándo me siento y cuándo me levanto;
   conoces mis pensamientos, aun cuando me encuentro lejos.
Me ves cuando viajo
   y cuando descanso en casa.
   Sabes todo lo que hago.
Sabes lo que voy a decir
   incluso antes de que lo diga, SEÑOR.
Vas delante y detrás de mí.
   Pones tu mano de bendición sobre mi cabeza.
Semejante conocimiento es demasiado maravilloso para mí;
   ¡es tan elevado que no puedo entenderlo!
¡Jamás podría escaparme de tu Espíritu!
   ¡Jamás podría huir de tu presencia!

Si subo al cielo, allí estás tú;
   si desciendo a la tumba, allí estás tú.
Si cabalgo sobre las alas de la mañana,
   si habito junto a los océanos más lejanos,
   aun allí me guiará tu mano
   y me sostendrá tu fuerza.
Podría pedirle a la oscuridad que me ocultara,
   y a la luz que me rodea, que se convierta en noche;
   pero ni siquiera en la oscuridad puedo esconderme de ti.
Para ti, la noche es tan brillante como el día.
   La oscuridad y la luz son lo mismo para ti.
Tú creaste las delicadas partes internas de mi cuerpo
   y me entretejiste en el vientre de mi madre.
¡Gracias por hacerme tan maravillosamente complejo!
   Tu fino trabajo es maravilloso, lo sé muy bien.
Tú me observabas mientras iba cobrando forma en secreto,
   mientras se entretejían mis partes en la oscuridad de la matriz.
Me viste antes de que naciera.
   Cada día de mi vida estaba registrado en tu libro.
Cada momento fue diseñado
   antes de que un solo día pasara.

Qué preciosos son tus pensamientos acerca de mí, oh Dios.
   ¡No se pueden enumerar!
Ni siquiera puedo contarlos;
   ¡suman más que los granos de la arena!
Y cuando despierto,
   ¡todavía estás conmigo!

APÉNDICE A

TIPOS DE INTIMIDAD RELACIONAL

Dios nos programó para que nos relacionemos y conectemos los unos con los otros. Esa es una de las cosas beneficiosas y hermosas de estar hechas a imagen de Dios. Es también la razón por que las relaciones pueden ser fuente de decepción y dolor.

Hay al menos cinco tipos de intimidad relacional: emocional, intelectual, espiritual, experiencial y física. Con cada tipo, indica cuán importante es para ti en una escala del uno al diez.

INTIMIDAD EMOCIONAL: *compartir pensamientos y sentimientos auténticos*

- Tener conversaciones introspectivas
- Ser sensible con los demás
- Escuchar para entender
- Hacer preguntas
- Dar respuestas empáticas
- Trabajar para procesar heridas pasadas y traumas

INTIMIDAD INTELECTUAL: *disfrutar del intercambio de conversaciones estimulantes y hablar sobre sus intereses, opiniones e ideas.*

- Debatir temas candentes sin ofenderse
- Compartir aquello sobre lo que lees o lo que estás aprendiendo
- Explorar ideas abstractas juntos
- Leer/mirar algo y discutirlo juntos
- Educarse sobre un tema o asunto

INTIMIDAD ESPIRITUAL: *valorar la conexión de estar unidos en Cristo.*

- Adorar con tu cónyuge u otras personas
- Orar con otras personas
- Confesar el pecado con honestidad y perdonar
- Hacer preguntas sobre la fe y la Escritura
- Conversar sobre cosas espirituales y sobre cómo tu fe influye en tu vida
- Acercarte a otras personas intencionalmente de forma que te haga crecer a ti y que expanda el reino
- Estudiar y debatir sobre las Escrituras
- Trabajar para someterte a Dios en cierta área de tu vida

INTIMIDAD EXPERIENCIAL: *trabajar por un objetivo en común; valorar las experiencias compartidas que crean memorias significativas.*

- Capacitarse o trabajar por un objetivo en común
- Disfrutar de un interés en común
- Compartir una nueva experiencia
- Explorar algo juntos
- Pertenecer a una causa
- Crear/construir algo
- Superar adversidades

INTIMIDAD FÍSICA: *disfrutar de la cercanía física*

- Abrazar a otros
- Tocarle la mano o el hombro a otra persona
- Hacer contacto visual
- Sentarse junto a las personas que experimentan sufrimiento
- Ofrecer una sonrisa afectuosa o recibir la sonrisa de alguien más

- Pasar tiempo de calidad con otra gente
- Trabajar para resolver traumas pasados que quizás hagan que te aísles físicamente de los demás
- Desarrollar una relación sana con tu propio cuerpo
- Buscar a tu cónyuge sexualmente y conversar con honestidad sobre la relación sexual de ustedes

PREGÚNTATE

¿Cuáles son los dos tipos de intimidad que valoras más en todas tus relaciones cercanas (con tus amigos, tu familia o tu cónyuge)? ¿Cuáles son los menos importantes o los más difíciles de cultivar?

¿Cuáles son algunas formas sanas en que puedes cultivar estos tipos de conexiones con otras personas? Si estás casada, entiende que tu cónyuge no podrá satisfacer todas tus necesidades de tener una conexión relacional. Es por eso que las amistades con mujeres son tan valiosas.

Si estás casada, haz que sea prioritario construir intimidad en tu matrimonio de formas que vayan más allá de la intimidad física o emocional. Lo más probable es que tu cónyuge y tú valoren diferentes tipos de intimidad. Dile cuáles son importantes para ti y pregúntale cuáles son los más importantes para él. Tendrán que aprender cómo priorizar lo que el otro valora y cómo ser intencionales para crecer en esas áreas a fin de amarse bien el uno al otro.

APÉNDICE B

CUANDO EL DOLOR ENTORPECE LA INTIMIDAD SEXUAL

El sexo fue creado por Dios y su objetivo es generar intimidad y placer dentro de una relación matrimonial. Sin embargo, como vivimos en un mundo quebrado con cuerpos humanos débiles, con frecuencia, hay cuestiones físicas, psicológicas y fisiológicas que pueden impedirle a una pareja tener relaciones sexuales con penetración que sean placenteras. A menudo, cuando pasa algo en la habitación, es fácil echarle la culpa al otro. Sin embargo, la disfunción sexual en el contexto del matrimonio es una carga que ambas partes deben llevar. El objetivo de este artículo es instruir a la pareja sobre cuestiones que pueden surgir durante el coito y ofrecer recursos para mejorar estas limitaciones.

Primero y principal, las actividades sexuales nunca deberían ser dolorosas. Así es: NUNCA debería doler tener sexo. Dicho esto, hay un sinfín de razones por las que mujeres (y hombres) podrían experimentar dispareunia (incomodidad o dolor durante la actividad sexual). Es importante identificar por qué una persona siente dolor durante el coito a fin de diagnosticar y tratar el problema de forma apropiada. Es posible que una mujer sienta un dolor significativo durante la penetración a causa de su historia de abuso sexual en su infancia y de los cambios que vienen después. Quizás otra mujer experimente dificultades para alcanzar el orgasmo y sienta dolor luego del coito por falta de estrógeno. Un hombre joven podría experimentar dolor durante la erección o eyaculación a causa de un dolor crónico en las caderas o en la espalda. A continuación, hay una lista con las razones más comunes por las que alguien podría experimentar dolor durante la actividad sexual (esta lista no es exhaustiva):

HIPERACTIVIDAD DE LOS MÚSCULOS DEL SUELO PÉLVICO

- Los músculos del suelo pélvico son iguales a cualquier otro músculo voluntario o esquelético del cuerpo. Eso significa que pueden engrosarse, debilitarse, volverse dolorosos o perder la capacidad de coordinar la contracción y relajación en el momento apropiado. A algunas mujeres les resulta sumamente difícil relajar esos músculos y, como los músculos del suelo pélvico envuelven la vagina, deben relajarse para que la penetración no genere dolor. Cuando cuesta lograr la relajación apropiada, puede sentirse un dolor severo. En algunos casos, la tensión e hiperactividad puede ser tan severa que no se puede tolerar la penetración en absoluto. Es importante observar que la hiperactividad del suelo pélvico también puede estar asociada a sentir dolor durante la prueba de papanicolaou, dolor durante las examinaciones vaginales y dolor al usar un tampón.

- Es posible que a los hombres también les resulte difícil relajar los músculos del suelo pélvico. Esto puede causarles dolor durante la erección y eyaculación, pues los músculos del suelo pélvico se tensan más y, al final, se contraen con un espasmo para facilitar el clímax.

VULVODINIA/SENSIBILIDAD EXAGERADA EN LAS TERMINACIONES NERVIOSAS

- La vulvodinia suele describirse como ardor, picazón, irritación y crudeza en la vulva. A modo de repaso de la anatomía, la vulva es la parte externa de los órganos genitales femeninos que protege los órganos sexuales de una mujer. Esta área tiene un papel central en la respuesta sexual de una mujer. Es probable que sienta dolor en la vulva entera o que el dolor esté centrado en un área específica. Un área común es el vestíbulo, en particular la parte inferior de la entrada a la vagina. Los síntomas de la vulvodinia pueden ser constantes, pero suelen ser variables: pueden comenzar y terminar sin advertencia alguna o pueden ocurrir solo cuando el área se toca. La vulvodinia puede agravarse no solo ante el coito, sino también ante el estrés o el ejercicio y el uso de ropas ajustadas, de lubricantes o de tampones. No obstante, este tejido sensible, junto con terminaciones nerviosas hiperactivas, puede causar dolor significativo con la penetración y hacer que aumente la tensión en los músculos del suelo pélvico.

CAMBIOS HORMONALES

- La abertura de la vagina y la vulva dependen en gran manera del estrógeno para la integridad del tejido, la lubricación y el grosor del tejido. A medida que una mujer atraviesa las diversas etapas de cambios hormonales (como el posparto o la pre/peri/posmenopausia), el tejido de la vulva y la vagina puede afinarse, irritarse con facilidad y volverse sensible al contacto. Otra vez, esto puede hacer que el coito genere un enorme dolor. Es posible que los lubricantes de venta libre no ofrezcan el alivio sintomático suficiente. Además, la falta de estrógeno en la vulva y la vagina también pueden disminuir el flujo de sangre, cosa que a menudo contribuye a la disfunción de los músculos del suelo pélvico.

- Con respecto a los cambios hormonales en el hombre, se conoce bien que los niveles de testosterona disminuyen con el tiempo. Una de las funciones más significativas de la testosterona es alimentar el anhelo y el desempeño sexual. Cuando los niveles de testosterona bajan demasiado, es posible que los hombres experimenten una disminución en la excitación y el deseo, así como disfunción eréctil. Si bien esto no necesariamente genera dolor físico, puede generar frustración, enojo, miedo y vergüenza. Comunicarte de forma abierta con tu médico y tu cónyuge es algo crítico para lidiar con estas cuestiones en el matrimonio.

ENDOMETRIOSIS Y CISTITIS INTERSTICIAL (CI)

- Entre las muchas condiciones que afectan los órganos pélvicos y generan dolor pélvico y dispareunia, la endometriosis y la cistitis intersticial (CI) son particularmente comunes. La endometriosis (trastorno doloroso en el que el tejido que recubre el útero crece por fuera de él) afecta a un estimado de una en diez mujeres durante sus años reproductivos, mientras que un adicional de tres a ocho millones de mujeres en Estados Unidos tienen CI (condición crónica asociada con presión y dolor vaginal y dolor pélvico). Entonces, entre el tres y el seis por ciento de todas las mujeres en EE. UU. sufren de una de estas condiciones. La razón por la que estas condiciones podrían causar dolor durante el coito es que la musculatura del suelo pélvico le sirve de apoyo natural a los órganos internos. La inflamación o irritación de los órganos puede causar que los músculos se tensen o sensibilicen al contacto. Además, existe una interrelación sumamente complicada entre cualquier órgano (víscera) y las partes de la estructura del cuerpo relacionadas íntimamente a él (soma), lo que también se conoce como reflejo viscerosomático. Por ejemplo, cuando una mujer tiene endometriosis, tal vez sienta dolor en la vagina, el coxis, el abdomen, las caderas o la espalda baja. Aunque esto no necesariamente significa que tenga un problema con su coxis per se, se siente como dolor del coxis. A esto se lo llama «dolor referido», pues proviene de otra fuente (en este caso, el útero le refiere dolor al coxis). Entonces, los pacientes con endometriosis y CI no solo tienen dolor en el coito: también es frecuente que reporten dolor en otras áreas.

SÍNDROME DE CONGESTIÓN PÉLVICA (SCP)

- El SCP es otra causa de dolor pélvico crónico. Ocurre porque se dilatan las venas pélvicas (se ensanchan, es decir, se asemejan a las venas varicosas). Debe considerarse SCP si el dolor empeora al pararse o sentarse y disminuye al recostarse. Los síntomas pueden ser matidez, pesadez o un malestar «que arrastra» en la pelvis o las piernas. Tal vez algunas mujeres sientan dolor al orinar o antes o después de tener actividad sexual. Muchas no presentan síntomas hasta el embarazo, después del cual el dolor podría continuar.

LIQUEN ESCLEROSO (LE)

- El liquen escleroso es una afección inflamatoria crónica de la piel que suele afectar a las mujeres antes de la pubertad o, lo que es más común, después de la menopausia. El LE se caracteriza por cambios en la piel alrededor de los órganos genitales. Algunas pacientes con liquen escleroso no presentan ningún síntoma, mientras que otras experimentan picazón intensa e intratable, dolor o malestar severo e imperioso o rasgaduras, erosiones, úlceras. Al igual que con otras afecciones, los síntomas de LE son variables y pueden ir y venir. Con el tiempo, sin embargo, este ciclo recurrente se ve complicado por las cicatrices permanentes que existen en las áreas afectadas. Esto produce problemas funcionales, como dificultad en la micción y dolor en el coito.

INTERVENCIONES

Ahora que comprendes mejor por qué podríamos experimentar dispareunia o disfunción sexual, queremos animarte con una lista de intervenciones que podrían ayudarte, así como también ofrecerte posibles temas para que los hables o trates con tus proveedores médicos. Es importante notar que la mayoría de las terapias requieren de tiempo y paciencia. Abordarlas con amabilidad y empatía es importante tanto para el marido como para la mujer.

FISIOTERAPIA DEL SUELO PÉLVICO

- La fisioterapia del suelo pélvico es una subespecialidad de la fisioterapia ortopédica. Como los fisioterapeutas están capacitados para evaluar y tratar la disfunción musculoesquelética, es posible que un terapeuta elija especializarse en tratar la musculatura del suelo pélvico, lo cual abarca una capacitación extensiva en terapia manual perineal.

Aunque a algunas personas, esta fisioterapia puede parecerles rara o extraña, cuando la mayoría de los pacientes terminan la fisioterapia del suelo pélvico, están empoderados, instruidos y dispuestos a mejorar su dolor y disfunción. Una vez que comprendes los beneficios que la terapia física tiene para el suelo pélvico, tanto las mujeres como los hombres pueden tratar sus síntomas de forma independiente o con la ayuda de su cónyuge. Además de ofrecerles terapia manual para la cintura pélvica, los fisioterapeutas del suelo pélvico educarán a sus pacientes sobre un método holístico para cuidarse. La educación hará énfasis en normalizar la función intestinal y de la vejiga. El fisioterapeuta prescribirá un programa seguro de movilidad para la musculatura de la cintura pélvica y les enseñará a los pacientes a relajar el suelo pélvico, así como técnicas de respiración.

DILATADORES VAGINALES O AUTOESTIRAMIENTOS

- Los dilatadores vaginales son herramientas que se utilizan para mejorar la capacidad vaginal, para expandir la vagina a lo ancho y a lo profundo y para desensibilizar la vagina a fin de prepararla para el coito. Los dilatadores vaginales vienen en distintas formas, tamaños y texturas. Lamentablemente, quizás algunas parejas los encuentren intimidantes, por lo que es importante que visiten a un fisioterapeuta del suelo pélvico o a un ginecólogo que pueda guiarlos en el uso de estas herramientas. Quizás estos profesionales también les ofrezcan recursos para la compra del kit de dilatadores y les den instrucciones para que los utilicen de forma segura e independiente.

TERAPIA TÓPICA O DE REEMPLAZO HORMONAL

- Suplementar estrógeno tópico o testosterona en la entrada y el interior de la vagina puede ser algo de suma influencia que mejore la integridad del tejido y disminuya el dolor del coito. Esto es algo que debe prescribir el médico; no todas las mujeres califican para recibir intervenciones hormonales.

- Para los hombres con disfunción eréctil, tal vez la medicación los ayude a tener erecciones mejoradas. Sin embargo, también sabemos que mejorar la salud vascular mejorará la función eréctil, pues para lograr y mantener una erección debe fluir sangre hacia el pene. Consulta con tu médico para ver si calificas para recibir medicación.

CIRUGÍA

A veces, el mejor tratamiento para algunas de estas afecciones es la cirugía. Tu obstetricia, ginecólogo, fisioterapeuta del suelo pélvico y dermatólogo pueden brindarte información, si lo necesitas.

MEDIDAS PARA GENERAR COMODIDAD

Las siguientes sugerencias son formas sencillas, aunque efectivas, de mejorar la salud sexual en general: usen lubricación apropiada para la vagina, experimenten con varias posiciones sexuales (pónganse creativos para encontrar una posición cómoda) y aprendan (o vuelvan a aprender) lo que aumenta la excitación y el deseo en ustedes.

- En el mercado hay cientos de lubricantes manufacturados que tal vez en realidad empeoren la irritación del tejido. Si una mujer posmenopáusica toma uno de los lubricantes que están disponibles, es posible que contenga ingredientes que en realidad empeoren la quemazón que siente durante la penetración. Dicho esto, menos es mejor cuando se trata de los ingredientes de un lubricante. Tendrás que encontrar un lubricante con el menor número de ingredientes (piensa en lubricantes a base de agua o silicona o aceite de oliva o de coco).

- En cuanto al posicionamiento, necesitarán encontrar una posición que sea cómoda para ambas partes. Tal vez los ayude encontrar una posición que le permita a la mujer controlar la profundidad y la velocidad de la penetración (por ejemplo, la mujer arriba) o una posición que permita relajar mejor la musculatura del suelo pélvico. Estar de costado es una excelente posición para abrirle paso lentamente a la penetración completa. Hay muchos artefactos en el mercado que pueden limitar la profundidad de la penetración y aliviar el malestar. Consulta con un fisioterapeuta del suelo pélvico o con un profesional de la salud.

- Por último, pero no menos importante, para que el coito esté libre de dolor y sea efectivo, suele ser necesaria la excitación fisiológica, lo que hace que la sangre fluya hacia el clítoris, la vagina y el pene. Como resultado, la vagina se ensancha y se dilata y se logra una erección poderosa. Quizás la pareja deba comenzar por hacer uso de todos los sentidos para excitarse (tacto, olfato, vista, sonido y gusto). Quizás los comportamientos que crean lazos afectivos o las actividades que cultivan la intimidad también ayuden a aumentar la lubricación natural y la excitación. Pónganse creativos y entiendan que lo que solía funcionar cuando tenían 20 tal vez no funcione a los 50 años de edad.

Un último tema para discutir es el orgasmo femenino, del que tan poco se entiende, y la eyaculación precoz (que se define como «tener un orgasmo o eyacular justo antes o poco después de comenzar con el coito». Es común ver parejas que comienzan con su relación sexual sin entender que, para la mayoría de las mujeres, la estimulación del clítoris es necesaria para llegar al clímax. El clítoris es el órgano sexual femenino y su único propósito es generar placer. Dicho esto, con la sola penetración del pene no suele bastar para que la mujer alcance el clímax. Quizás la pareja necesite hablar de lo que se siente bien en el clítoris y hacer que coincida el momento en que el pene entra con el momento en que se estimula el clítoris a fin de alcanzar la excitación máxima. La comunicación también es algo *imperativo* cuando se trata de la eyaculación precoz. Tal vez algunos hombres necesiten «capacitarse» para incrementar la duración de la penetración. Aunque pueden lograrlo con estrategias conductuales (como el «método de comenzar y detenerse»), también pueden beneficiarse de estrategias psicológicas y médicas, con las que pueden mejorar los síntomas. Entiende, el coito no es como se ve en las películas. Los actores se besan, tienen relaciones sexuales con penetración, llegan juntos al clímax y luego se acuestan en la cama, sin poder respirar, sin ningún desorden que limpiar. Alcanzar el orgasmo a la vez es algo que lleva tiempo y quizás sea raro que ocurra. Sin embargo, tu cónyuge y tú pueden encontrar maneras de llevar al otro al clímax durante la experiencia de hacer el amor.

Por último, si como pareja están experimentando algún tipo de disfunción sexual, queremos animarlos. No están solos. Esta no es una sentencia de muerte para la intimidad sexual. Aunque es un desafío y hay veces en que puede ser sumamente estresante, la disfunción sexual es algo que puede mejorarse con éxito e incluso resolverse. Es posible que sea necesario un equipo de profesionales de la salud, el apoyo de ambos cónyuges, tiempo, paciencia y un poco de motivación. Sin embargo, quédense tranquilos: al tener este conocimiento están un paso más cerca de lograr la intimidad sexual que desean para ser uno en su matrimonio.

Atravesar los desafíos de la intimidad sexual en el matrimonio no es fácil. Suele ser complicado, no solo por los desafíos físicos, sino también por la cuota emocional que nos cobra y la vergüenza que sentimos. Somos criaturas integrales. Nuestro cuerpo no está separado de nuestras emociones y de las experiencias que nos moldearon. A menudo, el trauma del pasado puede impactar sobre la manera en que nuestro cuerpo puede responder en lo sexual. Queremos animarlos a buscar ayuda entre los profesionales de la salud, quienes pueden darles apoyo en todo desafío físico que estén experimentando. No obstante, también queremos animarlos a buscar apoyo entre consejeros profesionales, quienes pueden ayudarlos a atravesar estos desafíos y el modo en que podrían impactarlos, tanto en lo personal como en su matrimonio.

—**Dra. Jenna Sires, fisioterapeuta, doctora en fisioterapia, copropietaria de la clínica Restore Pelvic Health & Wellness [Restaura la Salud y el Bienestar Pélvico]**

—**Brooke C. Meyer, máster en estudios de médico asociado, médica asociada con certificación, dermatología**

PARA MÁS INFORMACIÓN, VISITA WWW.
RESTOREPELVICHEALTHANDWELLNESS.COM

FUENTES:

Escuela de medicina Harvard – Dispareunia
https://www.health.harvard.edu/a_to_z/painful-sexual-intercourse-dyspareunia-a-to-z

National Vulvodynia Association [Asociación Nacional de Vulvodinia]
www.nva.org

American College of Obstetrics and Gynecology [Colegio Estadounidense de Obstetras y Ginecólogos] – Vulvodinia
https://www.acog.org/en/Womens%20Health/FAQs/Vulvodynia

Clínica Mayo – Fuente: vulvodinia
https://www.mayoclinic.org/diseases-conditions/vulvodynia/diagnosis-treatment/drc-20353427

Center for Vulvar Medicine [Centro de Medicina Vulvar], Greenville, SC
https://www.ghs.org/healthcareservices/women/specialists-surgery/vulvar-medicine/

UNC Center for Vulvar and Urogenital Pain [Centro por el Dolor Vulvar y Uretral de la Universidad de Carolina del Norte]
https://www.med.unc.edu/obgyn/migs/our-services/unc-center-forvulvar-and-urogenital-pain/
Vestibulitis vulvar https://www.med.unc.edu/obgyn/migs/our-services/vulvar-vestibulitis/

APÉNDICE C

LA PREGUNTA DE LA MASTURBACIÓN

Una de las preguntas que los cristianos suelen hacer cuando tratan el tema del sexo es: «¿Qué pasa con la masturbación?» ¿Es una forma aceptable de lidiar con la tentación y el deseo físico? ¿Es un pecado? ¿Puede dársele algún uso legítimo? ¿Puede ser parte de una intimidad marital sana? ¿Qué dice la Biblia al respecto? Dentro de la iglesia, es mucho más probable que sean los hombres quienes aborden de forma abierta el tema de la masturbación. Esa no es una de las temáticas típicas de las meriendas o estudios bíblicos de mujeres. Sin embargo, eso no quiere decir que no sea un asunto importante para las mujeres. A lo largo de los años, he hablado con muchas mujeres cristianas que se masturban de forma activa o bien lo han hecho en algún punto de sus vidas. Y como es un tema del que rara vez (si es que alguna vez) se habla, con frecuencia luchan con la confusión, la vergüenza y la soledad.

Como creyentes, todos los aspectos de nuestra vida están bajo la autoridad de Cristo, incluida la masturbación. Esto significa que tanto nuestros pensamientos como nuestras acciones deben estar cimentadas en las Escrituras. Sin embargo, a menudo los cristianos se desvían del tema porque la Escritura no lo trata específicamente. Algunas personas asumen que como la masturbación no es algo que se prohíba en particular en la Escritura, somos libres de practicarlo. Creen que la masturbación es una forma aceptable e incluso útil de lidiar con los deseos físicos, siempre y cuando no actúes con indulgencia, es decir, que no tengas fantasías lujuriosas o le agregues mirar pornografía. Ahora que muchos cristianos se casan a fines de los veinte y a principios de los treinta, a menudo se ve la masturbación como una forma apropiada de disfrutar del placer sexual y conservar, a la vez, la pureza sexual. Incluso hay quienes lo ven como una forma de amarse a uno mismo y celebrar y disfrutar el cuerpo humano. Aunque este punto de vista reconoce que el sexo es algo bueno y no algo que debería rechazarse, las suposiciones subyacentes son contrarias a la Escritura.

Otros cristianos creen que la masturbación es pecaminosa de por sí y que debe evitarse. Argumentan que es imposible masturbarse sin tener pensamientos lujuriosos y que es una práctica egoísta y adictiva. Un pasaje que se suele citar para argumentar en contra de la masturbación es el capítulo 38 de Génesis. Este capítulo narra la historia de dos hijos de Judá: Er y Onán. Er se casa con Tamar, pero como es malvado, el Señor le quita la vida. Luego de que Er muere, Judá manda a Onán a casarse con Tamar y darle un heredero a Er, de acuerdo con la ley del levirato (Deuteronomio 25:5-10). Así que Onán toma a Tamar como esposa:

> Pero Onán sabía que los hijos que nacieran no serían reconocidos como suyos. Por eso, cada vez que tenía relaciones con ella, derramaba el semen en el suelo, y así evitaba que su hermano tuviera descendencia. Esta conducta ofendió mucho al Señor, así que también a él le quitó la vida.
>
> Génesis 38:9-10, NVI

Este no es un pasaje sobre la masturbación o el modo en que Dios la condena. Es sobre la desobediencia de Onán. En lugar de darle a Tamar un heredero de acuerdo a la ley de Dios, Onán derrama su semilla en el suelo. Se gratifica a sí mismo al tener sexo con Tamar, pero no cumple con su responsabilidad para con ella y para con Dios. Y el enojo de Dios ardió contra Onán por su descarada indiferencia hacia la ley del levirato, por su falta de voluntad para cumplir con su deber y por su pecado contra Tamar.

Aunque este lado del debate cree, y con razón, que el sexo es santo y que, como cristianas, somos llamadas a ser santas, en el trasfondo se da a entender que deleitarnos y disfrutar del sexo es algo mundano. Por el contrario, el placer sexual no está mal. Dios creó nuestros cuerpos para que demos y recibamos placer. Rechazar el sexo y el placer con el que viene es rechazar el regalo bueno que Dios nos ha dado.

DEFINAMOS LA MASTURBACIÓN

Masturbarse es tocar o frotar los órganos sexuales propios para obtener placer sexual. Es una práctica que suele darse cuando uno está solo y aislado, ya sea haciendo o no uso de la fantasía o la pornografía. En su esencia misma, la masturbación es *un acto sexual para dar placer sexual*; es tener sexo solo o con uno mismo. No es negarse a uno mismo o tener autocontrol, sino gratificarse a uno mismo: ser indulgente con nuestro deseo de tener placer sexual por fuera de la relación del pacto del matrimonio.

Sería fácil dictar reglas estrictas sobre la masturbación. Sin embargo, este es un tema que requiere de ciertos matices. En algunos matrimonios, las parejas hacen de la masturbación parte de los tiempos de intimidad sexual. Cuando se está desarrollando la intimidad entre marido y mujer, ya sea como parte del juego previo al coito o durante el coito, tal vez tocarse a uno mismo, entre otras cosas, sea algo que la pareja hace para llevar el uno al otro al placer máximo. Hay una diferencia entre incorporarlo en el proceso de hacer el amor y en hacerlo en soledad para satisfacerte a ti misma.

A los fines de esta discusión, al hablar de la masturbación nos referiremos solo al acto sexual que uno practica consigo mismo. Es decir, a tener sexo por cuenta propia con el propósito de obtener una satisfacción sexual personal. Este tipo de masturbación puede darse ya sea que estés soltera o casada. Algunas mujeres casadas que no se encuentran satisfechas en lo sexual usan la masturbación para complacer sus deseos físicos apartadas de sus esposos, ya sea mediante el uso de vibradores o por estimulación manual. En lugar de hacer el trabajo de buscar alcanzar la intimidad sexual con conversaciones, exploración y prueba y error, eligen el camino rápido y fácil para experimentar satisfacción sexual. Las mujeres solteras quizás usen de la misma manera el sexo por cuenta propia: como una vía para complacer sus propios deseos físicos y sexuales o como una forma de «luchar» contra la tentación sexual y mantenerse vírgenes.

Entonces, ¿cuál es la verdad? ¿Cómo podemos entender de forma bíblica la masturbación y cómo deberíamos vivir, como cristianas, en respuesta a eso?

LO QUE DICE LA BIBLIA

Aunque la Biblia no habla específicamente de la masturbación, sí habla del sexo, y masturbarse es una actividad sexual. Es tener sexo con uno mismo. Por tanto, debemos afrontar el tema de la masturbación en la Escritura de forma sistemática: debemos ver lo que la Biblia tiene para decir sobre el sexo, el pecado y la voluntad de Dios de principio a fin. Y después debemos sintetizar esa información para obtener claridad y dirección.

Dios creó el sexo. Él creó la distinción entre macho y hembra, nuestros órganos sexuales y el placer sexual. Él lo creó todo y declaró que era bueno. Luego se lo presentó a Adán y Eva en el jardín y les dijo que fueran fructíferos y se multiplicaran (Génesis 1:28). Desde los primeros capítulos de la Biblia, se ve el sexo dentro del contexto del matrimonio y los hijos son el fruto de esa unión sexual.

La Biblia no hace distinción alguna entre los aspectos físicos y espirituales del sexo. A través de la unión física de sus cuerpos, el hombre y la mujer experimentan una unidad que es tanto física como espiritual (Génesis 2:24, 1 Corintios 6:16, Efesios 5:31-33). El cuerpo de la esposa le pertenece al esposo, y el cuerpo de él le pertenece a ella (1 Corintios 7:4). Están unidos el uno al otro en la unión de una sola carne: cuidan y aman el cuerpo del otro como si fuera el propio. El sexo, como Dios lo diseñó, es sobre entregarse a uno mismo: servir y amar a alguien más con tu propio cuerpo (1 Corintios 7:3-4). Este acto de desinterés propio y de generosidad genera una intimidad que le permite al matrimonio prosperar. La esencia misma del sexo es relacional y tiene el fin de reflejar la intimidad y unidad de la Trinidad. Quitar el sexo de su contexto relacional es anular el propósito y el poder mismos para los que fue creado. Es un sustituto barato del diseño de Dios para la intimidad sexual.

POR QUÉ LAS MUJERES SE MASTURBAN

Entonces, ¿por qué lo hacemos? Si bien hay muchas razones por las que una mujer podría masturbarse, vamos a explorar tan solo algunas a continuación.

SOLEDAD

Fuimos creadas para la intimidad con Dios y con los demás. El deseo que tenemos de sentirnos conectadas a otras personas es legítimo y es una parte necesaria de la experiencia humana. Sin embargo, la intimidad no es algo que se encuentra solo por las relaciones sexuales. Hay muchos tipos diferentes de intimidad (física, espiritual, emocional, experiencial e intelectual). La conexión íntima ocurre cuando nos relacionamos de forma significativa con los demás, ya sea que se trate de amigos, vecinos, colegas, matrimonios, hijos, familia extendida u otros creyentes. Cuando una mujer tiene un déficit en una o más de estas áreas, tal vez, como resultado, sienta soledad. Hay momentos en que todas sentimos un déficit de intimidad en nuestra vida, estemos solteras o casadas. El matrimonio no siempre llena el vacío de intimidad. De hecho, cuando una mujer siente que su propio esposo no la ama, no la conoce o no la busca, esa puede ser una experiencia de profundo dolor y soledad. Para muchas mujeres, la tentación de masturbarse no es, ante todo, sobre satisfacer un anhelo físico y sexual. A menudo, es sobre un deseo de tener una conexión emocional e intimidad.

Cuando una mujer se siente sola y desea tener intimidad (ya sea emocional, experiencial, espiritual, intelectual o física), es probable que use la masturbación para satisfacer su anhelo de ser cuidada y de conectar. Sin embargo, la masturbación no puede llenar esa necesidad. De hecho, es frecuente que resalte el vacío que siente en lugar de resolverlo y que la vuelva más consciente de la falta que tiene de alguien que se ocupe de su corazón, mente y cuerpo. Entonces, aunque quizás la masturbación haya sido un intento de satisfacer un deseo legítimo y bueno, tiende a dejarla sintiéndose más vacía, más sola y más desconectada que antes. Y como al acto de masturbarse a menudo lo acompaña la vergüenza, termina amplificando su dolor y sus sentimientos de aislamiento.

Reconocer que la soledad es la causa subyacente de la tentación a masturbarte te ayuda a enfrentar la necesidad más profunda que tienes con algo más fructífero y duradero. En lugar de aliviarte a ti misma con un sustituto temporal como la masturbación, para canalizar tu energía, puedes cultivar intimidad que da vida a través de relaciones significativas con Dios y con los demás.

DESEO FÍSICO

El deseo sexual no es necesariamente pecaminoso. De hecho, Dios creó nuestro cuerpo con hormonas específicas, como el estrógeno, que aumentan el deseo sexual y cumplen una función vital para que produzcamos otros portadores de su imagen. Puede ser normal para una mujer sentir un deseo mayor de tener sexo o de masturbarse durante ciertas fases de su ciclo. Eso es parte de la forma en que Dios nos diseñó. Como cristianas, tendemos a espiritualizar de más nuestros deseos físicos de formas que no ayudan y que a veces son contraproducentes. La creencia de que si fueras una creyente madura no lucharías contra el deseo sexual, refleja una comprensión errónea del sexo como regalo de Dios y del modo en que te creó para que lo sientas. Dios creó nuestro cuerpo con la capacidad de dar y recibir placer. Estos deseos son para atraer a los cónyuges el uno hacia el otro, para unirlos en la unión de una sola carne que permite que la intimidad prospere. Esto era parte de su plan desde el principio. El problema no es que tenemos deseos sexuales, sino el modo en que expresamos o canalizamos esos deseos.

A veces, nuestros deseos físicos son el resultado de dejarnos atrapar mental o emocionalmente por cosas como novelas románticas, películas cursis, pornografía, música o fantasías. Santiago nos advierte que la tentación viene de nuestros propios deseos, los cuales nos seducen y nos arrastran y, al final, les dan luz a las acciones pecaminosas (Santiago 1:14-15). Cuando dejamos que a nuestra imaginación la capturen cosas que generan tentación, quizás esa tentación al final nos lleve a masturbarnos.

La Escritura habla con suma claridad sobre la tentación sexual y sobre cómo afrontar nuestros deseos. Jesús nos advierte que no seamos nobles en la batalla contra la lujuria, sino que, más bien, tomemos medidas drásticas para evitar que se levanten deseos que no podemos satisfacer de forma recta.

«Han oído el mandamiento que dice: "No cometas adulterio". Pero yo digo que el que mira con pasión sexual a una mujer ya ha cometido adulterio con ella en el corazón. Por lo tanto, si tu ojo—incluso tu ojo bueno—te hace caer en pasiones sexuales, sácatelo y tíralo. Es preferible que pierdas una parte de tu cuerpo y no que todo tu cuerpo sea arrojado al infierno. Y si tu mano—incluso tu mano más fuerte—te hace pecar, córtala y tírala. Es preferible que pierdas una parte del cuerpo y no que todo tu cuerpo sea arrojado al infierno».

—Mateo 5:27-30

Sin importar si el deseo llega de forma natural o por estímulos externos, la dirección de Dios para nosotras sigue siendo la misma. Debemos huir de la tentación sexual en lugar de buscar satisfacer nuestras propias necesidades a nuestra propia manera y en nuestro propio tiempo. Es posible que eso signifique no permitirte estar sola con un hombre con el que tienen conversaciones profundas y emocionales o incluso sexuales e insinuantes. Quizás signifique ser más consciente de las decisiones que tomas en lo que respecta a películas, libros, televisión, música y revistas. Tal vez signifique que debas quitar de tu vida algunas de tus formas favoritas de entretenimiento porque te tientan a buscar aliviarte con la masturbación.

EXCESO DE ENERGÍA

Cuando no dirigimos adecuadamente nuestro tiempo, nuestra energía y nuestros pensamientos de manera fructífera, se acumulan y terminan volviéndose tóxicos. A veces, para canalizar el exceso de energía dentro nuestro, tenemos actitudes chismosas o entrometidas o hacemos más de lo que deberíamos. Sin embargo, a veces ese exceso de energía nos lleva a tener un deseo mayor de masturbarnos o de tener actividad sexual. Tal vez esto sea cierto en especial para mujeres jóvenes, quienes tienen más energía y menos responsabilidades.

Si bien lo que algunas personas sugieren para luchar contra la tentación de masturbarse es participar de actividades físicas como salir a correr o hacer flexiones de brazos hasta que pase el deseo, eso solo ayuda de forma moderada. El deseo sexual es un asunto tanto de la mente como del cuerpo. Necesitamos que otras cosas capturen nuestra imaginación. Por ejemplo, cuando una mujer joven tiene a otras personas que dependen de ella o cuando lleva las cargas emocionales, espirituales o físicas de servir a otros con verdadera necesidad, su mente y corazón están comprometidos con entregarse a los demás. Al depender de Dios para recibir sabiduría y ayuda y al preocuparse por las necesidades de los demás, es menos la energía que tiene para volverla a su interior y dirigirla a sí misma.

AUTOAFIRMACIÓN / AMOR PROPIO

Nuestra cultura ve la masturbación como una manera de celebrar y afirmar tu propio cuerpo y sexualidad. Existe una variedad de razones por las que podríamos adoptar esta cosmovisión. Para algunas personas, se trata, más bien, de un movimiento hacia la autonomía y el amor propio. Para una mujer que actúa según esta perspectiva, la masturbación podría ser una celebración de su feminidad: una manera de conocerse a sí misma, de amarse y de honrar su propio cuerpo. Esta cosmovisión exalta el placer propio. Sin embargo, es una distorsión del diseño creado por Dios para el sexo, que está pensado para que lo experimentemos en una relación con otra persona en la que uno da y también recibe.

Quizás, con más frecuencia, esta cosmovisión surja de las heridas de una mujer (ya sea por un abuso, una traición o una desilusión en la relación con su propio padre, en una relación romántica previa o en su matrimonio). Sus heridas pueden hacer que, para protegerse a sí misma, evite la vulnerabilidad y, en cambio, busque satisfacer sus propias necesidades. Es posible que, en lugar de sentir su propia debilidad y necesidad de tener intimidad con otra persona, use la masturbación para reafirmar su sentido propio de confianza, poder y autonomía.

Ambas visiones son una expresión corrupta del sexo y la sexualidad. Dios no creó el sexo para que fuera experimentado en el vacío del yo, sino en el contexto de una relación viva y vibrante con el cónyuge. Dios diseñó el sexo de tal manera que tengas que ser empática, que experimentes un placer y gozo tales que te hagan olvidarte de ti misma y que te extiendas con generosidad por el bien de alguien más. La expresión sexual que honra a Dios es la que no se enfoca en una misma, sino en honrar, amar, cuidar y servir a tu cónyuge.

AYUDA PRÁCTICA Y DIRECCIÓN

Sea cual sea la razón por la que te veas tentada a masturbarte (sea la soledad, un deseo físico, exceso de energía, autoafirmación o alguna otra razón), la meta no es que erradiques el deseo sexual por completo. El deseo es parte de la experiencia humana. La meta es que alinees tus deseos con los de Dios. Como seguidoras de Jesús, él es nuestro Creador y nosotras somos su creación. Esto significa que él tiene toda autoridad para determinar cuándo, cómo y con quién hemos de tener actividad sexual. Y nosotras elegiremos someternos a su autoridad. ¿Usaremos la masturbación como una manera de satisfacer nuestros propios deseos, o acudiremos a Dios con nuestros anhelos no satisfechos? ¿Le llevaremos ese deseo a Dios y le dejaremos usarlo en nuestras vidas para que maduremos y nos haga parecernos más a Jesús?

SÉ CURIOSA

Presta atención. De la misma manera en que deberías prestar atención cuando estás en el sillón a punto de terminarte un kilo de helado, tomando el tercer vaso de vino o haciendo ejercicio por segunda vez en el día. Hazte buenas preguntas como: ¿Por qué me atrae tanto aliviarme sexualmente de esta forma? ¿Cuándo me veo más tentada? ¿Qué pensé, sentí o experimenté en esos momentos previos a masturbarme? ¿Qué cosas me ayudan a calmarme, escapar o atravesar la tentación? ¿Qué es lo que en verdad anhelo?

SÉ HONESTA

Los secretos y la vergüenza te aíslan y te quitan el poder espiritual para luchar contra la tentación. Invita a otros a tu lucha. Solo la luz expulsa la oscuridad. Haz brillar la luz de tu lucha buscando a un consejero o amigo sabio y maduro espiritualmente. Arriésgate, sé humilde y sé honesta con la otra persona.

CANALIZA TU ENERGÍA

J. C. Ryle dijo una vez que la ociosidad es la mejor amiga del diablo. «Es la manera más certera de darle la oportunidad de que nos haga algo de daño. Una mente ociosa es como una puerta abierta. Y si Satanás no entra él mismo por ella, sin duda arrojará algo para levantar pensamientos malos en nosotros».[1]

Busca formas sanas de canalizar tu energía. Cultiva relaciones sanas y enriquecedoras. Invierte tiempo en guiar a mujeres más jóvenes. Desarrolla una amistad con una mujer mayor y madura espiritualmente. Pasa tiempo aprendiendo sobre quién eres y sobre cómo Dios te dotó y luego busca oportunidades para poner en práctica esos dones en tu iglesia o comunidad. Practica algún deporte en una liga local recreacional. Aprovecha el sistema del lugar donde estudias y busca a alguien con quien almorzar. Participa de un entorno de grupo pequeño donde otra gente pueda conocerte, alentarte, desafiarte, corregirte y amarte. Sirve en juntas locales u organizaciones sin fines de lucro que sirven a personas de bajos recursos y que se están enfrentando a desafíos crónicos.

Si estás casada, canaliza tus deseos y energía hacia tu esposo. En lugar de masturbarte y quitarle a tu esposo la experiencia de excitarte sexualmente, exploren maneras en que pueden lograr eso juntos. Si están enfrentando desafíos dentro del matrimonio, busquen un consejero o terapeuta de confianza que pueda ayudarlos a atravesar esos desafíos juntos.

ACUDE A JESÚS

Recuerda, la meta máxima no es la satisfacción sexual; la meta es la santidad. Cuando buscamos seguir a Jesús en todas las áreas de nuestra vida, debemos alinear nuestra voluntad y nuestros deseos con los suyos. Esto abarca todas las vías de expresión sexual, incluida la masturbación. Sin embargo, si cedes ante la tentación, ¡ve a Jesús! No es necesario que te pongas en penitencia o que, para probar cuánto lo sientes, te ahogues en la culpa, la vergüenza y la desesperación. Confiésale tu pecado a Dios y a tu comunidad bíblica. Sé curiosa. Canaliza tu energía en formas que honren a Dios. Y luego, predícate el evangelio a ti misma. Recuérdate quién es Cristo y qué ha conseguido en tu nombre. Vivió en perfecta obediencia: se hizo cargo de todos tus pecados y fracasos y cargó con el castigo que merecías

---

1. J. C. Ryle, The Duties of Parents [Los deberes de los padres], oChristian.com, consultado el 16 de mayo del 2014, http://christian-quotes.ochristian.com/Idleness-Quotes/ page-3.shtml.

tú. Y a cambio, Dios te dio a ti el registro perfecto de Cristo, te declaró justa, sin mancha e intachable. Sabes que la paz con Dios se ha instaurado de una vez por todas, por lo que puedes recibir con humildad el consuelo de la cruz de Cristo y buscar la santidad sin miedo a fracasar. Recuerda que es su bondad lo que nos lleva a arrepentirnos y volvernos de nuestro pecado (Romanos 2:4).

NOTAS

INTRODUCCIÓN

1. Trinity Forum, «Makoto Fujimura on Kintsugi and the New Creation», video en Facebook video, 10 de diciembre de 2020, 7:46 a. m., https://www.facebook.com/47592743247/videos/665580331031783.
2. Ibid.

CAPÍTULO 1

1. «Sexual Violence is Preventable», Centers for Disease Control and Prevention, consultado el 25 de enero del 2020, https://www.cdc.gov/injury/features/sexual-violence/index.html.
2. Louann Brizendine, *The Female Brain* (Nueva York: Three Rivers Press, 2006), p. 1.
3. Jay Stringer, «Unwanted Guide Training», 8 de diciembre del 2020, conferencia de clase.

CAPÍTULO 2

1. Dan Allender, *Healing the Wounded Heart* (Grand Rapids, MI: Baker Books, 2016), pp. 29-30.
2. Ed Welch, *Shame Interrupted* (Greensboro, NC: New Growth Press, 2012), p. 2.
3. Ibid., p. 2.

CAPÍTULO 3

1. Timothy Keller, *Prodigal God* (Nueva York: Dutton, 2008), p. 43.

CAPÍTULO 4

1. Matt Chandler, «Jesus Wants the Rose», video en YouTube, 3:53. 7 de octubre del 2012. https://www.youtube.com/watch?v=bIgIecL1IdY.

2. John Piper, «Battling the Unbelief of Bitterness», sermón, 37:05. 20 de noviembre de 1988. https://www.desiringgod.org/messages/battling-the-unbelief-of-bitterness.

3. Notas de la Biblia, *ESV Study Bible* (Wheaton, IL: Crossway, 2008), p. 1353.

CAPÍTULO 5

1. Justin Taylor, «Introduction», en *Sex and the Supremacy of Christ*, ed, John Piper y Justin Taylor (Wheaton, IL: Crossway, 2005), p. 13.

2. Peter Kreeft, *How to Win the Culture War: A Christian Battle Plan for a Society in Crisis* (Downers Grove, IL: InterVarsity, 2002), p. 95.

3. John R. Kohlenberger, III y James Swanson, «A Concise Dictionary of the Hebrew», en *Key Word Study Bible*, ed. Spiros Zodhiates y Warren Baker (Chattanooga, TN: AMG, 1996), p. 1520.

4. Ben Patterson, "The Goodness of Sex and the Glory of God," in Sex and the Supremacy of Christ, 55

5. Tim Keller, "The Gospel and Sex," christ2rculture.com, consultado 8 de junio del 2021, https://www.christ2rculture.com/resources/Ministry-Blog/The-Gospel-and-Sex-by-Tim-Keller.pdf.

6. Mark Denver, Michael Lawrence, Matt Schmucker y Scott Croft, «Sex and the Single Man», en *Sex and the Supremacy of Christ*, 138.

CAPÍTULO 6

1. Chrystie Cole, *Tu cuerpo importa* (Greenville, SC: Grace Church Publishing, 2015), p. 119.

2. Paula Rhinehart, *Sex and the Soul of a Woman* (Grand Rapids, MI: Zondervan, 2010), p. 65.

CAPÍTULO 7

1. Matt Chandler, *The Mingling of Souls: God's Design for Love, Marriage, Sex, and Redemption* (Colorado Springs, CO: David C. Cook, 2015), citado en «The Mingling of Souls Quotes», Goodreads.com, consultado el 8 de junio del 2021, https://www.goodreads.com/work/quotes/40788993-the-mingling-ofsouls-god-s-design-for-love-marriage-sex-and-redempt.

2. Matt Williams, *Eden Derailed* (Leesburg, FL: Kingstone, 2011), pp. 50-51.

CAPÍTULO 9

1. Margery Williams, *The Velveteen Rabbit* (Nueva York: Simon and Schuster Books for Young Readers, 1983).

2. C. S. Lewis, *The Voyage of the Dawn Treader* (Nueva York: HarperCollins, 1994), pp. 113-16.

3. Jay Stringer, *Unwanted* (Colorado Springs, CO: NavPress, 2018), p. 146.

4. Diane Langberg, *On The Threshold of Hope* (Carol Stream, IL: Tyndale, 1999), p. 37.

5. Jay Stringer, «Unwanted Guide Training», 8 de diciembre del 2020, conferencia de clase.

6. Commoners_Communion, Instagram, 8 de diciembre del 2020.

7. C. S. Lewis, *The Weight of Glory: And Other Addresses* (Nueva York: HarperCollins, 2001), pp. 25-26.

RECURSOS ADICIONALES

GENERAL

La unión de dos almas: El diseño de Dios para el amor, el matrimonio, el sexo y la redención, por Matt Chandler y Jared C. Wilson

It's Not Just You: Freeing Women to Talk About Sexual Sin and Fight it Well [No estás sola: Liberar a las mujeres para hablar sobre el pecado sexual y cómo enfrentarlo], por Ashley Chestnut

Talking Back to Purity Culture: Rediscovering Faithful Christian Sexuality [Contestar a la cultura de la pureza: Redescubrir la sexualidad cristiana fiel], por Joy Welcher

Sex and the Soul of a Woman: How God Restores the Beauty of Relationship from the Pain of Regret [El sexo y el alma de una mujer: cómo Dios restaura la belleza de las relaciones del dolor del remordimiento], por Paula Rinehart

Shame Interrupted: How God Lifts the Pain of Worthlessness and Rejection [La vergüenza interrumpida: cómo Dios elimina el dolor de la indignidad y el rechazo], por Ed Welch

Unwanted: How Sexual Brokenness Reveals Our Way to Healing [Indeseada: cómo el daño sexual revela el camino a la sanidad], por Jay Stringer

TRAUMA Y ABUSO SEXUAL

En el umbral de la esperanza, por Diane Langberg*

Healing the Wounded Heart [Sanar el corazón herido], por Dan Allender

Suffering and the Heart of God: How Trauma Destroys and Christ Restores [El sufrimiento y el corazón de Dios: cómo el trauma destruye, pero Cristo restaura], por Diane Langberg

El cuerpo lleva la cuenta: Cerebro, mente y cuerpo en la superación del trauma, por Bessel van der Kolk, M. D.

Rid of My Disgrace: Hope and Healing for Victims of Sexual Assault [Liberada de mi deshonra: Esperanza y sanidad para las víctimas del abuso sexual], por Justin y Lindsey Holcomb

ATRACCIÓN DEL MISMO SEXO

¿Está Dios en contra de los gays?, por Sam Allbery

Love Into Light [Del amor a la luz], por Peter Hubbard

Secret Confessions of an Unlikely Convert [Confesiones secretas de un convertido improbable], por Rosaria Butterfield

Chica gay, Dios bueno, por Jackie Hill Perry

*Si estás recién iniciando un proceso en tu historia de abuso sexual y trauma, este es un buen libro para comenzar. Viene acompañado de un libro de trabajo, el cual te animo a llenar junto con otras personas.

Para mayor información sobre
Sexualidad redimida
por favor, visita
www.gracechurchsc.org/ezer
info@gracechurchsc.org

Sexualidad redimida es un recurso *Ezer* de Grace Church
El ministerio *Ezer* existe con el fin de ayudar a las mujeres a quitarse todo peso que les impida correr, especialmente el pecado que tan fácilmente nos hace tropezar, para que puedan correr la buena carrera con perseverancia (Hebreos 12:1). Anhelamos discipular a las mujeres a través de recursos accesibles y prácticos que provean una perspectiva bíblica para ayudar a las mujeres a ser libres del pecado y el daño, y que puedan avanzar hacia la madurez en Cristo.

También por Chrystie Cole y Grace Church

Feminidad bíblica: *Descubriendo la claridad y la libertad en el diseño de Dios para las mujeres*

Tu cuerpo importa: *Una comprensión bíblica del cuerpo y por qué es importante en esta era de insatisfacción*

Las palabras de una mujer: *Descubre el corazón del diálogo femenino*

Disponibles a través de Grace Church / gracechurchsc.org

Para información sobre nuestros recursos adicionales tales como el estudio de Vergüenza: Encuentra Libertad, el diario de Ezer Aplicado o para suscribirse al Boletín de Ezer Equipada, por favor visita: www.gracechurchsc.org/ezer

Nuestros estudios correspondientes para hombres son:
Authentic Manhood [Hombría auténtica]
Quest for Purity [La búsqueda de la pureza]
A Man and His Wife [Un hombre y su esposa]
A Man and His Son [Un hombre y su hijo]
A Man and His Daughter [Un hombre y su hija]
A Man and His Work [Un hombre y su trabajo]

Made in the USA
Columbia, SC
01 March 2023